디지털 교회를 위한 교회론
뉴 노멀에 관한 신학적 성찰

Ecclesiology for a DIGITAL CHURCH

ⓒ 2021 editor and Contributors

Originally published in English as *Ecclesiology for a Digital Church*
by Hymns Ancient and Modern Ltd, Norwich, Norfolk, UK
All rights reserved.

This Korean translation edition ⓒ 2024 by Jireh Publishing Company, Goyang-si, Gyeonggi-do, Republic of Korea.

This Korean edition is published by arrangement of Hymns Ancient and Modern Ltd through rMaeng2, Seoul, Republic of Korea.

디지털 교회를 위한 교회론
Ecclesiology for a Digital Church

하이디 A. 캠벨, 존 다이어 외 지음
안규식 옮김

초판 1쇄 인쇄　2024년 1월 19일
초판 1쇄 발행　2024년 1월 25일

발행처　도서출판 이레서원
발행인　문영이
출판신고　2005년 9월 13일 제2015-000099호

기획, 마케팅　신창윤
편집　송혜숙
총무　곽현자

디자인　박지나

경기도 고양시 일산동구 백석로71번길 46, 1층 1호
Tel. 02)402-3238, 406-3273 / Fax. 02)401-3387
E-mail: Jireh@changjisa.com
Facebook: facebook.com/jirehpub

책값은 표지에 있습니다.

ISBN　978-89-7435-643-9 (03230)

이 한국어판의 저작권은 알맹2를 통하여 Hymns Ancient and Modern Ltd와 독점 계약한 이레서원에 있습니다. 신 저작권법에 의하여 한국 내에서 보호받는 저작물이므로 무단 전재와 무단 복제를 금합니다.

디지털 교회를 위한 교회론

➥ 뉴 노멀에 관한 신학적 성찰

하이디 A. 캠벨, 존 다이어 편집
안규식 옮김

▶ Ecclesiology for a
DIGITAL CHURCH

이레서원

▶ 목차

추천사 · 6

저자들 소개 · 8

서론: 디지털 교회론에 관한 대화는 무슨 내용을 담고 있을까?
　　　＿＿하이디 A. 캠벨, 존 다이어 · 11

PART 1 디지털 교회 이론화하기

1. 미디어화된 에클레시아에 관한 연구
　: 디지털 시대에 교회를 어떻게 이야기할 것인가 ＿＿존 다이어 · 29

2. 교회의 온라인 활동과 교회적 친교
　: 가상인가, 실재인가? ＿＿앤서니 뤼 듀크 · 51

3. 기독교 회의 교회론과 자기-이해가 직면한 실천적 도전
　　　＿＿폴 A. 수쿱 · 74

4. 해 아래 몇 가지 새로운 것들
　: 디지털 교회론에 대한 성사적(Sacramental) 접근
　　　＿＿캐서린 G. 슈미트 · 88

PART 2 온라인 전환에서 배운 교훈

5. 자가 격리를 통해 계시된 교회에 관한 이해
　: 하나님의 백성을 다시 상상하다 ＿＿하이디 A. 캠벨 · 109

6. '모두를 위한 그리고 모두와 함께하는' 참여적 교회와
　그 안에서의 신학적 생산성으로서 디지털 커뮤니케이션
　: 경험적 관찰과 교회론적 성찰 ＿＿토마스 슐락, 사브리나 뮐러 · 130

7. 봉쇄되었으나 봉쇄되지 않은
　: 팬데믹 시기에 오순절주의와 미디어에 관한 아프리카인의 관점
　　　＿＿J. 콰베나 아사모아-기야두 · 147

8. 봉쇄 교회론
　: 강요된 '처음 표현들'의 한계와 가능성 ＿＿스티브 테일러 · 169

PART 3 미래 교회를 위한 새로운 디지털 실천들

9. 교회 전도 활동에 있어 디지털 기술 그리고 성령을 매개하기
　　＿＿＿발라 A. 무사, 보예-넬슨 키아무 • **193**

10. 설득 테크놀로지로서의 예전
　　: 온라인 예배의 예전 관행 탐구 ＿＿＿조나스 컬버그 • **212**

11. '금하지 말라' 교회론
　　: 어린이, 창의성, 연결성 ＿＿＿케이트 오트 • **230**

12. 라이브와 줌미버스를 넘어서
　　: 라이브 설교/교회 밖에서 영적 연결을 위한 기회를 찾기
　　＿＿＿필립 버틀러 • **250**

결론: 디지털 교회의 주제 ＿＿＿하이디 A. 캠벨, 존 다이어 • **267**

▶ 추천사

『디지털 교회를 위한 교회론』은 다양한 글로벌 리더들이 참여하여 교회의 여러 전통들을 다루면서, 디지털 환경에서 교회가 어떻게 성도들을 참여시켜야 할지, 또 어떻게 의미 있게 이를 수행할지를 검토한다. 또한 개념들을 세심하게 정의하고, 예배 형태의 다양성에 초점을 맞추면서, 교회가 마주하는 확장된 환경들과 모임의 중요성을 무시하지 않도록 도와준다. 그리고 이 모든 것을 교회가 적용하려 할 때 현명한 판단을 내리도록 방향을 제시한다.

대럴 L. 벅_ 달라스신학대학원

신학자와 사회학자 모두에게 매우 중요한 책이다. 하이디 캠벨과 존 다이어는 전 세계에서 얻은 풍부한 경험과 사유를 모아, 이 디지털 시대에 교회가 무엇을 해야 하는지를 제시한다. 이 책은 팬데믹에 대한 교회의 대응과 디지털이 교회 관행의 지속적인 혁신에 있어서 어떤 역할을 했는지를 파악하도록 도움을 준다. 학생, 목회자, 연구자, 교수 모두가 반드시 읽어야 할 필독서다.

피트 필립스_ 스펄전대학, 영국

한국 교회의 미래는 팬데믹에 대한 성찰 능력과 교회의 전환에 달려 있다. 그 전환의 중심축인 기술의 한계와 가능성을 고민하며 새로운 교회와 새로운 신앙 표현에 갈급해하는 사역자들에게 본서는 너무나 소중한 신학적 자원이다. 심도 있는 신학 이론과 당장 한국교회에 적용할 수 있는 실천적 방향이 절묘하게 엮여 있기에 더욱 그러하다. 이 책 속에 또 하나의 지구, 디지털 지구(digital earth)를 하나님 사랑의 네트워크로 연결할 수 있는 새 길이 보인다.

김은혜_ 장로회신학대학교

가상현실은 이제 가짜 현실이 아니라 또 하나의 현실이 되어 가고 있다. 이것은 인간과 신, 그리고 교회에 대한 인식과 실천에 큰 변형과 재구성을 요구한다. 이런 점에서, 피트 필립스 교수와 함께 디지털 신학을 이끌어 가고 있는 하이디 캠벨이 달라스신학대학원에서 디지털 문화를 가르치는 존 다이어와 공동 편집자로 참여한 이 책은 독자에게 새로운 신학적 통찰을 제공할 것이다. 이 책의 번역 출판이 한국의 신학계에 디지털 신학의 담론을 풍성하게 만드는 계기가 되기를 기대한다.

성석환_ 장로회신학대학교

디지털 기술이 개인과 공동체의 삶에 지대한 영향을 끼친 것은 부정할 수 없는 사실이다. 1990년대부터 영미권을 중심으로 부상한 디지털 교회는 이러한 변화의 직접적인 산물이다. 한국에서는 팬데믹을 겪으며 디지털 교회에 대한 본격적인 논의가 시작되었다. 이런 배경 속에서, 디지털 교회를 신학적 관점으로 조명하는 이 번역서의 출판은 매우 시의적절하다. 디지털 종교와 디지털 교회 담론의 세계적 권위자인 하이디 캠벨을 포함한 여러 학자의 글은 독자들에게 디지털 교회에 대한 깊이 있는 신학적 이해를 제공할 것이다.

정대경 숭실대학교

▶ 저자들 소개

앤서니 뤼 듀크 (Anthony Le Duc, SVD:Societas Verbi Divini/말씀의선교수도회, PhD)는 말씀의선교수도회 소속 베트남계 미국인 가톨릭 사제이다. 그는 태국에 있는 국립 럭스문디신학대학원(Lux Mundi National Seminary)에서 강의하고 있으며, 태국 세인트존스 대학교(St John's Uni- versity, Thailand)에 있는 종교와 소셜커뮤니케이션 연구를 위한 아시아 연구 센터(Asian Research Center for Religion and Social Communication)의 소장이자, 전문학술지인 *Religion and Social Communication*(『종교와 소셜커뮤니케이션』)의 편집장이다.

발라 A. 무사 (Bala A. Musa, 리젠트대학교, PhD)는 아주사퍼시픽대학교(Azusa Pacific University, Azusa, CA)의 커뮤니케이션학과 교수이며, 나이지리아의 아부자에 소재한 나이지리아방송통신대학교(National Open University of Nigeria, NOUN)의 올루세군 오바산조 아프리카학 센터(Olusegun Obasanjo Center for African Studies, OOCAS)의 방문교수다. 또한 여러 학술지의 편집위원으로 활동하고 있다. 그의 관심 연구 분야는 미디어 윤리, 미디어와 대중 문화, 디지털 미디어와 종교적 의사소통, 커뮤니케이션과 국가발전, 커뮤니케이션과 갈등관리 등을 아우른다. 그리고 팰그레이브-맥밀런 출판사(Palgrave-Macmillan)에서 출간하는 *Nollywood in Glocal Perspective*(『놀리우드 인 글로컬 퍼스펙티브』)의 편집자다.

보예-넬슨 키아무 (Boye-Nelson Kiamu)는 캘리포니아의 아주사에 있는 풀러신학대학원의 박사 과정 학생이다. 그의 관심 연구 분야는 뉴 미디어, 소셜 미디어, 선교학이며, 특히 포스트모던문화와 신학에 관심이 많다.

하이디 A. 캠벨 (Heidi A. Campbell)은 텍사스 A&M 대학교(Texas A&M University)의 커뮤니케이션학과 교수이자 프레지덴셜 임팩트 회원(Presidential Impact Fellow)이며, 뉴 미디어, 종교, 그리고 디지털 문화 연구를 위한 네트워크(the Network for New Media, Religion and Digital Culture Studies/ http://digitalreligion. tamu.edu)의 디렉터다. 그녀는 온라인 종교 행위와 오프라인 종교 행위 사이의 교차하는 지점을 연구하는 디지털 종교에 관한 글들을 100편 이상을 저술했다. 그뿐만 아니라 *When Religion Meets New Media*(『종교가 뉴 미디어를 만났을 때』, 2010), *Digital Religion*(『디지털 종교』, 2013, 2021), *Networked Theology*(『네트워크화된 신학』, 2016), 그리고 *Digital Creatives and the Rethinking of Religious Authority*(『디지털 크리에이티브와 종교적 권위에 관한 재고찰』, 2021)를 포함하여 10권의 책을 저술했다.

존 다이어 (John Dyer, 더럼대학교, PhD)는 달라스신학대학원(Dallas Theological Seminary)의 부총장이며 교수이다. 그는 웹 개발자로서 20년의 경력을 쌓은 후, 종교 행위의 형성에 있어 디지털 성경과 프로그래머의 역할을 집중적으로 연구해 왔다.

J. 콰베나 아사모아-기야두 (J. Kwabena Asamoah-Gyadu)는 가나의 레곤에 위치한 트리니티신학대학원에서 아프리카 기독교와 오순절 신학을 가르치는 베타와-그라우(Baëta-Grau) 석좌 교수이자 총장이다.

조나스 컬버그 (Jonas Kurlberg)는 더럼대학교에 있는 디지털 신학 센터(the Centre for Digital Theology)의 부소장이자 스펄전칼리지(Spurgeon's College)의 디지털 신학 석사 과정 디렉터다. 또한 디지털 신학을 위한 글로벌 네트워크(Global Network for Digital Theology)의 의장으로 활동하고 있다. 컬버그는 *Christian Modernism in an Age of Totalitarianism: T. S. Eliot, Karl Mannheim and the Moot*, Bloomsbury(『전체주의 시대의 기독교 모더니즘: T. S. 엘리엇, 칼 만하임과 더 무트』, 2019)의 저자이자 *Missio Dei in a Digital Age*(『디지털 시대의 하나님의 선교』, 2020)의 공동 편집자이다.

케이트 오트 (Kate Ott)는 도덕 공동체 형성을 주장하는 페미니스트 윤리학자다. 그녀는 *Christian Ethics for a Digital Society and Sex + Faith: Talking with Your Child from Birth to Adolescence*(『디지털 사회와 성을 위한 기독교 윤리 + 신앙: 출생에서부터 청소년기까지의 자녀들과 대화하기』)의 저자이다. 그리고 청소년들과 사회초년생, 부모와 종교 교육자들을 대상으로 테크놀로지와 섹슈얼리티에 관한 워크숍 인도와 강의를 하고 있다.

캐서린 G. 슈미트 (Katherine G. Schmidt)는 뉴욕에 있는 몰로이대학교에서 신학과 종교학 담당 조교수다. 그녀는 *Virtual Communion: Theology of the Internet and the Catholic Sacramental Imagination*(『가상 성찬: 인터넷 그리고 가톨릭의 성사적 상상에 관한 신학』)의 저자이다.

폴 A. 수쿱 (Paul A. Soukup, SJ)은 1982년부터 커뮤니케이션과 신학 사이의 관계에 관해 연구해 왔다. 그는 산타클라라대학교의 커뮤니케이션학과에서 가르치고 있으며, 신학자들 그리고 커뮤니케이션 학자들과 함께 뉴 미디어가 교회에 가져온 여러 도전들을 성찰하기 위한 모임인 데오컴 콘퍼런스(Theocom conferences)의 의장으로 활동하고 있다.

필립 버틀러 (Philip Butler)는 콜로라도의 덴버에 있는 일리프신학교(Iliff School of Theology)의 신학과 블랙 포스트휴먼 인공 지능 시스템(Theology and Black Posthuman Artificial Intelligence Systems) 학과의 조교수다.

사브리나 뮐러 (Sabrina Müller)는 취리히대학교에서 대학 연구 프로그램인 '디지털 종교(들)'의 디렉터이며 실천신학 조교수다. 그녀의 최근 연구 주제는 종교 경험, 디지털 신학 그리고 교회 성장이다.

스티브 테일러 (Steve Taylor)는 뉴질랜드의 엔젤윙스 회사(AngelWings Ltd) 이사이며, 호주에 있는 플린더스대학교의 부교수이다. 파푸아 뉴기니 출생인 그는 *First Expressions: Innovation and the Mission of God*(『처음 표현: 혁신과 하나님의 선교』, 2019), *Built for Change*(『변화를 위한 구축』, 2016), *The Out of Bounds Church?*(『경계를 벗어난 교회?』, 2005)를 저술했다.

토마스 슐락 (Thomas Schlag)은 취리히대학교 신학과의 실천신학 교수다. 그는 교회 성장 센터(Centre for Church Development, ZKE)의 센터장이며, 대학 연구 프로그램인 '디지털 종교(들)'의 디렉터다.

* 일러두기

- communication은 미디어 기술이라는 다소 협소한 맥락에서 사용하는 경우 '커뮤니케이션'이라 표기하고, 미디어 기술을 포함하여 일반적이고 광의적인 맥락에서 사용하는 경우 '의사소통'이라 표기하였다.
- Sacrament 혹은 Sacramental은 저자가 가톨릭과 관련된 경우 '성사' 혹은 '성사적'이라 표기하고, 개신교와 관련된 경우 '성례' 혹은 '성례전적'이라 표기하였다. 그 외 다른 용어들도 각 교파의 맥락에 따라 표기하였다.
- technology는 문맥에 따라 테크놀로지 혹은 기술이라 표기했다.

서론

↳ **디지털 교회론에 관한 대화는 무슨 내용을 담고 있을까?**

▶ *Ecclesiology for a*
DIGITAL CHURCH

하이디 A. 캠벨, 존 다이어

우리가 이 책을 처음 기획했던 때는 2020년 3월이었다. 그때 하이디는 코로나19가 전 세계적 유행병(글로벌 팬데믹)으로 막 선언되었던 그 시기에 어느 연구소의 방문 교수로 독일에 있었다. 그녀는 거의 25년간 종교 공동체에 미치는 인터넷의 영향력에 관해 연구해 온 학자로서, 불과 몇 주 전까지만 해도 미디어 테크놀로지를 사용하는 데 저항하는 것처럼 보였던 교회가 종교적 예배를 위해 어떻게 그처럼 신속하게 인터넷을 수용하는지 흥미롭게 지켜볼 수 있었다. 한때는 석연치 않은 시선으로 바라보았던 바로 그 인터넷이 이제는 사회적 거리두기 정책과 대부분의 교회 모임을 금지하는 지역 사회 봉쇄 정책에 대응할 해결책이 된 것이다. 한편, 존은 이전에 라이브 스트리밍 방식을 시도했던 수많은 교회조차도 기술적으로 그리고 신학적으로 온라인 방식으로 완전히 전환할 준비가 되어 있지 않았던 텍사스에 살고 있었다.

    신학과 미디어 테크놀로지 분야에서 우리 각자가 쌓아 올린 전문성 덕분에, 우리는 온라인과 오프라인 방식으로 교회 사역자들 및 지도자들과 대화하는 일을 빠르게 시도할 수 있었다. 많은 이가 온라인 예배 때 사용할 미디어 테크놀로지에 도움이 될 가장 좋은 사례와 자신들이 선택한 미디어가 공동체 구성원들에게 미칠 잠재적 영향에 대해 우리에게 조언을 구했다. 온라인 예배가 주일마다 페이스북 피드 게시물로 점점 더 많이 올라올수록, 우리는 궁금해지기 시작했다. 대면 예배에서 온라인 예배로의 전환이 교회의 미래에 의미하는 바는 무엇일까? 팬데믹 후 교회는 순수한 오프라인 모임의 형태로 다시 되돌아갈 수 있을까? 사회적 거리두기가 장기적으로 '뉴 노멀'(new normal)이 된다면 교회는 어떤 모습으로 바뀔까? 이러한 전환의 결과로 신앙의 표현 방식이 점점 미디어화(mediated)되거나 혹은 혼합화(hybridized)되지는 않을까?

이 책은 이러한 상황과 질문 한복판에서 기획됐다. 2020년 3, 4월에 시작되어 전 세계적으로 발생한 온라인 테크놀로지 혁신과 실험은 교회에서 사용할 미디어 테크놀로지를 더욱 깊게 신학적으로 성찰하려는 일에 열정적이었던 우리에게 특별한 계기가 되었다. 신학적 훈련을 받은 미디어 전공 학자인 하이디는 제기되는 질문과 그에 따른 기술적 대응들을 포착해 내고, 이 과정에서 내리는 결정들이 불러일으키는 신학적 함의들에 관한 대화를 유도하는 것이 필수적이라 생각했다. 미디어 테크놀로지 전문가에서 신학자가 된 존은 신앙 공동체들이 각 매체가 지닌 사회적이고 신학적인 함의들을 다룰 시간을 갖지 못한 채 다양한 미디어 테크놀로지들을 사용한다는 것을 알게 되었다.

팬데믹 후 처음 6개월간 우리는 교회에서 사용하는 미디어 테크놀로지와 관련한 윤리적이고 교회론적인 다양한 질문을 탐구하는 영역이자 새롭게 부상하는 담론 영역인 디지털 신학 분야에서 활동하는 여러 동료 학자들과 대화를 나누었다. 이 대화들에서 표면상 드러난 공통점은 오프라인에서 온라인으로 전환하는 교회가 미디어 테크놀로지를 두고 내린 의사 결정에 담긴 신학적 함의들이었다. 우리 두 사람은 트위터, 페이스북, 블로그 포스트에 이 문제들을 대하는 우리의 생각을 공개적으로 드러내기 시작했다. 2020년 5월에 우리는 이메일을 주고 받으며 온라인에서 급증하고 있는 미디어 테크놀로지와 관련된 신학을 다룰 통찰들을 수집해야 할 필요가 있음을 깨달았다. 우리는 공통 관심 분야, 사용되고 있는 주요한 미디어 테크놀로지 전략들, 그리고 이 전략들 배후에서 이를 선교적으로 정당화하는 주장들을 식별하고자 하나의 중심적 공간에서 이 대화들과 지혜를 수집할 기회를 찾았다.

디지털 신학과 디지털 교회론이 *the Society of Biblical Literature*(『성서학회』)처럼 신학적 맥락에서 그리고 *the Journal of Practical Theology*(『실천신학 저널』) 같은 학술지 내에서 점점 논쟁과 대화의 분야가 되고 있지만, 현재까지 이 주제들만을 집중적으로 깊이 있게 다룬 책은 없었다.

디지털 교회론은 *Ecclesial Practices*(『교회 실천』)이라는 학술지에서 학문적으로는 처음으로 실려 심도 있게 연구되었다. 그때 하이디는 객원 편집자로 활동했다. 마치 예언이라도 한 것처럼, 이 학술지는 2020년 4월에 출판되었다. 이 책에는 미국, 독일, 그리고 영국의 신학자들과 미디어 학자들이 어떻게 교회가 인터넷을 활용하고 있으며, 미디어 사용이 교회의 교파적 구조와 신학적 정체성에 관해 어떤 질문을 제기하는지를 조사한 6개의 민족지학적 연구가 실려 있다. 우리는 이 연구들을 바탕으로 디지털 교회론이라는 용어를 정의 내리고 앞선 대화가 촉발시키고 제기하는 특정한 주제들을 규명하고자 한다.

지금까지 전 세계적인 코로나19 팬데믹에 의해 제기된 문제들과 관련된 교회적 실천과 정체성에 관한 신학적 관심사들에 초점을 맞춘 깊이 있는 수준의 성찰은 거의 찾아볼 수 없었다. 다만 2020년에 하이디가 출간한 두 권의 책이 있었을 뿐이다. 2020년 4월에 출간된 *The Distanced Church: Reflections on Doing Church Online*(『원거리 교회: 온라인 교회에 관한 성찰』)은

존을 포함해서 목회자들과 미디어 분야의 학자들이 팬데믹 초기에 인터넷을 통한 온라인 예배로 전환하는 데 따른 기회와 도전을 처음 경험한 반응들을 다룬 글들을 선보인다. 그리고 2020년 8월, 하이디는 새롭게 적용된 디지털 실천이 어떻게 교회의 예전과 실천, 그리고 교회의 정체성에 영향을 미칠 수 있을 것인지와 관련해서 학자들이 확인하고 주목하기 시작한 신학적 문제들을 규명하고자 그 첫 번째 시도로 *Digital Ecclesiology: A Global Conversation*(『디지털 교회론: 글로벌 차원의 대화』)을 출간했다. 이 책에는 매우 심도 있는 차원에서 연구된 여러 핵심적인 주제들이 실려 있다.

디지털 교회론이란 무엇인가?

교회론은 기독교 교회의 본성과 구조를 탐구하는 교회에 관한 학문이자 신학적 담론으로 신학 안에서 매우 잘 정립된 학문 분야다. 교회론은 문화적 변동이 어떻게 교회 사역과 구조에 영향을 주는지 면밀히 관찰해 왔다. 하지만 교회론은 미디어 테크놀로지가 교회적 실천에 점점 더 중요한 역할을 하고 있으며, 디지털 미디어가 교회 연구(말하자면 새롭게 부상하고 있는 '교회론과 민족지학' 연구 분야에서 이루어지는 논의)에 관한 조사에 긴요한 역할을 할 수 있음을 인식해 온 반면, 교회 사역과 예배에 있어 디지털 기술의 통합이 어떻게 더욱 광범위한 신학적 함의를 가질 수 있는지에 관해서는 체계적이고 집중적인 관심을 거의 가지지 않았다. 지난 몇 년간 디지털 교회론은 교회와 기술에 관한 콘퍼런스에서 이루어진 대화와 온라인상의 논의에서 유행어처럼 사용되었다. 그러나 대부분 그것은 모호한 개념으로 남아 있었다. 캠벨은 학술지 *Ecclesial Practices*에서 이처럼 새롭게 부상하고 있는 주제인 디지털 교회론을 다음과 같이 설명했다.

> 종합해 본다면, 우리는 이 질문에서 표면적으로 드러나는 몇 가지 공통된 주제

들을 발견할 수 있다. 디지털 교회론은 디지털 미디어를 사용한 전략과 그 배후에 놓인 동기를 개인들이 성찰하고자 사용된 용어다. 디지털 교회론은 디지털 테크놀로지에 관한 교회의 여러 정의와 가정들 배후에 숨어있는 문화적이고 신학적인 개념들을 규명할 필요가 있음을 알려 준다. 그리고 디지털 시대에 교회의 신학이 어떠해야 하는지 과감한 대화를 요청한다. 특히 교회 지도자들과 신학자들이 교회의 예전과 예배 그리고 선교에 있어 디지털 테크놀로지 사용과 관련된 결정들에 대해 알고 있어야 할 요소가 무엇인지 고려하게 하고, 또한 그런 의사 결정이 기존의 교회 전통을 어떻게 변화시키거나 지원할 수 있는지에 관해 면밀히 성찰하도록 요구한다(2020c, p. 2).

이러한 내용은 디지털 교회론이 어떻게 교회적 환경이 디지털 테크놀로지와 점점 더 결합되어 가는지 인식할 수 있는 장을 마련한다는 점을 강조한다. 또한 고도로 기술화되고 미디어화된 소통 공간에서 살아가는 교회 구성원들의 경험은 교회에서의 자신들의 참여와 기대에 영향을 주고 있다. 이러한 사회적 조건들은 중요한 신학적 도전들을 제기함으로 교회적 실천에 관한 회중의 참여와 대중적 이해를 형성하고 있다. 디지털 교회론은 우리가 살고 있는 디지털 시대와 교회 문화에 스며드는 디지털 시대가 형성한 문화적 가치를 신지하게 받아들일 필요를 인정한다. 이러한 이해를 통해 앞으로 우리가 제안하려는 것은 디지털 교회론이란 디지털 테크놀로지와 디지털 문화에 관여하는 교회의 본질과 구조라는 중요한 신학적 이해를 파악하기 위한 장을 만들어 주는 개념이라는 점이다. 다양한 기독교 기관들은 자신들이 가진 전통과 관습 그리고 역사에 근거해서 다양한 방식으로 이러한 질문에 대응한다. 하지만 팬데믹은 모든 교회가 어느 정도의 수준에서 동시에 이러한 질문에 관여할 수밖에 없는 그렇게 균등화시키는 효과를 낳았다.

그렇다면 도대체 디지털 교회론이란 무엇인가? 간단히 말해 온라인 방식 혹은 디지털 방식이 강화된 맥락 속에서 나타나는 교회의 구조와 실천에 관한 연구이며, 또한 이 방식이 낳은 온라인-오프라인 혹은 이 둘이 혼합되어 나타나는 교회 경험에 관한 신학적 함의들을 연구하는 학문이다. 또한 하이디가 자신의 책, *Digital Ecclesiology: A Global Conversation*의 서론에서 밝혔듯이, 디지털 교회론은 '종교 집단에 의해 이루어진 디지털 테크놀로지에 관한 의사 결정이 교회를 생각하는 사람의 방식에 영향을 주거나 변화시킬 수 있는 독특한 신학적 모델들을 구축하는 인식'이다(p. 4).

그러나 모든 교회가 어떻게 온라인 방식으로 전환할지 결정해야 했던 반면에, 디지털 교회론은 온라인 방식의 교회가 가진 현재의 추세와 사례들 혹은 예배를 위해 디지털 플랫폼을 사용하는 데 가장 본이 되는 사례들을 논의하는 것 그 이상에 초점을 맞춘다. 디지털 교회론은 온라인 교회를 위한 '방법론'(how to)도, 온라인 종교 플랫폼에서 일어나는 가상적 친교 내지 공동체의 진정성과 같은 것을 다루는 논쟁도 아니다. 우리는 이러한 논의들 대신, 미디어 테크놀로지를 사용해서 교회를 이해하고 참여하는 방식을 변화시킬 수 있는 특정한 신학적 유형들을 어떻게 구축하는지에 주의할 필요가 있다고 주장한다.

대부분의 목회자들과 교회 지도자들은 주로 예배를 위해 미디어 테크놀로지를 적용하고 미디어화된 모임들과 혼합적 예배 기획들을 양산하는 실용적인 측면에만 초점을 맞추어 왔다. 반면에 이들이 미디어 테크놀로지를 사용할 때 자신들의 종교적 정체성을 어떻게 형성하는지 또는 어떻게 바꾸어 놓는지와 같은 장기적인 영향에 관한 성찰은 상대적으로 거의 없었다.

이 책의 목적은 팬데믹 시기에 교회가 기술적으로 미디어화된 예배(technologically-mediated worship)로 디지털 전환을 시도함에 따라 발생하는 더욱 광범위하고 심층적인 교회론의 문제와 질문을 다루는 것이다. 또한 이 책에는 교회가 미디어화된 공간과 기술을 점점 더 의존하게 될 것이라 가정하는 '뉴 노멀'(new normal) 시대로의 진입을 준비하는 일에 도움이 되는 신학적 사유와 자료들이 담겨 있다. 그리고 디지털 기술과 문화를 교회가 사용하는 과정에서 생겨날 신학적이고 교회론적인 문제들에 관한 중요한 통찰과 연구를 부각시키고자 한다. 이 책의 전반적인 기획은 저자들이 코로나19와 이 시기에 확산된 온라인 예배로 인해 생겨난 사회적, 문화적, 종교적 변화들이라는 관점에서 이후의 종교의 모습을 성찰하는 것이다. 또한 각각의 글들은 앞으로 얼마나 걸릴지 모르겠지만, 현재의 추세가 교회의 선교적 삶을 살아가는 방식과 공동체적 관심에 반해 발생시킬 수 있는 잠재적인 도전들을 다룬다.

앞으로의 논의

이 책에는 5년 이상 디지털 문화의 신학, 교회론, 교회라는 주제에 관하여 집필해 온 전 세계 신학자들과 종교 미디어 학자들 14명의 글이 실려 있다. 저자들은 아시아, 아프리카, 유럽, 미국에서 진행한 신학적 연구들을 조명하고, 각각 개신교와 가톨릭 전통을 대표하고자 전략적으로 선발되었다. 저명한 신학자들과 신진 학자들의 조합, 남성과 여성 저자들의 균형, 그리고 현대의 신학적 담론에서 자주 배제되거나 간과되었던 남반구나 서구의 소수자들의 목소리를 확실히 대변할 수 있는 사람으로 집필진의 절반을 구성하는 등 다양한 신학적 주장들을 통합하고자 의도적으로 노력했다. 이러한 노력의 결과로, 각 학자들이 디지털 문화, 윤리, 그리고 신학에 대하여 수행한 연구를 바탕으로 코로나19 팬데믹으로 인해 부각된 교회의 발전 양상과 동향들에 관련된 대화를 이끌어 낸 다양한 글들이 하나의 모음집으로 나오게 되었다.

    이 책은 세 부분으로 나누어져 있다. 첫 번째 부분은 디지털 교회와 관련해 전통적으로 사용된 교회론의 용어와 그 이해들을 재검토한다. 두 번째 부분은 팬데믹 시기에 일어난 교회론의 변화들을 구체적인 예시를 통해 탐구한다. 마지막 부분은 디지털 시대의 교회의 미래를 살펴보고, 앞으로 나아가야 할 방향을 위한 통찰과 의견을 제안한다.

첫 번째 부분인 '디지털 교회 이론화하기'에서 4명의 저자들은 전통적인 교회론 범주들을 재검토하고 이 범주들이 디지털 시대에 어떻게 도전받고 있으며, 새롭게 이해되는지 탐구한다. 온라인 교회에 관한 초기의 대화는 무엇이 '실재'(real)인지에 초점을 두고, 무엇이 가능하고 적합한 온라인인지 논쟁했다. 하지만 저자들은 모든 미디어화된 상호작용이 '실재'이지만, 각 매체들은 기독교인들에게 교회의 의미를 더욱 깊이 생각할 수 있는 새로운 질문과 기회를 만들어 준다고 주장한다.

1장에서 존 다이어는 미디어 테크놀로지가 지역 교회와 보편 교회라는 전통적인 개념 사이를 이어 주는 가교 역할을 할 수 있는 방식을 탐구한다. 또한 그는 일방향식 방송 시스템, 다자간 화상 회의, 그리고 교회가 도달할 수 있는 사람의 수를 늘려주지만 대면 만남의 필요성 역시 인식시켜 주는 공간인식을 위한 가상현실 플랫폼과 같은 다양한 형태의 미디어화된 교회를 명확하게 표현하는 어휘를 개발한다. 2장에서 앤서니 뤼 듀크는 이와는 판이하게 다른 지역적이고 교회론적인 맥락에서 온라인 세계의 친교와 현존 개념을 탐구한다. 그리고 '가상' 현존에 관한 부정적 묘사는 도움이 되지도 않을뿐더러 정확하지도 않다고 주장한다. 뤼 듀크는 태국에서 '선교적 창의성'을 발휘한 예시를 통해 어떻게 온라인 사역이 특히 유사시에 중요한 현존 수단이 될 수 있는지 보여 준다. 3장에서 폴 수쿱은 커뮤니케이션 이론에 관한 그의 연구들로부터 얻은 통찰들을 모아 서로 다른 교회 전통들이 온라인 테크놀로지의 어포던스(Affordance: 제임스 깁슨이 제시한 개념으로, 행위자와 환경 사이의 관계에서 존재하는 행위의 가능성을 의미하며, 디지털 어포던스는 디지털 기술과 사용자의 상호관계 속에서 주어지는 기회와 가능성을 말한다 - 역자 주)를 해석하는 방식들을 분석한다. 그는 '완전한 의사소통자'인 그리스도 모델이 디지털 테크놀로지를 향한 우리의 이상들을 보완하고 수정할 수 있다고 주장한다. 이 부분의 마지막 장인 4장에서는 로마 가톨릭 신학자인 캐서린 슈미트가 성사라는 렌즈로 디지털 교회론에 접근하는 질문을 독자들에게 소개한다. 그는 20세기 중반 문화적 변동에 대응하는 제2차 바티칸 공의회가 보여 준 변동들과, 교회가 오늘날의 디지털 문화를 대응하는 방식 사이에 놓인 유사성을 도출한다.

이 책의 두 번째 부분인 '온라인 전환에서 배운 교훈'에서는 5명의 저자들이 팬데믹 시기에 이루어진 신학과 실천에 대한 더욱 깊은 성찰을 제공한다. 5장에서 하이디 캠벨은 온라인 커뮤니티 형성과 그들이 다른 공동체를 이해하는 방식에 관해 약 25년간 수행한 연구들을 활용한다. 그녀는 '그리스도의 몸'이라는 신약성경의 은유를 '하나님 백성'이라는 구약의 개념과 비교한다. 전자인 '그리스도의 몸'이라는 은유가 오늘날 수많은 교회에서는 더욱 일반적이지만, 후자인 '하나님 백성' 개념은 디지털로 연결된 세상 속에서 교회가 어떻게 기능할 수 있고 또 기능해야 하는지 더욱 분명하고 확실하게 이해시켜 준다고 설명한다. 6장에서 토마스 슐락과 사브리나 뮐러는 의미를 뜻하는 독일어 '진'(Sinn)과 소셜 미디어를 활용하는 사람을 뜻하는 단어인 '인플루언서'(influencer)를 축약한 용어인 'Sinnfluencers'(진플루언서)에 관한 몇 가지 예시들을 제공함으로, 그들이 지닌 신학적 질문을 개인적인 삶, 그리고 목회적 활동과 함께 엮어 낸다. 토마스 슐락과 사브리나 뮐러는 이처럼 독특한 종교 경험들의 융합이 '모두를 위한 그리고 모두와 함께 하는' 하나의 참여적 교회라는 새로운 이해에 기여한다고 주장한다. 다음으로 아프리카의 상황에서 콰베나 아사모아-기야두는 7장에서 오순절 은사주의 교회가 팬데믹에 대해 조직적으로 그리고 신학적으로 대응했던 방식들을 다룬다. 예를 들어 그는 '이제 곧 다시 오실 왕이신 그리스도'라는 종말론적 주제가 팬데믹 전에는 번영을 주제로 한 설교 메시지에 가려져 대체로 무시되었지만, 팬데믹 후 많은 설교자들이 교회가 이 시대에 줄 수 있는 것이 무엇인지 다시 상상하면서 이 주제와 더불어 비슷한 다른 주제들로 다시 되돌아왔음을 보여 준다. 8장에서 스티브 테일러는 온라인에서 처음 시도된 표현들이 어떻게 육화(enfleshment)와 물질성 개념에 도전했는지 관찰한다. 그는 장애신학(disability theologies)을 통해 디지털화된 교회가 무엇을 의미하는지에 관한 네 가지 특징들을 신학적으로 사유하도록 돕는다.

이 책의 마지막 부분인 '미래 교회를 위한 새로운 디지털 실천들'에서는 5명의 저자들이 팬데믹의 영향이 교회에 큰 변동을 가져올 향후 수십 년을 전망한다. 9장에서는 북미의 상황 속에 처한 아프리카 신학자 발라 무사와 보예 키아무가 디지털 테크놀로지가 교회로 하여금 거룩한 영과 창조적인 기술 사이에 놓인 변증법적 긴장을 탐구하는 데 도움을 줄 방식들을 살펴본다. 그들의 주장에 따르면, 디지털 시대는 마치 새로운 오순절처럼 작동한다. 이들은 영적인 것을 매개하고 미디어를 영적인 것으로 만드는 우리의 선택이 교회가 가질 특징과 증인 됨을 결정할 것이라고 주장한다. 10장에서 조나스 컬버그는 설득 테크놀로지(persuasive technology: 컴퓨터화된 시스템을 통해 사용자의 행동과 태도에 변화를 가져다주는 기술로서, 의도된 설득 효과에 초점을 둔다 - 역자 주)와 종교적 예전 사이의 연관성을 고찰하면서, 이 두 가지 모두가 우리에게 특정한 행동 유형을 강요하고 있음을 상기시킨다. 그는 독자들에게 우리가 행하는 디지털 예전 행위 속에서 만들어 내는 의미들에 주의를 기울일 것을 촉구한다. 섹슈얼리티와 아동인권옹호(children's advocacy)에 관해 글을 쓰고 있는 페미니스트 윤리학자인 케이트 오트는 '어린아이들이 내게 오는 것을 용납하고' - '금하지 말라'(막 10:14 - 역자 주)는 유명한 구절의 내용을 성찰하도록 권한다. 그녀는 11장에서 디지털 테크놀로지가 교회로 하여금 어린이들이 교회 예배에 더욱 만족스럽게 그리고 더욱 신체적으로 참여할 수 있도록 창조적으로 안내하게 해 주는 방식들을 설명한다. 이 부분 마지막 장에서 필립 버틀러는 교회가 설교 중심적 모델에서 줌(Zoom)과 같은 플랫폼으로 전환하는 것이 아프리카계 미국인들의 예배에 독특하게 영향을 미치는 방식을 글로 썼다. 그는 팬데믹이 야기한 정신 건강 문제가 교회와 사역 단체들에게 성도들이 도움이 필요할 때 격려해 주고, 하나님과의 만남을 향한 접촉점을 마련해 줄 수 있는 인공 지능 기반 대화 플랫폼(Artificial Intelligence-driven conversation platforms)에 대하여 탐구할 기회를 준다고 설명한다.

우리는 전 세계적으로 그리고 다양한 신학적 전통들을 가로질러 디지털 시대에 우리의 교회론을 재고찰하고 깊이 성찰하게 만드는 중요한 계기를 마련했다고 생각한다. 이 책 마지막 장은 각 장에서 발견된 공통된 주제와 결론들을 요약한 내용을 제공할 것이다. 이 책의 목표는 현재 교회가 직면하고 있는 그리고 코로나19 팬데믹으로 인한 격리 시기가 끝난 후 직면하게 될 새로운 사회적 조건과 기술적 전략들에 대한 비판적이고 구체적인 평가를 제시하는 것이다. 그리고 이 책에는 전통적인 교회론의 유형과 교회의 본질에 관한 신학적 사고방식들을 뛰어넘기 위한 대화의 접촉점과, 미래의 기독교 공동체를 새로운 관점에서 생각하려는 출발점으로서 필요한 방식들이 담겨 있다.

이 책이 나오기까지 많은 사람의 헌신과 지원이 있었다. 가장 먼저 우리는 이 프로젝트의 중요성을 믿고 지지해 준 SCM 출판사의 선임 기획 편집자인 데이비드 셔빙턴과 이 책이 나오도록 도와준 SCM 출판사 직원들에게 감사를 전하고 싶다. 또한 2020년 뉴 미디어, 종교 그리고 디지털 문화를 위한 네트워크(Network for New Media, Religion and Digital Culture)가 출판한 전자책인 *Digital Ecclesiology: A Global Conversation*의 집필자들인 엘라인 아마로 아 실바, 테레사 버거, 롤랑드 치아, 아니타 클로에테, 저스틴 존 다이국, 찰스 에스, 플로리안 회네, 발라 무사, 그리고 메튜 존 폴 탄에게 감사의 마음을 전한다. 이들의 글은 이 프로젝트의 저자들이 더욱 발전시키고 참여한 디지털 교회론의 개념에 중요한 기틀을 마련했다.

하이디는 그녀의 연구 조교인 소피아 오스틴과 그레이스 벤티엔에게 감사를 표한다. 그들은 이 프로젝트를 위한 조직 구성과 편집 작업에 탁월한 도움을 주었다. 또한 남편인 토로이 셰퍼드의 지칠 줄 모르는 격려와 지원을 알리고 싶다. 토로이는 미래 교회에 팬데믹과 미디어 테크놀로지가 미치는 영향에 대한 그녀의 생각을 발전시키는 데 꼭 필요한 내용을 조언해 주었다.

존은 이 프로젝트에 참여할 수 있도록 초청해 주고 지난 20년간 멘토가 되어 준 하이디에게 감사의 마음을 전한다. 그는 또한 팬데믹 시기에 발생한 중요한 질문을 연구하고자 달라스신학교에서 열린 '2020 겨울 디지털 사역'(Winter 2020 Digital Ministry) 모임의 학생들, 그리고 가족과 친구들을 위해 만든 유쾌한 비디오인 '격리 교회'(Quarantine Church)를 제작하는 데 함께 한 그의 자녀들인 벤자민과 레베카에게 감사의 마음을 표한다.

참고 문헌

Campbell, H. A., 2020a, *Digital Ecclesiology: A Global Conversation*, Texas: Digital Religion Publishing & OakTrust-TAMU Libraries. Available electronically from https://oaktrust.library.tamu.edu/handle/1969.1/188698.

Campbell, H. A., 2020b, *The Distanced Church: Reflections on Doing Church Online*, Texas: Digital Religion Publishing & OakTrust-TAMU Libraries. Available electronically from https://doi.org/10.21423/distancedchurch.

Campbell, H. A., 2020c, 'Studying Digital Ecclesiology: How Churches are Being Informed by Digital Media and Cultures', *Ecclesial Practices*, 7(1), 1-10.

PART 1

↳ **디지털 교회 이론화하기**

▶ *Ecclesiology for a*
DIGITAL CHURCH

1. 미디어화된 에클레시아에 관한 연구
: 디지털 시대에 교회를 어떻게 이야기할 것인가

존 다이어

다음은 어느 소셜 미디어의 기록이다.

* 가상 교회 예배
: 크라이스트 성당에서 녹화된 특별 설교로 온라인 교회에서 모입니다.

팬데믹 시기 이전 대부분의 사람은 보통 이 메시지를 일종의 인터넷에 기반한 교회 예배의 공지 정도로 이해했을 것이다. 하지만 많은 기독교인들이 자신이 속한 교회에서 디지털 봉헌뿐 아니라 그 외 다른 여러 일들을 경험해 온 팬데믹 후의 세계에서 위와 같은 공지사항을 들으면 몇 가지 질문을 떠올린다.

예를 들면 그 예배는 '온라인'인가 '가상'인가? 아니면 이 용어들은 모든 기반을 함께 포괄하는 동의어로 쓰이는가? 교회는 어떻게 '모이는가?' - 줌 회의 방식(Zoom call), 가상현실 공간, 페이스북(Facebook) 라이브 스트리밍, 유튜브에 올라오는 영상을 통해? 설교가 미리 녹화되었음을 아는 것이 우리의 경험에 차이를 가져다주는가? 사실 이렇게 기술과 관련된 질문 근저에는 더욱 오래된 신학적 질문이 있다. 그 질문이란 이것이 무엇이든 간에 진정 '교회'라 불릴 수 있느냐 하는 것이다. 만약 교회라 불린다면, '교회'라는 용어가 이처럼 사용되는 것이 성경에서 이 용어의 용례와 신학자들이 매우 신중하게 고안한 신학적 범주들과는 어떻게 연관되는가?

이 장에서 나는 기술적으로 미디어화된 교회 예배의 다양한 유형들을 범주화하고 설명하는 언어들을 제안할 것이다. 이렇게 하는 이유는 각 유형의 예배가 가져다주는 경험들을 학자와 실무자들이 더욱 명료하게 이야기하는 데 도움을 주기 위해서다. 그다음 나는 이 범주들을 신약성경에서 나타나는 에클레시아(ekklesia)의 성경적 용례와 연결시키고, 지역 교회와 보편 교회 모두와 연결시킬 것이다. 나는 미디어 기술이 늘 지역 교회와 보편 교회 사이를 이어 주는 교량 역할을 해 왔으며, 각 미디어 기술은 교회 전체에 주는 독특한 그 무엇인가를 지녔다는 사실을 보여줄 것이다. 이처럼 기술적이면서 신학적인 질문을 다 같이 탐구하는 것은 하나님이 이 세상 속에서 행하시는 일의 광대함을 이해하도록 돕고, 하나님의 백성인 우리의 정체성을 더욱 강화시킬 것이다.

용어, 은유, 범주

팬데믹 기간에 많은 교회가 처음으로 온라인으로 전환하는 초기 과정에서 몇 가지 기술적인 어려움에 직면했다. 카메라의 각도는 어색했고, 마이크의 음소거는 늘 켜져 있는 상태였으며, 멋진 밈(meme: 인터넷 용어로서, 흥미롭거나 주목할 만한 말과 행동을 온라인상에서 모방의 형태로 재가공한 콘텐츠를 일컫는다 - 역자주)이 쉬지 않고 올라왔다. 그럼에도 불구하고 목사들과 사제들 그리고 성직자들은 이 상황에 빠르게 적응했고, 그들 중 많은 사람이 이 새로운 기술을 사용하는 데 상당히 능숙해졌다. 마찬가지로 현재 우리는 기술과 교회론을 논할 때, 우리가 사용하는 언어를 좀 더 명확하게 정리할 수 있는 가장 적절한 성찰의 시간을 맞이했다.

디지털 종교에 관한 연구를 살펴보면 그 용어를 명확하게 제시한 긴 역사가 있다. 20년 전, 크리스 헬랜드는 종교-온라인(religion-online, 어느 한 종교 기관이 인터넷상에서 정보를 제공하는 것과 같은 경우)과 온라인-종교(online-religion, 종교인이 정형화된 구조 밖인 인터넷상으로 영적인 활동들에 참여하는 것과 같은 경우) 사이를 구분할 것을 제안한다(Chris Helland, 2000). 사실 이 둘 사이의 경계는 다소 모호하다. 그러나 헬랜드의 범주화는 온라인상에서 신앙이 어떻게 표현되고 변화하는지에 대한 새로운 대화의 장을 열고 사유의 지평을 확장하는 계기를 마련했다. 그로부터 10여 년 후, 하이디 캠벨을 비롯한 여러 학자들은 온라인 종교와 오프라인 종교에 관한 글을 쓰면서, 대다수의 기독교인들이 이 둘 중 하나를 양자택일하는 것이 아니라 이들이 서로 중첩되는 네트워크 안에서 연결되고 소통할 때, 이 두 영역 사이를 유동적으로 오고 간다는 것을 보여 주었다(Heidi Campbell, 2012). '온라인'과 '오프라인'을 구분하는 것은 여전히 유용하다. 그러나 어느 하나가 실재이고, 어느 하나가 실재가 아니라고 구분하는 분류 방식은 도움이 되지도 않고 정확하지도 않다.

하지만 대면 방식의 교회와 디지털로 미디어화된 형태의 교회 사이의 관계에 관한 대중적 수준의 담론에서 사용되는 용어들은, 어떤 신앙의 표현들이 적합하고 또 어떤 신앙의 표현들이 적합하지 않다는 식의 불필요한 이분법을 보여 준다. 이 이분법은 미디어 기술을 사용해서 발생하는 실재적인 경험을 인식하지 못한다. 예를 들어 '가상'(virtual)이라는 용어는 종종 어떤 측면에서 디지털 경험이 정당한 것이 아님을 암시함으로 비하하는 방식으로 '실재'(real)라는 용어와 대조되어 왔다. '온라인 교회가 실재 교회인가?'라는 질문은 온라인 교회가 기독교적 표현을 풍부하게 만들어 준다는 것을 긍정하거나 아니면 온라인상의 종교적 표현들에 가치 있는 무언가가 있다는 사실을 부정하는 방식으로 논의를 설정한다. 그러나 팬데믹이 가져다준 한 가지 이로운 점은 점점 더 많은 사람이 디지털 예배를 경험하게 만들고, 온라인 방식과 대면 방식이 분명히 다르지만 두 가지 모두 여전히 '실재'이고 긍정할만한 가치가 있다는 것을 깨닫게 한 것이다. 따라서 내가 제한하는 바는 실재와 반대된다는 의미로 가상이라는 용어를 사용하지 않는 것, 그리고 특정한 형태의 예배를 진행하는 데 사용하는 '가상 현실'(virtual reality) 기술의 맥락을 제외하고는 실재(현실)라는 용어를 사용하지 않는 것이다.

일반적이면서 이와 유사한 또 다른 불필요한 구분은 오프라인과 온라인을 나란히 대조하면서 묘사하는 '신체화'(embodied) 그리고 '비신체화'(disembodied)라는 용어에서 비롯된다. 이 구분은 모든 온라인 경험이 비신체적임을 의미한다. 그러나 팬데믹으로 인한 격리 폐쇄의 경험은 우리에게 인간은 집에서 스크린을 쳐다보며 앉아 있든 아니면 극장에서 스크린을 쳐다보며 앉아 있든 늘 신체적임을 가르쳐 주었다. 심리학자 마가렛 메리 윌슨(2002)은 인간의 정신 상태와 신체 사이의 관계를 탐구했는데, 그녀는 심지어 인터넷과 관련되지 않은 활동들에서조차 '온라인' 신체화와 '오프라인' 신체화를 구분했다. 그녀의 연구에 의하면, 인간은 결코 비신체화되지 않는다. 하지만 우리가 신체화되는 방식은 우리가 세계를 경험하는 방식을 변화시킨다. 신학적으로 말해, 이는 우리가 신체화된 예배와 비신체화된 예배 사이를 선명하게 구분할 수 없음을 의미한다. 오히려 우리는 온라인과 대면으로 진행하는 모임들을 통해 예배를 드리는 신체화의 여러 가지 형태와, 이러한 활동들이 개인과의 관계 그리고 종교 공동체들을 형성하는 방식에 주의를 기울여야 한다. 예를 들면 (유튜브처럼) 주로 일방향적 방송인 온라인 교회 예배는 (줌처럼) 양방향적 대화형 기술을 활용하는 예배와는 다른 체화된 상태를 가능하게 한다. 그리고 현장에서 진행되는 종교 예배는 그 예배가 라이브 스트리밍으로 송출되는지의 여부에 따라 또 다른 경험을 줄 수 있다.

디지털 전달 방식

우리는 실재/신체화 그리고 가상/비신체화를 엄격하게 나누는 이분법이 기술적으로 미디어화된 예배 경험을 설명하는 데 도움이 되지 않는다는 사실을 살펴보았다. 이 사실을 염두에 두고 헬랜드, 캠벨, 그리고 다른 학자들의 연구들이 지닌 논의를 이어갈 수 있으며, 기술적으로 미디어화된 교회의 여러 가지 표현들의 형태를 우리가 사용하는 용어들로 정리할 수 있다.

위에서 언급한 양자택일(either/or)의 용어 대신에, 우리는 각 모임의 형태가 가져다주는 몸, 공동체, 예배의 경험을 명료하게 하는 것을 목표로, 여러 기술들의 형식과 주요한 특징들을 구분하여 설명하고자 한다.

온라인 교회(Online Church) — **디지털 미디어를 통한 다른 신자들과의 네트워킹과 만남**: '온라인 교회'라는 용어는 다양한 의미로 사용되어 왔기 때문에, 나는 '온라인 교회'라는 용어를 공식적인 디지털 예배뿐 아니라 현장 교회 구성원들 혹은 다른 여러 네트워크 사이의 일대일 연결까지 포함하여 기독교인이 디지털 미디어를 사용하는 것을 포괄적으로 설명하는 용어로 제안한다. 여기에는 이메일, 문자 메시지, 영상 채팅, 가상 예배, 그리고 일부분 오프라인 방식으로 대면 경험을 시작하고자 사용되는 다른 미디어 예배가 포함된다. '온라인 전용 교회'(online-only church)는 다양한 미디어를 사용하지만 물리적인 모임은 하지 않는 공동체라 할 수 있다.

방송 교회(Broadcast Church) — **주로 일방향 매체를 통해 전달되는 예배**: 이러한 형태의 교회는 라디오처럼 대중적인 설교자들의 설교를 재방송하거나 폐쇄된 국가들을 향하여 오랫동안 사용된 최초의 방송 기술에서 기원을 찾을 수 있다. 종교적 텔레비전 방송은 확장된 방송 교회였고, 오늘날의 교회가 노래와 설교, 성례전을 유튜브나 페이스북과 같은 인터넷 플랫폼들을 통해서 참여하게 할 때, 이는 방송으로 사역을 이어가고 있는 것이다. 여기서 각 개인은 스마트폰이나 노트북으로 방송 예배에 참여할 수 있으며, 가정에선 이보다 큰 스크린 주위에 모여 함께 참여할 수 있다. 이 두 가지 모두 여러 가지 상태의 신체화와 소통을 제공한다. 이렇게 기술적으로 미디어화된 예배는 참여자 대부분이 그 예배를 진행하는 성직자와 소통할 수 없다는 점에서 비상호작용적이다. 하지만 참여자들은 예배를 시청하는 다른 참여자들에게 문자 메시지를 남길 수는 있다. 방송 교회는 아마도 온라인 교회가 제공하는 가장 일반적인 형태일 것이다.

상호작용형 교회(Interactive Church) – 양방향 상호작용형 매체들을 사용하는 교회 예배 및 그룹 모임: 이전의 미디어 기술들과 인터넷 사이를 구분하는 중요한 요소 중 하나는 인터넷이 양방향 혹은 다자간 소통을 가능하게 만든다는 사실이다. 참여자들이 생방송 혹은 사전 녹화된 비디오를 시청했던 일방향적 방송 교회 예배와는 대조적으로 '상호작용형' 교회라는 용어는 더욱 상호작용적인 매체들을 통해 서로 연결되고 예배하는 기독교인들을 가리킨다. 비디오 스트림 옆에 나타나는 게시판과 채팅창과 같은 이전의 인터넷 기술들로도 상호작용은 어느 정도 가능했다. 이제는 줌과 같은 화상 회의 도구로 새로운 차원의 실시간 '마주 보는'(face to face) 상호작용이 시작되었다. 예배자들은 목회자들이나 다른 이들을 시청하는 대신에 이따금씩 비디오상에 나타난 자신들의 모습을 보면서 이전의 방송 예배에서는 찾을 수 없었던 참여자들 사이의 친밀감을 느끼게 된다. 비디오나 마이크가 켜져 있을 때, 참여자는 자신의 모습을 스스로 더 인식할 뿐 아니라 멀리 떨어져 있을 때도 서로 보이고 들리는 데 따른 다양한 감정들을 경험할 수 있다. 상호작용형 교회에서 예배를 드릴 때 둘 혹은 그 이상이 서로 장치를 공유할 수 있다. 하지만 일반적인 참여 형태는 한 사람당 하나의 노트북 혹은 스마트폰을 사용하는 것이기에 방송-전용 교회와는 다른 경험을 만들어 낸다. 비록 상호작용형 교회는 방송 교회보다 덜 일반적이지만, 많은 교회는 주중 소그룹 모임 때 소통을 위한 여러 방식들을 추가하고 있다.

가상 교회(Virtual Church) – 완전히 가상인 환경에서 이루어지는 예배와 공동체: 비록 '가상'이라는 용어가 종종 온라인의 동의어로 사용되지만, 나는 세컨드 라이프(Second Life: 린든 랩이라는 개발사가 만든 인터넷 기반 가상 세계 시뮬레이션 게임이다 – 역자 주), 로블럭스(Roblox: 사용자가 게임을 프로그래밍할 수 있는 대규모 다중 사용자 온라인 게임이다 – 역자 주)와 메타버스처럼 가상현실(virtual reality: VR) 환경에서의 교회 경험들을 설명할 때만 한정해서 '가상'이라는 표현을 적용하는 것이 좀 더 명확하다고 주장하는 바다. 비디오 방송과는 달리 가상 교회는 완전히 새로운 그 무엇을 창출해 낸다. 그뿐만 아니라 가상 교회는 우리의 더 많은 감각들을 동원해서 독특한 방식으로 예배를 매개한다. 가상현실 환경은 참여자들이 대면 방식(in person)으로는 할 수 없는 일들을 가능하게 한다. 이를테면 하늘을 날아다닌다든지 혹은 자신의 외모를 바꾼다든지 말이다. 무엇보다 가상현실 환경은 예배 후 친밀한 일대일 대화를 가능하게 하는 공간과 제약에 대한 감각과, 댓글창이나 화상 회의 창과 같은 2D 공간에서는 만들어 내기 어려운 경험을 재현해 내기도 한다. 그러나 신체의 공간 감각이 가상 예배에 참여하는 동안 각 사람은 헤드셋이 필요한데, 이것이 의미하는 바는 노트북이나 텔레비전 스크린에서 방송 예배를 시청할 때 할 수 있는 것처럼 같은 공간에서 두 사람이 서로의 현존을 경험할 수 없다는 것이다. 현재의 가상현실 기술의 비용과 복잡성 때문에, 가상현실 예배는 오늘날 드려지는 가장 최소한의 공통적인 형태의 예배가 될 것이다.

하이브리드 교회(Hybird Church) – 디지털 경험과 대면 경험 모두를 포함하고

있는 지역 교회: 팬데믹 후 등장한 '뉴 노멀'(new normal)의 조건 중 하나는 위에 나열된 디지털 기술들을 경험했던 많은 교회가 계속해서 몇몇 형태의 방송, 가상현실, 또는 상호작용형 예배를 제공할 것이라는 점이다. 이러한 경험들은 건강 상태나 여행 등을 포함한 여러 이유들 때문에 대면 방식으로 만날 수 없거나 그렇게 하길 원치 않는 성도들의 필요를 교회가 충족시켜 줄 것이다. 어떤 교회는 주일 예배 때는 방송 방식을 선택할 수 있지만, 그 외에 다른 모임 때는 상호작용형 방식을 선택할 수 있다. 어떤 의미에서 디지털 시대의 교회는 그 구성원들이 서로 소통하고자 미디어를 사용하고 온라인과 오프라인 사이를 옮겨 다니면서 하이브리드화 한다고 할 수 있다.

이와 같은 범주들을 통해 교회 예배가 기술적으로 매개되는 방식을 더욱 명확하게 설명하고 각 매체들 사이의 중요한 차이점들을 구체적으로 파악할 수 있다. 예를 들어 알트스페이스VR(AltSpaceVR: 라이브혼합현실환경 기반 플랫폼 - 역자 주)을 활용하는 '가상' 교회는 실감나는 경험을 제공해 주고 각 참여자들이 자신만의 헤드셋을 착용하게 한다. 반면 유튜브상으로 진행되는 방송 교회는 상호작용은 거의 없지만 물리적으로 근접한 소규모의 사람이 스크린을 중심으로 함께 모여 예배할 수 있게 한다. 두 가지 경우 모두 참여자가 얼굴이나 이름을 보여줄 필요는 없지만, 줌으로 진행하는 '상호작용형' 교회 예배는 각 참여자가 자신의 신분을 더 분명하게 알려주도록 한다.

이와 같은 기술적인 차이가 있음에도 불구하고, 여기에는 여전히 '교회'라는 용어를 사용하는 것에 관한 몇 가지 질문이 생긴다. 위 용어들은 주로 '예배'가 어떻게 운영되고 찬양과 설교를 비롯한 다른 예배적 요소들이 어떻게 제공되는지에 초점을 두었다. 하지만 이러한 요소들은 더욱 심층적인 차원에 놓인 '교회'의 본질을 다루지는 않는다. 이제부터는 성경에 나타난 '에클레시아'(ekklesia)라는 단어의 용례에서 도출한 주요한 교회론적 범주들을 탐구하고, 어떻게 그 범주들이 위의 기술적으로 제공되는 내용들(offerings)과 상호작용하는지 성찰할 것이다.

'에클레시아' 탐구: '교회'에 대한 간략한 성경적 설명

'교회'라는 단어의 연구가 교회론 자체를 완벽하게 설명할 수는 없다. 그러나 영어와 신약성경에 쓰이는 그 단어의 용례를 조사하는 것은 교회가 될 수 있는 모든 것들에 관해 우리가 생각하는 방식을 추가적으로 조명해 줄 수는 있다. 예를 들어 영어에서 '교회'(church)는 넓은 범주의 의미를 지닌다. 건물(길모퉁이에 위치해 있는 교회)이나 회중(파크 시티 장로 교회)과 같은 특정한 것을 가리킬 수 있으며, 교파(로마 가톨릭교회) 혹은 모든 기독교인을 지칭하는 것처럼 더 큰 무언가를 가리킬 수 있다. 이 두 가지 의미는 신약성경이 그리스어 에클레시아를 사용하던 방식을 반영한다.

원래 에클레시아는 사도행전 19:32-41에서 에베소에 사는 시민들의 민회(assembly of citizens)처럼 '집회'(assembly) 혹은 '모임'(gathering)을 가리키는 비-종교적 용어였다. 이러한 경우 에클레시아는 '정기적으로 소집된 입법체'(regularly summoned legislative body) 혹은 '사람들의 평상시 모임'(casual gathering of people)으로 이해할 수 있지만(Bauer in Danker et al., 2000, p. 303), 지속적인 정체성을 가진 것으로 인식되지는 않았다. 그러나 신약성경 기자들이 예수를 따르는 자들을 설명하고자 에클레시아라는 용어를 사용하기 시작했을 때 그 의미가 바뀌었다. 에클레시아는 계속해서 지역에 속한 집회를 의미했지만, 기독교인들에게 에클레시아는 예수를 주님으로 예배하는 남자들과 여자들의 모임으로, '같은 믿음을 가진 사람'(people with shared belief)이라는 보다 구체적인 의미를 띠게 되었다. 예를 들면 바울은 에클레시아를 '네 집에 있는 교회'(몬 1:2; 롬 16:5)라는 표현처럼 어떤 구체적인 장소에서 열리는 특정한 모임을 가리킬 때 사용했고, '갈라디아 여러 교회들'(갈

1:1-2; 롬 16:4)이라는 말처럼 어느 한 지역 전체에 걸친 모임들을 언급할 때는 에클레시아의 복수형을 사용했다. 또한 바울은 에클레시아의 용법을 확장했는데, 이는 '고린도에 있는 하나님의 교회'(고전 1:2) 혹은 '데살로니가인의 교회'(살전 1:1)와 같이 이들이 지역적으로 어떻게 조직되었는지와 상관없이 한 도시 전체에 거주하는 모든 기독교인들을 가리키기 위해서였다.

이러한 사실은 신약성경에서 '교회'의 용법이 한 지역이나 특정한 모임을 넘어 '그리스도 안에' 있는 모든 사람을 가리키는 것으로 연결된다. 바울은 회심 전에는 전체 '교회를 진멸'(행 8:3)하려 했다. 하지만 회심 후에는 '하나님이 자기 피로 사신 교회'(행 20:28)를 언급하며 '교회의 머리'(엡 5:23)이신 그리스도를 이야기한다.

에클레시아의 이 두 가지 용법은 신학자들이 지역 교회(local church)와 보편 교회(universal Church)를 구별하게 했다. 지역 교회가 어느 한 지역을 중심으로 하는 모임이라면, 보편 교회 – 혹은 초기 교회의 신조에서는 이를 '공교회'(catholic Church)라 불렀다 – 는 왕과 주님이며 구원자인 그리스도의 통치 아래 영적으로 그리고 종말론적으로 '모인다'(gathered). 또한 교회는 바울이 기록했던 것처럼 '하늘에 있는 통치자들과 권세들에게 하나님의 각종 지혜를 알게'(엡 3:10) 하는 곧 하나님이 세상에 자기 자신을 계시하시는 중요한 수단 중 하나다. 보편 교회는 하나님의 형상을 지닌 자들이 가진 광대한 아름다움과 다양성을 포함하며, 지역 모임은 하나님이 그의 피조물을 데리고 가시는 종착지를 엿보고 미리 경험하게 한다. 김지선(Kim and Hill, 2018)은 교회의 광대함을 강렬하게 묘사하면서, '교회는 이 세계에 인간들을 위한 하나님의 완전한 계획을 보여 주는데, 그것은 모두가 화해하고, 연합하며, 온전함을 이루고, 여러 인종이 화합을 이루며, 평화롭게 공존하는 사랑의 삶이다. 이렇게 교회는 세상을 비추는 등불처럼 하나님이 교회를 부르신 그 부르심을 세상에 보여 준다'고 했다.

이런 의미에서 교회는 건물, 심지어 어떤 활동이 아니다. 오히려 하나님이 우리에게 부여한 정체성이다. 우리는 어떤 물리적 장소에 모이기로 선택했기 때문에 '모이는 것'이 아니다. 우리는 우리가 살고 있는 그 물리적 장소로 찾아와 그곳을 구속하기로 선택하신 분의 이름으로 모인다. 그리스도를 믿는 자들은 그들이 그리스도가 현존하는(마 18:20) 지역 교회의 모임들과 그 외 여러 네트워크들과 유대를 형성할 때조차도 보편 교회의 일부분이다. 성경은 기독교인들에게 정기적으로 모일 것을 명령한다(히 10:25). 하지만 이것은 우리가 보편 교회의 어느 지역 모임을 '지역 교회'로 여겨야 하는지 질문하게 한다.

공간은 이 주제를 완전히 설명해 주지 않는다. 그 대신 이 질문에 다양하게 접근하게 하는데, 그 방식은 교회의 '기능'(설교, 성례전, 예배, 기도, 복음전도, 봉사 등), 교회의 '제도적 요소'(정치, 교회 권징 등), 그리고 교회의 '청중'(지역, 인종, 요구 기반 등)을 고려하게 한다. 일부 지역 교회는 건물과 형식적인 위계를 거부한다는 이유를 들어 스스로를 '가정 교회'로 칭하기도 한다. 반면에 자신들을 파라처치 사역단체로 지칭하는데 이들은 특정한 요구를 충족시키지만 지역을 중심으로 조직되지 않은 경우이다. 기독교 전통의 서로 다른 부류들은 이 질문에 각각 다르게 답할 것이다. 하지만 우리가 다음에 살펴볼 각 모델들을 깅화시키는 데 미디어 기술을 사용한다는 것을 확증할 여지가 아직은 남아 있다.

미디어화된 교회와 대면 교회에 대한 성경적 확증

우리는 이제 중요한 핵심 질문 중 하나를 남겨 놓았다. 그것은 세상에 하나님을 매개하도록 부르심을 받은 사람을 위한 미디어 기술과 디지털 방식으로 매개되는 교회 모임들의 역할은 무엇인가이다. 성경은 신자들이 말씀을 전파하고, 성례전을 집례하며, 예배, 기도, 고백, 훈련, 책망, 치유, 돌봄 등을 위해서 정기적으로 모일 필요가 있음을 반복해서 확증한다. 하지만 이러한 확증은 위의 일들이 어떻게 그리고 언제 일어나야 하는지에 대한 질문을 남겨 놓는다. 우리는 건물이나 죄에 갇혀 있는 사람이 아니다. 우리는 하나님의 사랑받는 종으로 존재하고자 자유케 되었다.

교회의 표현 속에 나타난 이러한 유연성이 에스테스와 같은 사람으로 하여금 물리적 모임 없이 오로지 온라인상으로만 이루어지는 교회 형태를 주장하게 했다. 그는 '성경은 결코 에클레시아의 개념을 정의하지도 규정하지도 않는다'고 말한다(Estes, 2009, p. 36). 하지만 어떤 이들은 대면 모임의 고유성을 강조하려는 방법을 찾기 원하는 동시에 디지털 사역이 교회의 가치 있고, 합당하며, 중요한 부분은 아니라는 생각을 거부할 방법들을 찾고자 했다.

흥미롭게도 신약성경 내 요한의 두 편지에 기록된 다음과 같은 내용들을 포함해서 성경 기자들이 미디어와 기술 사용에 대하여 성찰한 몇 가지 내용들이 있다. '내가 너희에게 쓸 것이 많으나 종이와 먹으로 쓰기를 원하지 아니하고 오히려 너희에게 가서 대면하여 말하려 하니 이는 너희 기쁨을 충만하게 하려 함이라'(요이 1:12; 요삼 1:13-14). 여기서 요한은 그 시기의 소통 기술(펜과 잉크)과 대면해서 사람을 직접 만나는 일 사이를 대조한다. 그는 대면해서 직접 만나는 일을 기쁨과 연결하지만 기술적 문제가 열등하거나 중요하지 않다고 말하지 않는다. 결국 우리와 그들 모두 이 소통 기술 없이는 생명을 주는 하나님의 말씀을 갖지 못했을 것이다. 오히려 그는 온라인과 오프라인, 보편 교회와 지역 교회 사이 둘 모두에서의 경험이 전부 중요하다고 말하고 있는 것이다.

바울은 동료 기독교인들을 대면해서 만나고자 하는 깊은 '열망'을 표현했다(롬 1:11). 하지만 그는 또한 책망과 대립과 같은 방식의 관계적 상호소통은 대면 방식이 아닌 편지들로 다루는 것이 가장 좋은 방법이라 생각하는 것 같다(고후 7:8). 비슷하게 베드로 역시 편지를 쓰는 사역을 중요하게 여겼지만(벧후 3:1), 동시에 바울의 편지들이 다소 혼선을 가져온다는 것도 알고 있었다(벧후 3:15-16). 이 두 사도 모두 멀리 떨어져 있으면서도 자신의 현존과 권위의 실재를 확인했고, 모이기를 꺼리는 그 당시 사회적 관습에 역행하는 대면 모임을 촉구하기도 했다. 따라서 신약성경은 대면 방식의 커뮤니케이션과 기술적으로 매개되는 방식의 커뮤니케이션, 이 두 가지 모두를 유효하면서도 신자들을 위한 중요한 사역으로 간주한다.

이 모든 것은 하나님이 자신의 형상대로(창 1:26-27), 그분의 피조물을 탐구하고(창 1:26-30), 그분이 창조한 것으로부터 창조하도록(창 2:15) 인간을 창조하실 때 하나님의 원래 형상을 담고 있는 활동에서 나온 것이다. 인간의 창조성이 없는 에덴으로 되돌아가려는 열망은 하나님이 결코 의도한 적이 없었던 것에 대한 향수나 다름없다. 오히려 우리는 하나님을 영화롭게 하고 우리의 부르심을 완성할 것들을 창조하도록 부르심을 받았다. 이런 의미에서 일반적으로 인간의 창조성, 구체적으로 인간의 기술은 하나님의 백성인 보편 교회를 세우기 위해 지역 교회를 연결하는 것으로 이해할 수 있다. 수천 년 전의 서판과 편지는 교회를 성장시키며, 오늘날 우리의 디지털 기술은 하나님이 자신에게로 불러 모은 사람들을 연결시킨다. 우리는 서로 사랑하며 하나님의 형상을 반영하는데, 이는 대면으로 그리고 손으로 쓴 편지와 기술적으로 가능해진 교회 형태를 포함하는 그 외 다른 형태의 매개적 연결을 통해 일어난다.

온라인 교회와 대면 교회, 지역 교회와 보편 교회

앞에서는 성경이 지역 교회와 보편 교회, 이 둘을 하나이면서도 구별되는 것으로 설명하고, 대면 모임에서의 현존과 기술적으로 매개되는 현존 모두를 가치 있는 것으로 여기며, 모두가 각각 신자의 강건함과 그리스도의 몸을 위해 중요하다는 사실을 긍정하고 있음을 살펴보았다. 이 점을 염두하고, 하나님이 이 세계 안에서 일하시는 방식들을 보다 분명히 이해하고자 지금까지 논의했던 몇 가지 용어들을 종합해 볼 수 있다.

보편 교회 – 하나님에 의해 부름받고, 그리스도로 인해 구속받았으며, 성령을 통해 힘을 얻는 가운데 정체성을 발견하다: 교회는 하나이고, 거룩하며, 보편적이다. 그리고 교회는 시간과 공간, 지역과 교파 모두를 포괄한다. 성경은 '하나님의 백성' 혹은 '그리스도의 몸'과 같은 여러 용어들을 사용하는데, 각각의 용어들은 그 은유를 통해 교회의 새로운 차원을 부각시킨다. 교회는 도래하는 하나님나라를 미리 취할 수 있게 하며, 이 세상을 향한 하나님의 손과 발이 된다. 교회는 지역 교회와 전도 사역, 그리고 모든 형태와 규모를 가진 신자의 모임 안에서 그 표현 방식을 찾는다.

지역 교회 – 지리적 위치에서 이루어지는 신자들의 정기적이고 물리적인 모임: 물리적인 공간에서 정기적으로 만나고 자신들의 도시의 복지를 추구하는 신자들의 공동체가 지닌 고유함을 인식하는 것도 도움이 된다. 비록 지역 교회는 다른 문화권, 지역, 전통들 안에서 여러 가지 형태를 취하겠지만, 어떤 특징과 행동으로 드러나고 하나님의 보편 교회를 반영한다. 지역 교회는 확장된 물리적 모임으로 방송, 가상현실 혹은 온라인 사역을 펼칠 수 있지만, 반대로 가상 교회나 온라인 교회가 지역 교회가 되는 경우는 드물다.

파라처치 사역 – 교회의 많은 기능들을 수행하지만 특정 그룹의 필요를 중심으로 조직된 사역: 지역 교회가 다양한 신자의 정기적이고 물리적인 모임을 중심으로 조직되었다면, 파라처치 사역은 특정 그룹의 필요를 충족시키고자 고안되었다. 예를 들면 Cru(Campus Crusade for Christ: 1950년대에 빌 브라이트가 세운 대학생 선교단체. 한국에서는 CCC로 알려져 있지만 미국에서는 Cru로 알려져 있다. https://www.cru.org/ – 역자 주)는 미국의 대학교 학생들을 위해, 월드비전(WorldVision: 한국 전쟁 때 종군기자였던 밥 피어스 목사에 의해 설립된 국제 구호 개발 기구. https://www.worldvision.org/ – 역자 주)은 개발도상국의 소외계층 어린이들을 위해 각각 사역을 펼친다. 이와 같은 사역단체들은 교회가 하고 있는 여러 가지 일들(예배, 설교, 기도, 훈련 등)을 수행하고, 스스로를 중요하고 필수적인 보편 교회의 확장으로 여기지만, 지역 교회와는 그 성격과 목적에 차이가 있다.

온라인 교회 – 디지털 미디어로 다른 신자들과 네트워킹하고 연결하다: 위의 정의에서는 온라인 교회의 표현 방식이 지역 교회가 보편 교회로 세워지기 위해 다른 교회와 서로 연결하는 수단 중 하나임을 알 수 있다. 또한 온라인 교회의 예배는 기독교인의 네트워크들이 전통적 교회 구조가 지닌 제도적 경계를 가로질러 서로를 연결하는 방식들 중 하나다.

방송 교회 – 주로 일방향 매체로 전달되는 예배: 방송 교회는 복음을 선포하고 하나님을 예배하려는 교회의 소통 방식을 더욱 발전시킨 것이다. 돌판에서부터 편지와 책에 이르기까지의 기록 매체 역시 일방향적이지만, 이러한 방송 매체들은 교회 구성 요소들 사이에서 필수적이고 중요한 사역을 제공한다. 이들 중 어느 것도 인간의 경험을 완전히 담아내지 못하지만 각각의 매체는 보편 교회와 지역 교회 모두의 건강함을 위해 중요하다.

상호작용형 교회 – 양방향적 상호작용형 매체들을 활용한 교회 예배와 그룹 모임: 신약성경의 기자들은 편지들을 받고 감사를 표현했을 뿐 아니라 그들이 섬기도록 부름받은 사람과 서로 소통하고자 하는 간절한 마음도 표현했다.

상호작용형 온라인 교회 모임은 좀 더 느슨하면서 친밀감을 줄 수 있는, 그런 '함께 모이는 것'에 관한 여러 의미를 고려하게 한다. 동시에 이 형태의 모임은 방송 매체만큼 확장성이 있진 않다. 따라서 교회가 전달하는 내용과 또 다른 표현도 하는 소규모 모임이 되는 경향이 있다.

가상 교회 – 완전한 가상현실의 환경 속에서 만나 이루어지는 예배 혹은 공동체: 우리가 살펴보았다시피 가상현실의 기술은 우리의 공간적 특성을 강조하는 전적으로 새로운 종류의 상호작용을 가능하게 한다. 가상현실 기술은 우리의 피조물 됨의 한계를 드러내면서 동시에 이를 긍정적으로 부각시키며, 이동이 어려운 사람에게 모든 이들이 치유받게 될 도래하는 하나님나라를 미리 맛보게 해 준다. 또한 이 가상 교회의 표현들은 국가와 시간대 전체를 포괄하는 경향이 있어서 기독교인들에게 보편 교회의 광범위함을 경험할 수 있는 기회를 제공한다.

하이브리드 교회 – 디지털 방식과 대면 방식의 경험 모두를 포함하는 지역 교회: 나는 바울의 편지에서부터 줌에 이르기까지 미디어 기술이 지역 교회와 보편 교회 사이에서 가교 역할을 한다고 주장했다. 교회는 주일 아침에 열리는 대면 혹은 온라인 모임으로만 제한할 수 없다. 하지만 교회는 늘 대면 방식과 미디어화된 방식의 표현이 혼합되고, 하이브리드 교회의 표현은 이를 정형화하는 역할을 할 것이다.

우리는 기술적 범주들과 신학적 범주들을 나란히 배치해서 하나님의 백성이 하는 각각의 표현들을 평가할 수 있으며, 동시에 이 특징과 의미를 더욱 비판적으로 검토할 수 있다. 이와 같은 시도는 위 방식의 예배와 상호작용하는 개인들을 설명하고자 우리가 사용하는 용어들을 더욱 구체화해 준다. 어떤 사람은 일방향적 방송 교회 예배를 '시청' 혹은 '청취'할지 모른다. 하지만 그 사람은 수많은 사람이 동시에 상호작용하는 온라인 교회와 '연결' 되고 있는 것이다. 아마 지역 교회는 그들의 하이브리드 예배가 의사소통을 제대로 하고 있는지 확인하고자 대면 집회를 위한 '모이다'(gather)와 같은 용어를 고수할 수 있다(예를 들어 '지금은 온라인으로 접속하고, 상황이 안전하다 싶으면 대면으로 모여요'라고 말한다). 그러나 가상 교회는 독특한 공간적 경험을 강조하고자 모인다는 의미로 성경적이면서 마블 방식인 '어셈블'(영화 제작사 마블 스튜디오의 영화 '어벤져스 엔드게임'에 나오는 대사인 "Avengers assemble!"에서 착안한 것으로 보임 – 역자 주)과 같은 색다른 용어를 만들어 내길 원할 것이다.

이 용어들은 성찬식 같은 특수한 행위들이 대면에서 디지털 매개 방식으로 전환될 때 발생할 수 있는 일들 또한 설명해 준다. 예를 들어 영국 성공회는 성찬례 방송(사제가 성체를 먹는 것을 생중계로 보여 주었다)을 허용하지만 상호작용형 성찬례(회중이 각자의 집에서 성찬례를 행하는 것)는 대부분 금지했다. 다른 교회는 미리 녹화된 방송으로 성찬을 집례하는 것을 보면서 '기다리라' 고 한 바울의 명령(고전 11장)에 대한 그들의 전통적 이해와 부합하지 않는다는 점을 발견할 것이다. 하지만 이들은 화면에서 모든 사람이 동시에 성체를 취하는 것을 보여 주는 생방송의 상호작용형 매체가 편안하다고 느낄 것이다.

이 사실은 온라인 전용 교회 혹은 가상현실 전용 교회가 디지털 교회론의 스펙트럼 안에서 어디에 해당하는지에 관한 질문을 남긴다. 나는 미디어 기술이 보편 교회와 지역 교회 사이를 매개하는 다리가 될 수 있음을 앞서 주장했고, 파라처치 사역 역시 이러한 경계선상에서 작동함을 보여 주었다. 어떤 의미에서 보면 온라인 전용 교회는 자신의 활동범위를 인터넷 전체로 간주하고, 자신의 모임 장소를 인터넷 플랫폼(페이스북, VR 등)으로 간주할 수 있다. 또 다른 의미에서, 온라인 전용 교회는 보안문제나, 건강 혹은 다른 우선적인 이유로 인해 대면으로 모일 수 없는 특정한 부류의 필요를 충족시키는 파라처치 사역으로 볼 수 있다. 이 관점에서 온라인 전용 교회는 하나님의 백성으로부터 뻗어 나온 소중한 가지와 같으며, 우리에게 중요한 영적 자양분과 공동체 그리고 결속을 제공한다. 또한 온라인 전용 교회는 신자를 가능한 한 지역 교회에 속하도록 격려할 수 있다.

포스트-팬데믹 시대의 디지털 교회

교회론 그리고 디지털 기술과 관련된 용어들에 의도적으로 사려 깊게 접근하는 것은 몇 가지 측면에서 우리의 이해를 풍성하게 한다. 첫째, 모든 형태의 디지털 교회가 균일한 경험을 제공한다고 가정하는 것보다 방송, 가상, 상호작용과 같은 용어들을 사용하는 것은 현재 우리가 디지털 교회에 관해 진행하고 있는 작업과 평가를 설명해 준다. 디지털 교회의 초기 참여율이 급속도로 증가함을 경험하면서(Earls, 2020) 팬데믹 시기의 초기 몇 주를 보낸 교회는 시청자의 피로와 다른 교회를 경험하려는 시도들로 인해 시간이 갈수록 이러한 지표가 감소하는 것을 보게 되었다(Pardes, 2021). 이 현상은 그 교회로 하여금 단순하게 전통적 방식으로 예배를 방송으로 송출하려 시도하기보다, 새롭고, 다채로우며, 보다 더 상호작용적인 예배를 제공하는 '디지털 퍼스트'(digital first: 어떤 콘텐츠를 제공함에 있어 디지털 방식을 최우선으로 적용하고 평가하는 방식 - 역자 주) 방식을 고려하도록 유도할 수 있다. 그 외의 교회는 건강상의 이유로, 혹은 직장이나 보안과 관련된 이유로 인해 상호작용적 환경에서 접속할 수 없는 사람에게 다가가기 위해 방송 예배에 집중할 수 있다. 더 나아가 이제 우리는 교회에서 의무적으로 거리를 두어야 했던 그 시기를 지금까지 우리가 해 왔던 대면 방식의 모임과 거기서 우리가 소중히 여기는 가치들, 그리고 근접성과 체현의 형태들이 우리 공동체를 어떻게 형성하는지를 재고찰할 수 있는 기회로 삼고 스스로를 되돌아볼 수 있다.

또한 위에서 언급한 디지털 관련 용어들은 앞서 논의했던 불필요한 이분법을 피하도록 도와준다. 이제 우리는 실재와 체화를 가상 혹은 비신체화와 대조하는 논쟁으로 되돌아가기보다, 우리의 관계와 공동체는 언제나 실재이지만 이 둘은 매개되는 방식에 따라 다르게 형성된다는 것을 인정할 수 있다. 그리고 우리는 인간이란 책을 읽든, 화상 채팅을 하든, 교회 건물 안에서 서 있든 항상 체화된 존재라는 신학적 진리 역시 인정할 수 있다. 우리는 각기 다른 방식으로 우리에게 영향을 미치는 온라인과 오프라인의 상황들을 유동적으로 오가며 이 모든 일들을 할 수 있다. 이러한 사실은 실제로 사람과 가까이 있는 것과 비교해서, 줌이 우리를 비체화하는 것이 아니라 그래도 디지털 장치를 통해 사람을 만나고 우리가 거기에 반응하게끔 한다는 점에 더 주의를 기울이게 한다. 그래서 이를 통해 '줌 피로증'(Zoom fatigue)과 같은 현상도 다시 한 번 생각하게 한다. 우리는 언제나 보편 교회의 일부다. 하지만 지역 교회 모임을 포함 보편 교회 안에서 이루어지는 네트워크, 그리고 심지어 우리가 다른 사람과 연결되는 데 사용하는 장치들은 다양한 방식으로 우리를 형성한다.

디지털 교회의 예배들을 더욱 명확하게 설명하는 일은, 우리로 하여금 주일을 넘어 그리고 물리적인 건물과 제도적 구조를 넘어 '교회'의 범위를 더욱 확장시키도록 일깨워 준다. 많은 교회가 팬데믹 시기에 디지털 기술을 사용해야만 했던 것은 단순히 주일에만 드리는 예배를 생각하게 할 뿐 아니라 일주일 내내 이루어지는 지속적인 신앙 공동체를 활성화해야 할 필요를 부각시켰다. 이러한 경험은 우리에게 지역 교회 모임의 가치와, 지역 교회 밖에서 발견되는 보편 교회와 더욱 깊은 차원으로 연결되는 것의 가치, 이 둘 모두를 보여 준다. 극단적인 경우를 제외하고, 어느 한쪽만으로 기독교인의 삶의 충만함을 다루기에는 불충분하다. 교회는 건물이 아니다. 교회는 성령이 내주하고 있는 사람들 그 자체이며, 그들은 예배를 위해 정기적으로 서로 연결될 필요가 있을 뿐 아니라 이들 주위에 있는 이웃들을 향한 사랑의 봉사를 위해서도 그래야 한다.

만약 우리가 디지털 예배만으로도 충분하다는 것을 너무 강하게 주장한다면, 우리는 대면으로 만남을 갖지 못하는 사람이 가진 갈망을 도외시하는 잘못을 저지를 것이다. 반대로 우리가 대면 모임을 너무 이상화한다면, 디지털 방식으로 이루어지는 사역의 중요성은 물론 심지어 우리가 대면으로 만나지 못할 때조차 이루어지는 성령의 현존과 활동을 무시하는 결과를 낳게 될 것이다.

하이브리드 교회의 미래

건강한 지역 교회와 보편 교회는 예배 모임과 상호 간의 인격적인 교제, 그리고 우리의 이웃들을 향한 봉사에 있어 온라인과 오프라인을 통한 표현, 이 둘 모두의 가치를 함께 인정하는 것이 필요하다. 이 사실은 우리가 대면 모임과 디지털 방식으로 매개되는 모임, 이 모두가 제공하는 경험들을 명확히 이해해야 함을 의미한다.

이 장에서 나는 지역 교회와 보편 교회의 신학적 범주들을 온라인 교회, 방송 교회, 상호작용형 교회 그리고 가상 교회라는 기술적 범주들에 적용시켜 보았다. 이로써 각 표현들이 어떻게 교회 사역을 뒷받침하는지 보여주었고, 각각이 가진 고유한 형태와 교회 안에서 상호작용하는 독특한 방식들을 제시했다. 이를 통해 우리는 각각의 형태들이 교회의 건강함에 기여하는 바를 확인하고, 하나님의 형상이 각 매체를 통해서 그리고 그 매체 안에서 어떻게 표현되는지 이해하게 되었다. 각 교회는 부르심과 정체성을 가장 잘 반영하는 미디어와의 조합이 무엇인지 결정할 때 자신의 전통과 가치를 먼저 성찰해야 할 것이다.

이러한 범주들은 고정적이거나 정형화된 구분이 아니다. 여기에는 언제나 어느 정도의 중첩과 모호함이 있을 텐데, 특별히 새로운 미디어 기술이 계속해서 등장함에 따라 그러할 것이다. 그러나 나의 바람은 우리가 신학적 언어를 탐구함으로써 우리의 대화를 더욱 심화시키는 출발점을 제공하고, 그리스도의 몸 곧 보편 교회와 지역 교회 그리고 디지털 교회를 통해 성령이 인도하고 역사하는 다양한 방식들의 가치를 알도록 돕는 것이다.

참고 문헌

Allison, G., 2012, *Sojourners and Strangers: The Doctrine of the Church*, Wheaton, IL: Crossway.

Campbell, H. A., 2012, 'Understanding the Relationship between Religion Online and Offline in a Networked Society', *Journal of the American Academy of Religion* 80(1), pp. 64-93.

Danker, F. W. (ed.), 2000, *A Greek-English Lexicon of the New Testament and Other Early Christian Literature*, 3rd edn. Chicago, IL: University of Chicago Press.

Earls, A., 2020, 'Few Churches Back to Pre-COVID Attendance Levels', *LifeWay Research*, https://lifewayresearch.com/2020/10/20/few-churches-back-to-precovid-attendance-levels/.

Estes, D., 2009, *SimChurch: being the church in the virtual world*, Grand Rapids, MI: Zondervan.

Helland, C., 2000, 'Online-religion/religion-online and virtual communities', in D. E. Cowan and J. K. Hadden (eds), *Religion on the Internet: Research prospects and promises*, New York, NY: HAI Press, pp. 205-223.

Kim, G. J.-S. and Hill, G., 2018, *Healing Our Broken Humanity: Practices for Revitalizing the Church and Renewing the World*, Grand Rapids, MI: InterVarsity Press.

Pardes, Arielle, 2021, 'The Digital Divide Is Giving American Churches Hell', *Wired*, www.wired.com/story/covid-19-digital-divide-giving-american-churcheshell/.

Stott, J. R. W., 1981, *Basic Christianity: Revised Edition*, Grand Rapids, MI: Eerdmans.

Wilson, M., 2002, 'Six Views of Embodied Cognition', *Psychonomic Bulletin and Review* 9(4), pp. 625-636.

2. 교회의 온라인 활동과 교회적 친교
   : 가상인가, 실재인가?

앤서니 뤼 듀크

코로나19 팬데믹은 교회 지도자들로 하여금 성도들이 다른 사람과의 친교에 참여하게 하고, 이를 유지하고자 디지털 정보와 커뮤니케이션 기술을 사용하도록 내몰았다. 팬데믹이 교회의 삶에 초래한 전례 없는 ICT(Information & Communications Technology: 정보 통신 기술 – 역자 주)의 통합이라는 관점에서, 디지털 방식으로 미디어화된 현존의 본성과 특징에 관한 더욱 통찰력 있는 이해가 요구된다. 온라인 현존에 대한 더 깊은 이해는 팬데믹 후의 교회(the post-pandemic Church)가 복음을 전파하는 일을 수행하고자 디지털 공간과 아날로그 공간 사이를 항해할 때 유익을 줄 것이다.

전 세계의 교회에 유례없는 혼란을 야기한 코로나19 팬데믹은 팬데믹 이전에 일부 교회 지도자들이 '필수적인 것'이 아닌 '부차적인 것'으로 여겼던 종교적 커뮤니케이션 방식을 대중화시켰다. 사실 종교적 커뮤니케이션 방식은 교회적 친교를 형성하고 유지하는 것뿐 아니라, 복음을 전하는 선교 사역에 있어서도 중요하고 잠재적인 영향력을 가졌다. 전 세계의 교회들을 보면, 팬데믹은 교회력에서 가장 거룩한 절기들로 여기는 고난주간과 성탄절과 같은 애매한 시기에도 발생하고 이따금씩 재유행하곤 했다. 헌금, 자선활동, 예전 준비와 거행 같은 여러 행사들로 일정이 꽉 짜였던 본당의 경우 교회 출입문은 폐쇄되고, 행사들은 취소되고, 예전들은 비공개로 혹은 소수의 인원들만 참여하는 것으로 제한되면서 그 분위기가 침체되고 몹시 한산해졌다. 이따금씩 감염률 억제를 위한 여러 공식적인 조치들로 인해 공공장소에서의 모임이 통제되었고, 따라서 예배는 신자들이 각자의 집에서 따라 할 수 있도록 온라인으로 진행되었다.

이러한 온라인 예전 거행은 종종 '가상'(virtual) 행사로 불리곤 한다. 이 행사는 비록 이러한 온라인 예전이 실제 거행되는 것이긴 하지만 실제로 그 장소에 없고 생방송이나 녹화된 방송을 시청해서 참여하는, 온라인 참여자들을 섬기기 위해서 진행되었다. 거기에는 온라인 미사뿐 아니라 성체 조배(Eucharistic Adoaration: 가톨릭교회 용어로, 그리스도의 몸과 피를 의미하는 떡과 포도주인 성체를 현시하여 경배하는 신앙 행위 - 역자 주)나 묵주 기도 그리고 렉시오 디비나(Lectio Divina: 거룩한 독서로 알려진 말씀 묵상법 - 역자 주)와 같은 여러 예전도 있었다. 비예전적 행사에는 온라인 성경 공부와 교리 문답 수업 그리고 묵상 과정이 포함된다. 팬데믹 기간에 디지털 방식으로 미디어화된 행위들을 교회 커뮤니케이션 활동으로 포함시키는 일이 증가한 점을 고려하면서, 이 장은 이러한 커뮤니케이션이 이루어지는 방식이 지닌 본질과 어떻게 온라인 현존 그리고 교회의 친교가 이해되고 평가되어야 하는지에 대한 측면에서 팬데믹 후 교회에 관한 함의들을 검토하고자 한다.

'가상'과 '실제'의 구분

비록 온라인 전례 거행이 종종 '가상'으로 언급되지만, 이 용어는 기본적으로 인터넷상에서 방송되고 있는 모든 활동에 적용되었다. 자택에서 훈련하면서 인터넷으로 다른 이들과 소통하고 있는 운동선수들은 '가상 운동'(virtual workouts)을 하고 있다고 말한다. 온라인 청중들을 향해 공연하는 뮤지션들과 가수들도 '가상' 콘서트를 하고 있다고 이야기한다. 이러한 행사 중 하나가 코로나19 팬데믹 퇴치를 위해 WHO(세계보건기구)에 기부할 돈을 모금하고자 국제단체인 글로벌 시티즌(Global Citizen)과 연예인 레이디 가가(Lady Gaga)가 함께 조직한 'One World' 콘서트였다. 롤링 스톤즈(Rolling Stones), 리조(Lizzo), 카밀라 카베요(Camila Cabello), 폴 메카트니(Sir Paul McCartney), 존 레전드(John Legend), 빌리 아일리시(Billie Eilish)와 같은 유명 아티스트들의 공연을 모아놓은 8시간의 공연은 거의 1억 2,800만 달러를 모금했다(Dungan, 2020).

 이 온라인 활동들에 '가상'이라는 용어를 적용하는 것은 '물리적 현존'(Physical Presence)으로 간주되는 것과 '비-물리적 현존'(Non-Physical Presence)으로 간주되는 것을 구분하려는 의도를 암시하고 있다. 전자, 곧 물리적 현존이 더 '참된'(genuine) 것이고 '진정한'(authentic) 것으로 판단되지만 반대로 후자, 곧 비-물리적 현존은 '덜 실제적'(less-than-real)이거나 단순히 실제인 것의 '시뮬레이션' 정도로 간주된다. 분명 가톨릭 신자들은 온라인 미사를 시청하는 것을 주일 성찬례에 참석해야 하는 의무를 다한 것으로 간주하지 않을 것이다. 왜냐하면 그들에게는 대면 참석이 미사에 있어 필수 의무이기 때문이다. 성체 성혈 대축일(the feast of Corpus Christi) 강론에서 필리핀의 마닐라 본당 주교인 브로데릭 파빌로는 이렇게 말했다. '우리가 이와 같은 온라인 미사를 행하지만 그것이 성체 성사는 아닙니다. … 우리는 우리가 처한 특수한 상황으로 인해 매우 일시적으로 온라인 미사를 드리지만, 그것이 미사 그 자체는 아닌 것입니다'(Macairan, 2020). 파빌로 주교는 강론의 또 다른 부분에서 다음과 같은 내용을 강조한다. '우리가 신을 찬양하는 것과 하나님과 관계 맺는 것은 진정으로 실제적인 그 무엇이어야 하지

가상적인 것으로 축소될 수 없습니다. 우리 모두는 교회에서 드려지는 미사에 다시 참여하기를 원하고 있습니다. 가상으로는 충분하지 않습니다. 우리는 실제를 원합니다.'

코로나19 팬데믹에 의해 가속화된 디지털 방식의 커뮤니케이션이 교회적 활동에 일상적인 부분이 되어가고 있는 현실 앞에서, 우리는 디지털 시대에 교회와 교회 지도자들에 의해 진행되는 온라인 참여의 특성과 가치를 어떻게 이해해야 할까?

분명히 코로나19 팬데믹은 인류가 어떤 상황에 처해 있든 상관없이 늘 계속해서 교회에 참석하는 것이 얼마나 중요하고 필요한지 뚜렷이 보여 주었다. 팬데믹 시기에는 물리적 장소에서 사람이 함께 모이는 일이 가지는 뚜렷한 위험 때문에 디지털 영역에서 예배를 참석하는 일이 이루어졌다. 그러나 팬데믹 상황이 완화된 후에도 여전히 디지털 커뮤니케이션 기술은 일반적으로 인간 생활에 있어, 특히 신자들의 삶에 있어서도 그 기세가 줄지 않을 것이다. 따라서 온라인 예배 출석이 수반하는 것이 무엇인지 더욱 진지하게 성찰하는 것이 우리에게 유익하다. 이 장에서 내세우는 성찰 중 일부는 온라인 행위와 행사를 가리키기 위해서 '가상'이라는 용어 사용을 검토하는 내용이다. 이러한 상호작용적 행사들을 가상적인 것으로 한정 짓는 것은 어느 정도 문제의 소지가 있다. 왜냐하면 비록 온라인 현존과 물리적 현존 사이에 질적인 차이가 있지만, 가상이라는 용어 사용은 온라인 참석의 성격을 오해할 수 있고, 그것이 가진 잠재적 가치를 부정하며, 온라인 현존이 가진 '실제성'(realness)을 평가 절하하기 때문이다. 이처럼 표면상 의미론적 문제로 보이는 것은 교회와 교회 지도자들이 온라인 영역에서 이루어지는 신자들과의 관계맺음의 필요와 가치를 인식하는 방식에 중요한 파급효과를 갖는다. 온라인으로 이루어지는 행사를 가리키기 위해 '가상'이라는 용어를 사용하는 것은 그 용어가 사용되는 맥락에 따라 다양한 의미들이 부여되기 때문에 문제가 된다. 컴퓨터 기술 분야의 전문 용어인 가상 혹은 가상현실은 3D 실시간 대화형 그래픽과 기술 장치를 사용하여 물리적 실재의 시뮬레이션 혹은 복제를 생성하는 것을 말한다. 이것은 사용자로 하여금 특정한 경험을 가능하도록 만드는 것을 목표로 하는 전문 기술이다. 가상현실의 특징은 무엇이든 믿을 수 있고, 상호작용적이며, 컴퓨터에 의해 생성되고, 탐색가능하며, 몰입할 수 있는 것이어야 한다는 점이다. 가상-현실 기술의 사용은 사용자가 실제로 가상의 위치에 있을 뿐 아니라 동일한 경험을 하고 있는 다른 사람과도 함께 있다고 지각적으로 느끼는 '가상실재감'(virtual presence)을 만든다. 이와 관련은 있지만 동일하지 않은 개념으로 '원격실재감'(telepresence)이 있는데, 그것은 회의실이나 콘퍼런스룸과 같은 실제 장소에서 다른 사람과 함께하는 듯한 몰입의 경험이다.

온라인 예전 혹은 온라인 콘서트 시청은 컴퓨터 기술 영역의 가상현실 경험으로 인정되지 않는다. 이와 같은 행위에서는 프로그램의 제작자는 물론 시청자도 증강 현실을 만들어 내기 위해 어떤 특별한 기술을 사용하지 않는다. 더 나아가 많은 상상력이 동원되지 않는 한, 자신의 집에서 혼자 가톨릭 미사를 따라 드리는 사람은 예전이 거행되는 성당이나 교회에 물리적으로 있는 것처럼 느끼지 않을 것이다. 마찬가지로 가족이나 친구들과 함께 실시간 생중계 성경 공부를 시청하지 않는 한, 그것을 시청하는 다른 이들과 물리적으로 같은 공간에 있다고 느끼지 않을 것이다. 따라서 온라인으로 프로그램을 진행하거나 참여하는 경험은 실제로는 엄밀하고 기술적인 의미에서 가상현실 경험이라 할 수 없다.

실제로 '가상'이라는 용어는 메리엄-웹스터 온라인 사전(Merriam-Webster online dictionary)에서 정의한 것처럼 단순히 '컴퓨터나 컴퓨터 네트워크 상으로 존재하거나 시뮬레이션화되는 것'을 의미할 수 있다. 가상을 컴퓨터/컴퓨터 네트워크상에서 일어나는 것으로 지칭하는 이 용어의 정의는 문제 될 것이 없으며, 사실상 코로나19 팬데믹 기간에 온라인상에서 이루어졌던 수많은 활동과 행사를 설명하고자 널리 사용되는 의미일 것이다. 그러나 그와 동일한 정의의 또 다른 측면은 가상 행사를 시뮬레이션 활동 정도로 지칭하며, 따라서 무언가 비실재적(unreal)이라는 인상을 불러일으킨다. 동일하게 메리엄-웹스터 사전에 나오는 가상이라는 똑같은 단어를 '비록 공식적으로 인정되거나 용인되지는 않지만 그 본질과 영향에 있어 그렇게 존재하는 것'(메리엄-웹스터 온라인 사전)으로 정의 내리는 것은 이러한 인상을 더욱 강화한다. 따라서 가상이란 말은 단순히 컴퓨터 네트워크를 통해 발생하는 어떤 것으로서 중립적 의미를 내포하는 것처럼 언급되지만, 동일한 용어에 대한 또 다른 이해와 사용은 그것이 실체가 없고 진정성이 없다는 경멸적인 개념들을 떠올리게 한다. 더 나아가 디지털 영역을 이야기하고자 '가상현실'이라는 용어를 사용하는 것은 마치 어느 작가가 프란치스코 교황의 온라인 참석에 대한 토론에서 그랬던 것처럼(Guzek, 2015) 혼동을 불러일으킬 수 있다. 왜냐하면 우리가 이미 살펴보았듯이 완전한 온라인 조건 혹은 환경을 의미하고자 '가상현실'이라는 용어를 사용하는 것은 그런 경우를 말하는 것이 아니기 때문이다.

실재적인 현존으로서 온라인 현존

그렇다면 이제 우리는 예전 예배를 따라서 드리는 것 혹은 다른 활동과 참여 수단들을 통한 교회의 온라인 현존을 어떻게 인식해야 하는가? 온라인에서 이루어지는 예전 예배, 신앙적 대화나 성경 공부 모임들은 본질적으로 인터넷을 커뮤니케이션의 매체로서 사용하는 상호작용적 행위들이다. 어떤 과정으로서 커뮤니케이션은 둘 혹은 그 이상의 사람이 공통의 의미와 이해를 위해 신호를 교환하는 지속적인 대화의 관계이다(Eilers, 2009, p.24). 넓은 의미에서 거의 대부분의 인간은 텔레파시로 의사소통을 하지 않기 때문에, 인간의 모든 의사소통은 신체 동작, 발화된 언어, 기록된 문자, 기술적 도구나 이러한 것들의 조합이 되는 그 무엇에 의해 매개화된다. 서서히 약화되는 운동 뉴런증으로 인해 말하는 능력을 상실한, 세계적으로 유명한 물리학자 스티븐 호킹은 특별히 자신만을 위해 인텔이 제작한 스위프트키(SwiftKey)라 불리는 음성 합성 장치와 플랫폼을 사용하여 '구두로'(verbally) 의사소통했다. 그러나 모든 경우 선택된 커뮤니케이션 수단과 의사소통의 내용은 내부적이고 외부적인 맥락으로 구성된 특정한 인간의 환경에서 발생한다. 문화적이고 사회적인 맥락은 외부로부터 의사소통을 결정하는 반면, 심리적 맥락은 내부로부터의 의사소통을 다룬다(Eilers, pp.25-26).

온라인 커뮤니케이션은 그 고유한 특성에도 불구하고 다른 형태의 의사소통과 마찬가지로 동일한 기본적 역학과 원리를 공유한다. 악의와 기만에 기초한 의사소통은 증오와 분열 그리고 양극화를 낳지만, 진실과 사랑의 원리에서 나오는 의사소통은 연결과 친교를 증진시킨다. 실제로 친교는 언제나 사회적 의사소통의 궁극적인 목표였고, 사회적 의사소통에 사용된 기술적 수단과 장치는 항상 교회와 사회 안에서 친교를 구축하는 데 공헌하는 능력에 따라 평가되었다. 제2차 바티칸공의회 문서인 '일치와 발전'(Communio et Progressio)은 인간들 사이에서 의사소통을 증진시키는 기술적 발명품들이 '새로운 관계를 구축하고 인간이 스스로를 더 잘 이해하도록 하는 새로운 언어를 만들어 내며, 서로를 더욱 쉽게 이해하도록 돕는다'고 선언한다. 이를 통해서, 인간은 상호이해와 공통의 목표를 갖게 된다. 그리고 결과적으로 이러한 일은 인간이 정의와 평화, 선의와 적극적인 자선, 상호협력, 사랑, 그리고 마지막으로 친교로 향하게 한다(Communio et Progressio, 12). 그렇기 때문에, 때때로 교회 내에서 일부 사람이 냉소적인 태도를 보임에도 불구하고, 교회 지도자들은 일반적으로 현대 디지털 정보통신기술(ICT)을 포함한 의사소통의 다양한 기술적 발전을 개방적으로 수용했다.

초대 교회에서 교회 지도자들이 친교를 증진시켰던 방법들 중 하나는 편지였다. 이것은 바울이 그가 세웠던 지역 교회뿐 아니라 세우지 않았던 지역 교회를 향해 썼던 수많은 편지들에서 뚜렷하게 드러난다. 그 편지들은 이방인들이 기독교인이 되는 데 필요한 요건들에 관한 신학적 불일치, 공동체 내에서 발생한 갈등과 도덕적 퇴폐, 그리고 비기독교인들과 정치 지도자들로부터 받는 박해 등을 포함한 온갖 종류의 문제를 다루었다. 바울이 쓴 이 편지들은 편지를 받은 회중의 공적 모임 순서의 일부인 예전 모임 전에 낭독되었다(Heil, 2011, p. 1). 그러나 예전 모임에서 바울의 편지를 낭독하는 것은 더욱 깊은 차원의 목적을 지녔다.

> 바울의 편지들은 바울의 인격적 현존을 대신하는 것으로서, 의례적 '발화 행위'로 간주되는 그의 예배 언어, 말하자면 이들이 이야기하는 것을 실제적으로 행하는 언어들이다. 그것은 단순히 정보를 전달하는 것뿐 아니라 이를 수행함으로 의사소통하는 언어들 안에서 그리고 그 언어들을 통해서 바울을 그의 다양한 청중들에게 현존하도록 한다(p. 3).

그러므로 바울은 그의 물리적 부재에도 불구하고 사람들을 지도할 수 있었고, '그들은 하나님이 죽은 자들 가운데서 예수를 다시 살리신 일의 의미를 기념하는 예배의 행위를 통해 예전 모임으로 모였다'(p. 41). 그러나 바울은 무수한 교회의 역사적 문헌들뿐 아니라 신약의 정경도 증명하듯 다양한 공동체에 편지를 쓴 유일한 교회 지도자는 아니다. 비록 이 모든 편지가 바울의 편지들처럼 예전 모임에서 반드시 사용된 것은 아니었지만, 설립된 지 얼마 되지 않아 자주 어려움을 겪는 교회 내에서 친교를 증진시키는 데 기여한 공헌은 아무도 부인할 수 없을 것이다. 이후 기술이 발전함에 따라, 이와 같은 의미의 친교를 유지하고 강화하고자 의사소통의 새로운 형태들이 더해졌다.

　디지털 시대에 정보통신기술(ICT)은 일반적으로 사람 간의 의사소통, 특히 교회의 사회적 의사소통에 없어서는 안 될 도구가 되었다. 교황 요한 바오로 2세(2002)는 정보통신기술의 가치를 평가하면서 이렇게 말했다. '다른 커뮤니케이션 미디어처럼, 그것은 하나의 수단일 뿐이지 그 자체로 목적이 아닙니다. 인터넷은 만약 그것이 가진 강점과 약점에 대한 명확한 인식과 능숙함을 갖고 사용된다면 복음화를 위한 멋진 기회들을 가져다줄 수 있습니다.' 최근까지의 세 교황들에 의해 이루어진 인터넷에 관한 수많은 조사들은 일관되게 디지털 기술이 가진 장점과 단점에 관한 현실을 반영했다. 2010 세계 소통의 날(World Communications Day) 메시지에서 교황 베네딕토 16세는 사제들에게 그들이 '새로운 시대의 문턱에 서 있다'고 상기시켰다. '새로운 기술이 먼 거리를 뛰어넘는 더 깊은 관계를 만들고 있으며, 따라서 사제들은 미디어를 더 많이 활용해서 효과적으로 말씀 사역에 임하는 일에 목회적으로 응답하라는 부르심을 받는다'는 것이다. 그뿐만 아니라 사제들은 디지털 시장이 제공하는 다양한 "목소리들"을 통해 지역 사회의 지도자로서 스스로를 표현하는 적합한 역할을 더 많이 수행하면서 '디지털 커뮤니케이션 시대에 복음에 대한 신실한 증인들로 존재하길 기대한다'고 했다(교황 베네딕토 16세, 2010).

　하지만 디지털 공간에 현존하라는 이 권고를 마음에 새기도록 부름받은 사람은 사제들만이 아니다. 프란치스코 교황은 2013년 3월에 교황으로 선출된 첫날부터 그의 전임자가 잠시 사용했던 @Pontifex라는 계정을 통해 정기적으로 트윗을 하기 시작했다(Narbona, 2016, p. 97). 프란치스코 교황이 그의 재임 기간에 트위터, 페이스북, 인스타그램, 그 밖의 소셜 미디어 플랫폼에서 여러 언어들로 지속적인 활동을 늘려나갔다는 점은, 그가 디지털 의사소통 수단이 교회 안에서는 물론 문화 전반에 있어 신앙, 평화, 연대 그리고 화합을 일구어 내는 종교적이고 영적인 통찰들을 널리 전파하는 데 필수적이라는 사실을 인식하고 있었음을 보여 준다. 또한 2019년에 바티칸 교황청은 프란치스코 교황의 전 세계 기도 네트워크의 일환으로 '클릭 투 프레이'(Click to Pray) 앱을 출시했다. 바티칸 당국자의 말에 따르면, 이 앱은 신자들이 '세계를 위한 긍휼 사역에 있어 교황과 함께'할 수 있도록 해 주는데, 이것은 앱의 사용자들이 각 특정한 날에 주어지는 교황의 관심사들을 알 수 있기에 가능하다(Vatican News, 2019). 미국 로스앤젤레스 대교구의 보좌주교인 로버트 배런은 디지털 미디어를 활용한 복음전도에 많은 시간과 노력을 투자했다. 그가 유튜브로 진행하는 '워드 온 파이어'(Word on Fire)는 가톨릭 신자와 비가톨릭 신자를 포함해 수백만 조회수를 기록했다. 배런 주교에 따르면, 오늘날 새로운 상황이 마주한 현실은 수많은 사람이 교회를 떠나고 있으며, 무종교화되고 있다는 것이다. 이 맥락에서 소셜 미디어는 '비종교인'(nones)의 세계를 찾아내 그곳으로 들어가는 수단으로 사용된다(Bordona, 2018). 사실 배런 주교의 온라인 활동은 그가 보좌주교로 서품되기 오래전에 시작됐고, 가톨릭교회 역사상 소셜 미디어를 가장 능숙하게 다룬 교황이 온라인 활동을 위한 지도적인 직책에 미국에서 소셜 미디어에 가장 능숙한 주교 중 한 명인 그를 임명했던 것은 그리 놀랄만한 일이 아니다.

프란치스코 교황과 배런 주교는 온라인 활동에 관하여 다른 수많은 교회 지도자들보다 앞서 있다. 사람을 교회에서 찾을 수 없다면, 사람을 찾아낼 수 있는 유일한 장소는 바로 코로나19가 없는 인터넷 공간, 특별히 페이스북과 유튜브와 같은 소셜 미디어 플랫폼이었다. 이런 이유로 사제들과 주교들은 코로나19 팬데믹이 전 세계적으로 교회로 하여금 문을 닫도록 만들게 되던 시점부터 온라인으로 몰리기 시작했다. 프란치스코 교황과 배런 주교와 같은 사람에게 온라인 활동은 팬데믹 이전부터 규칙적인 일이 되었지만, 사실 그것은 이들의 사역에 있어서 수년간 해오던 일의 연속이었다. 하지만 그 외 많은 교회 지도자들은 사이버 공간에서 자신들의 현존을 느끼는 것에 있어서는 '초보자들'이었다. 물론 성찬식 혹은 사제 서품식에서 드려지는 미사를 거행하는 동안 사진 혹은 비디오 영상으로 라이브 스트리밍을 하는 것은 대다수의 주교와 사제들에게는 전혀 새로운 것이 아니다. 그러나 예전의 상황이든 아니면 예전이 아닌 상황이든, 인터넷상의 청중들과 의도적으로 그리고 주요하게 의사소통하고 상호작용하는 온라인 실재감이 반드시 그들의 일상적인 목회사역과 리더십 경험의 일부가 되는 것은 아니다. 코로나19 팬데믹은 목회 지도자들이 단기간에 그들 스스로를 덩그러니 놓인 카메라를 마주하게 했고 젠더와 사회적, 문화적, 그리고 지리적 맥락들을 가로질러 실시간으로 이들이 물리적으로는 볼 수 없지만 존재한다고 여기는 사람과 대화하는 일에 적응하게 했다. 몇몇 사목자들에게 이러한 일은 특히나 당황스러운 경험이었다. 그럼에도 불구하고 디지털 기술이 매개하는 의사소통 행위의 양극단에서 이러한 일들이 가진 진정성은 그 과정에서 각자의 진지함, 개방성, 그리고 수용성에 전적으로 의존하고 있었다. 또한 이 행사의 진정성은 디지털 공간 혹은 사이버스페이스라 불리는 관념적 장소 안에서 역동적인 상호작용에 관여하는 실제적이고, 물리적이며, 살아 숨 쉬는 '몸들'(bodies)이 있었다는 의미에서의 체화가 '있다'는 상호신뢰에 기초한다.

현실에서는 사람이 실제로 사이버스페이스에 거주할 뿐 아니라, 이러한 환경 속에서 그들은 의견을 나누고 논쟁하며, 물건을 사고팔며, 갈등을 일으키기도 하면서 화해를 이루어 가고, 누군가를 저주하면서도 무엇인가를 예배하고, 죄를 지으면서도 용서를 구하는 등 실제 사람이 하는 일을 행하고 있다. 사이버스페이스가 점점 더 우리의 아날로그 세계로 자연스럽게 확장이 되어가고 있는 한, 디지털 환경은 실재라 할 수 있고 인간학적 공간으로서 인정받을 수 있으며(Pomili, 2011, p. 62), 이 공간에서 일어나는 일들 역시 영적이고, 사회적이며, 정치적이고, 도덕적인 의의를 지닌다. 실제로 교황 베네딕토 16세(2013)는 '디지털 환경은 병행하는 세계이거나 순수한 가상 세계가 아니라, 수많은 사람 특히 젊은이들이 가진 일상적인 경험의 일부'라고 말했다. 하지만 이것은 젊은 사람에게만 해당하는 것이 아니다. 우리가 코로나19 팬데믹 상황 속에서 볼 수 있듯이 스마트폰을 한 번도 가져본 적이 없는 베트남 시골의 노인들도 스마트폰 같은 장치들로 경건하게 매일 미사를 시청하고 있으며, 이는 그들이 사는 지역의 목회자와 주교에 의해 거행되는 미사에만 한정되지 않는다. 인도의 한 신부는 일부 가정에서 그 구성원들이 스마트폰을 공유한다고 보고했다. 낮에는 온라인 학습을 위해 아이들이 스마트폰을 사용하고, 저녁에는 할아버지와 할머니가 예전을 시청하고자 사용하는 것이다.

팬데믹 시기의 '선교적 창의성'

'선교적 창의성'은 프란치스코 교황이 가톨릭교회의 공식 문서인 '복음의 기쁨'(Evangelii Gaudium) 28항과 '사랑의 기쁨'(Amoris Laetitia) 57항에서 두 차례 사용했던 문구다. 복음의 기쁨에서 프란치스코 교황은 다음과 같이 기록했다:

> 본당은 구식 기관이 아닙니다. 엄밀히 말해, 본당은 상당한 유연성을 가졌기 때문에, 사목자와 공동체의 개방성 그리고 선교적 창의성에 따라 그 형태가 매우 다를 것이라 짐작할 수 있습니다. 분명히 본당은 복음화를 이루는 유일한 기관은 아니지만, 만약 본당이 자기-갱신적이고 지속적인 적응능력을 갖고 있음을 입증한다면, 본당은 계속해서 '그 자녀들의 집 한가운데서 살아가는 교회'가 되기를 멈추지 않을 것입니다(#28).

비록 이 글에서 프란치스코 교황은 회중에게 교회의 문이 닫히지 않았던 정상적인 시기에 본당이 처한 환경을 이야기한 것이지만, 교황의 권고에 담긴 뜻은 본당뿐 아니라 그 문제에 있어 동일한 환경에 처한 보편 교회의 다른 맥락들에도 적용된다. 선교적 창의성은 교회 안 여러 위치에서 직무를 담당하고 있는 사목자들에 의해 적극적으로 활용될 때, 이 세상에서 자연적으로 그리고 인위적으로 일어나는 다양한 사건들로부터 제기되는 수많은 도전들에 대응하고 적응할 수 있다.

2020년 5월 20일, 도널드 트럼프 대통령은 교회를 필수 시설이라 여겨 미국의 주지사들에게 팬데믹 기간에 폐쇄된 교회를 다시 개방하도록 요청했다. 팬데믹이 소강상태로 접어든다는 어떤 실제적인 기미를 보이고 있지 않음에도 트럼프는 이렇게 말했다. '주지사들은 해야 할 일을 해야 합니다. 그리고 이처럼 신앙에 있어 매우 중요한 이 필수 시설들을 이번 주말에 당장 개방해야 합니다. 만약 주지사들이 그렇게 하지 않는다면, 저는 이들이 내린 조치를 무효화할 것입니다.' 이 같은 트럼프의 발언에 대한 응답으로, 고난 수도회(the Passionist Congregation)의 사제인 에드워드 벡 신부는 CNN 기명 논평에서 트럼프에게 그와 여러 종교 단체들은 신자들에게 '필수적인' 예배들을 제공하기를 결코 중단한 적이 없었다는 것을 상기시키며 이렇게 글을 썼다. '이번 팬데믹 기간 동안, 저는 지금까지 제한된 가족 분들과 함께 그들의 고인들을 묘지에 묻어 주고 있습니다. 저는 페이스타임(FaceTime)과 줌(Zoom)으로 사람과 함께 기도합니다. 저는 슈퍼마켓 주차장에서도 고해성사를 해줍니다'(2020). 실제로 교회와 사목자들은 이 상황에 적응하고 온라인으로, 또 가능하다면 오프라인으로 현존함으로 그들이 돌보는 사람을 위해 정서적이고 영적인 지원을 제공해 왔다. 말하자면 교회가 어쩔 수 없이 폐쇄되었다고 해서 사목자들이 사라져 버린 것은 아니었던 것이다.

벡 신부처럼 교회의 사목자들은 자신들의 선교적 창의성을 활용해서 다양한 방식으로 사람의 목회적 필요를 충족시킨다. 미국에서 의사이자 가톨릭 신부인 앤서니 탐 팜(Anthony Tam Pham)은 퀸즈(Queens)에 있는 엘므허스트(Elmhurst) 병원에서 일손을 돕기 위해 4월에 3주간 자신의 휴스턴 사무실을 닫고, 뉴욕 주지사의 의료 자원봉사자 요청에 응했다. 그는 또한 휴스턴 지역의 교회와 사원에서 베트남 지역 사회를 위해 코로나19 검사 서비스를 운영했다. 탐 신부는 그의 페이스북 페이지에 그 활동을 기록하며 정기적으로 업데이트했다.

태국에서는 방콕 대교구의 주교 총대리이자 성서학자인 솜키엣 트리니콘(Fr Somkiat Trinikorn) 신부가 코로나19 팬데믹이 시작되기 오래전부터 태국 가톨릭 소셜 미디어에서 정기적으로 활동했다. 그러나 트리니콘 신부가 자신의 강의를 신청하는 전공 학생들을 위해서가 아니라 태국의 모든 가톨릭 신자들을 위해 그의 성경이야기와 강의들을 온라인으로 진행했던 것은 팬데믹 이후부터였다. 트리니콘 신부는 TV 스크린 옆에 앉아 각 강의 시 제공되는 파워포인트를 보여 주며 프레젠테이션을 진행해 나갔다. 그가 강의를 생중계할 때마다 그 강의는 대중적인 소셜 미디어 사이트들에 여러 차례 공유되었다.

필리핀에서는 마닐라에 있는 교황청 관할 산토 토마스 대학교(Pontifical University of Santo Tomas)에서 가르치는 존 미 셴(Fr John Mi Shen) 신부가 2020년 1월부터 팬데믹의 세계적 대유행의 진원지인 중국 우한에서 온 100여 명의 가톨릭 신자들을 위해 온라인으로 매일 미사를 집전하기 시작했다. 미 셴 신부는 관계를 형성할 수 있는 따뜻한 분위기를 유지하기 원했기 때문에 누구나 참여할 수 있는 '공개' 미사 대신에 이 사람들과 함께 '비공개' 온라인 미사를 드리기로 결정했다. 이러한 활동이 지속된 결과, 미 셴 신부는 개인적인 방식으로 그 가족들 모두를 알게 되었다고 말했다. 그는 또 말을 덧붙였다. '그들 중 많은 이가 온라인으로 상담하고자 저에게 다가왔습니다. 그래서 저는 그들 대다수와 그들이 가진 고민을 알 수 있게 되었습니다.' 더 나아가 그들은 필리핀에 있는 가난한 이들을 돕는, 미 셴 신부의 선교 사역의 동역자가 되었다. 우한의 가톨릭 신자들을 위한 온라인 미사를 드리는 것 외에도, 미 셴 신부는 중국의 소셜 미디어 플랫폼을 활용하여 팬데믹 기간에 필리핀 사람이 겪는 어려운 상황들을 널리 알렸었다. 그런 고통스럽고 마음 아픈 이야기들을 공유한 결과, 미 셴 신부가 코로나19로 인해 고통을 겪는 필리핀 사람을 돕기 위해 만든 '온라인 기독교인 공동체'는 중국으로부터도 상당한 기부금을 받았다. 그는 많은 중국인들이 앞서 위기를 경험했기에, 필리핀 사람들이 겪고 있는 고통에 (직접적인 소통을 통해) 공감할 수 있었던 것이다.

나는 태국 방콕에서 이 국가로부터 소외된 집단인 베트남 미등록 이주 노동자들이 팬데믹으로 인해 그렇지 않아도 이미 불안정했던 그들의 삶이 또다시 뒤흔들렸기에, 이들을 돕고자 온라인 활동을 실시했다. 태국에서 팬데믹은 3월 중순에 강화되기 시작했고, 3월 26일에 기업, 공항, 지상 출입국 검문소가 모두 폐쇄되면서 태국은 봉쇄되었다. 베트남 이주 노동자들은 완전히 봉쇄되기 전에 고국인 베트남으로 돌아갈지 아니면 태국에 남아 오랜 시간 동안 직장을 구할 수 없는 미등록 이주민으로 어떤 혜택이나 재정적 지원을 받지 못한 채 팬데믹 시기를 지낼 것인지를 결정해야 했기에 극도로 어려운 상황이었다. 게다가 만약 그들이 코로나19에 감염되기라도 한다면, 이들은 한 해에 노동으로 벌 수 있는 돈의 몇 배나 되는 치료 비용을 스스로 부담해야만 했다. 항공편이 취소되고 국경 출입국 검문소가 폐쇄됨에 따라 베트남 이주민들은 태국의 팬데믹 상황을 파악하고 출국하는 방법을 찾았고, 그럴수록 이주민들 사이에는 커다란 두려움이 감돌았다. 거기에는 특히 이들의 상황과 직접적으로 연관된 문제들에 관해 믿을만한 정보가 필요했다. 그러나 필요한 많은 정보들은 태국의 주류 언론 매체들을 통해서는 구할 수 없었고, 비록 구할 수 있다 할지라도 베트남 이주민 노동자들의 대부분은 그런 정보에 접근할 수 있는 언어 능력이 없었다.

내가 적극적으로 소셜 미디어에 참여한 것이 베트남 이주 노동자들에게 매우 큰 도움이 된 것은 바로 이 시기 중이었다. 베트남계 가톨릭 사제이자 교육자, 그리고 14년간 태국에 있는 베트남 이주 노동자들을 위한 영적이고 사회적인 지원 사역에 종사한 사람으로서 나는 그 지역 사회 안에서 잘 알려져 있었다. 많은 이가 교회와 관련된 활동들을 통해서 나를 알게 되지만, 더 많은 사람, 특히 가톨릭 신자가 아닌 이들은 소셜 미디어를 통해 나를 알았다. 태국에서 코로나19 팬데믹이 절정에 달했을 때, 나는 매우 적극적으로 온라인 활동을 지속했다. 나는 팬데믹에 관한 정보와 베트남 이주 노동자들의 상황에 가장 적합한 권장사항들을 업데이트했다. 그리고 태국어와 영어로 된 뉴스 포털들을 샅샅이 뒤졌고, 태국에 있는 베트남 대사관과 늘 접촉했으며, 어떤 중대한 사안들에 관한 정보를 갖고 있을 법한 여러 베트남 사람과 지속적으로 연락을 유지했다. 이렇게 하는 목적은 베트남 노동자들에게 정확하고, 최신의(때때로 시간 단위로), 적합한 소식들을 전달하는 것이었다. 그래서 이들 중 다수는 나의 웹페이지를 보기 전까지, 다른 베트남 소셜 미디어에서 발표된 어떤 것도 믿지 않을 것이라고 밝혔다. 동시에 내 페이스북의 메시지 수신함은 내가 게시한 정보들과 관련된 질문 혹은 누군가가 어디선가 읽고 접한 내용을 내가 '팩트 체크'를 해 주길 원하는 요청으로 넘쳐났다. 나는 베트남 이주 노동자들이 어떤 상황을 이해하고 그들의 삶과 생계에 있어 매우 중요한 문제들에 관해 결정을 내리려 할 때, 이들을 위한 1인 언론 매체가 되어 버렸다.

팬데믹이 계속됨에 따라 나는 소셜 미디어에서 활동하며, 태국에 남겨진 베트남 이주 노동자들과 지속적으로 함께했다. 그곳에는 먹을 것을 사거나 집세를 낼 돈이 더 이상 남아 있지 않아 어려움을 겪는 이들이 많았다. 한번은 어떤 부부가 미숙아를 낳았는데, 그 아기가 숨을 쉴 수 없어 중환자실에 입원해야만 했다. 어떤 젊은이는 태국 남부에 있는 한 병원에서 뎅기열로 인해 사망했는데, 그의 가족이 장례를 위해 그 시신을 베트남으로 옮기고자 도움을 요청하는 경우도 있었다. 도움이 필요했던 거의 대부분의 사람은 소셜 미디어에서 나와 연락을 취했고, 소셜 미디어는 베트남의 유명한 격언인 '좋은 잎사귀는 찢어진 잎사귀를 보호해 준다'라는 말처럼 내가 다른 동료 이민자들에게 도움을 요청하고자 사용하는 장이기도 했다.

소외된 지역 사회를 위해 사목자들이 소셜 미디어에서 활동하는 것은 팬데믹이 끝난 후에도 무척 중요하다. 이는 공식 채널을 사용할 수 없을 때, 소셜 미디어가 정보와 정서적 돌봄, 물질적 지원 등을 제공하는 채널로서 그 역할을 할 수 있기 때문이다. 사회적, 법적, 지리적 여건들, 그리고 운송과 관련된 다른 이유들 때문에 디아스포라 사회에 물리적으로 현존할 수 없는 지역 사회와 종교 지도자들은 온라인 활동을 통해서 그곳에 현존할 수 있다. 더 나아가 현시대의 소외된 공동체들, 특히 디아스포라에 있는 공동체들의 현실에 대한 깊은 이해는 각 특정 집단의 경험, 고군분투, 대응 방식들에 관한 내부 정보의 원천인 소셜 미디어를 결코 무시해서는 안 된다. 교회 지도자들은 그런 집단들에 관한 내밀한 지식을 갖추었을 때만이 비로소 효과적이고 적절하게 이들의 필요에 응답할 수 있다.

실제로 교회와 사목자들의 관점에서 보면 교회가 사람의 삶에 필수적(essential)이라고 말한 트럼프 전 대통령의 발언에는 이견이 없다. 하지만 수많은 국가들이 물리적으로 교회 건물들을 폐쇄했음에도 불구하고, 팬데믹 기간에 교회가 사람을 돌보는 일을 중단한 적은 결코 없었다. 팬데믹 상황이건 그렇지 않건 간에 교회는 계속해서 교회였다. 오늘날 교회를 하나님 백성의 친교(communion)로서 이해함은 물리적인 웅장함, 제도적 힘, 권력보다는 관계의 구축과 협력관계를 증진시키는 존재 방식을 더 강조하는 것이다. 교회의 리더십과 현존이 온라인과 오프라인 모두에서 창의적으로 계속 수행된다면, 교회를 폐쇄한다 할지라도 교회의 친교까지는 막지 못할 것이다. 실제로 온라인과 오프라인의 차원은 서로 분리된 상태로 존재하는 것이 아니다. 세계를 위해 성 베드로 광장에서 홀로 서서 기도하는 프란치스코 교황의 모습을 온라인에서 지켜보는 일은 프란치스코 교황의 홀로그램을 갖고 시작된 것이 아니라 기도의 행위를 실제로 수행하는 그 교황과 함께 시작되었다. 비슷하게, 온라인 성체조배는 실제 성체가 체화된 사제에 의해 제단에 올려졌고, 모든 이들이 성체 안에 임재한 그리스도를 바라보고 예배할 수 있도록 공개되었기 때문에 가능해진 것이다.

따라서 이러한 현존이 보이고, 들리고, 느껴지는 디지털 공간은 전달된 모든 말과 행동이 상호작용적 행위 안에서 양쪽 끝에 있는 사람에 의해 진정으로 체화되었다는 사실을 부정하지 않는다. 떡과 포도주가 실제로 그리스도의 몸과 피로 바뀌는 것을 '가상' 미사라 할 수 없다. 실제로 수백만의 사람이 아름다운 노래를 부르고, 듣고, 즐기는 것을 '가상' 콘서트라 할 수 없다. 기도와 예배 중에 마음을 쏟아놓는 것을 '가상' 성시간(Holy Hour: 聖時間, 성체 앞에서 묵상하고 기도하는 시간을 가리키는 가톨릭 용어 – 역자 주)이라 할 수 없다. 디지털과 아날로그 공간 사이에서의 역동적이고 점점 더 분리할 수 없는 관계 안에서, 교제와 예배를 촉진하는 현존은 무엇이든 가치 있고, 진정한 것이며, '실재적'(real)이다.

물리적 현존을 우선시하는 것

이 장의 마지막 단락에서는 주의해야 할 사안을 다루고자 한다. 온라인 의사소통 경험이 가진 의사소통적 가치와 진정성을 확인하는 것을 온라인과 오프라인 만남이 둘 다 동일하다는 주장으로 해석해서는 안 된다. 우리는 단지 그것을 예전적 행사나 다른 활동으로 여겨야 한다. 다시 초대 교회로 돌아가 우리는 고린도 교인들을 향한 바울의 궁휼 가득한 편지들(발견되지 않았던 눈물의 편지들을 포함하여)에도 불구하고 모든 문제들이 신속하게 해결되지 않았다는 사실을 잊지 말아야 한다. 갈등-해결 과정 중 바울은 '두 번 은혜를 얻게 하기 위하여'(고후 1:15) 고린도 교인들을 물리적으로 직접 방문해야 했다. 사실, 바울은 예정에도 없이 고린도 교회를 방문하기 전에, 그가 도착했을 때, 직접 대면하여 만나는 것이 서로에게 더욱 유익하고 편리하도록 편지를 써서 그 길을 미리 닦아두었다(고후 2:1-3). 단순히 편지로 의사를 소통하는 것을 넘어 교회를 직접 대면하여 방문해야 할 필요성에 대한 바울의 열렬한 마음과 인식이 그가 로마인들에게 보내는 편지 가운데서도 분명하게 나타난다. 비록 바울이 로마에 편지를 쓸 때에, 그는 그곳을 한 번도 방문한 적이 없었고 그곳에 교회를 세울 책임도 없었지만, 바울은 이렇게 표현했다. '내가 너희 보기를 간절히 원하는 것은 어떤 신령한 은사를 너희에게 나누어 주어 너희를 견고하게 하려 함이니 이는 곧 내가 너희 가운데서 너희와 나의 믿음으로 말미암아 피차 안위함을 얻으려 함이라'(롬 1:11-12).

하지만 이 감정은 바울에게만 국한되지 않는다. 자신의 교회 안에서 '택하심을 받은 부녀'와 그의 자녀들에게 편지를 썼던 장로 요한 역시 교회와 관련된 여러 문제들을 그 부녀와 직접 대면하여 소통하고 싶다는 확고한 소망을 표현했다. 요한이 그의 편지를 마무리 지을 때, 이렇게 편지에 적었다. '내가 너희에게 쓸 것이 많으나 종이와 먹으로 쓰기를 원하지 아니하고 오히려 너희에게 가서 대면하여 말하려 하니 이는 너희 기쁨을 충만하게 하려 함이라'(요이 1:12). 바울과 교회의 장로 요한은 모두 직접 물리적으로 대면해서 만나는 것이 신자들에게 더 큰 은혜가 될 뿐 아니라 교회 지도자들 자신의 정서적이고 영적인 필요들을 충족시킨다는 점을 설명한다. 궁극적으로 이들의 경험은 예수 그리스도의 인격 안에서 하나님 자신이 성육신하기 전 이스라엘과 소통하고자 하나님이 여러 세대의 선지자들을 사용하셨을 뿐 아니라 다양한 방식들로 이스라엘 백성들 가운데 은유적으로 나타난 하나님의 현존에서 드러나는 역동성을 반영한다. 그리스도의 물리적 인격 안에 있는 하나님의 현존이 지니는 의사소통적 가치와 효과는 다른 어떤 의사소통의 매개 형태들을 훨씬 능가했고, 만약 성육신이 일어나지 않았다고 가정했을 때보다 하나님의 구속 계획을 더 무한하게 성취했다.

코로나19 팬데믹 상황에서 물리적 현존과 온라인 현존의 질적 차이는 팬데믹으로 인해 온라인 수업을 들을 수밖에 없게 된 후, 교육기관에 환불을 요청한 미국 대학생들의 예로 증명되고 있다. 또한 전 세계의 어린이들은 몇 달간의 봉쇄 상황이 지나자 물리적 조건 속에서 친구들과 만나 함께 보냈던 시간이 얼마나 그리운지 표현하고 있다. 2020년 6월 14일, 한국의 세계적 남성 아이돌 그룹 방탄소년단(BTS)은 온라인 콘서트를 열었고, 기록상 전 세계 도처에서 650,000명의 팬들이 동시에 이를 관람했다. 비록 매출(약 2000만 달러)과 시청률에 있어 큰 성공을 거둔 것으로 보이지만, 멤버들 중 한 명인 슈가(Suga)는 이렇게 말했다. '사실, 우리는 (투어를 하며) 공연을 하고 싶었어요. 직접 대면해서 우리를 응원해 주는 여러분들이 없다는 것은 정말 낯설었어요. 비록 우리가 몸으로 서로를 직접 대할 수 없지만, 우리가 곧 다시 만날 것이라는 걸 믿어야 하죠'(Bate, 2020). 팬데믹으로 인한 봉쇄와 사회적 거리두기 기간에 우리가 경험한 것들과 더불어 이러한 예시들은 우리에게 다음과 같은 사실을 알려 준다. 그것은 온라인 경험의 가치와 진정성을 인정하는 것이, 반드시 아날로그 공간과 디지털 공간이 대인 간의 만남의 장소로서 상호교환이 가능하다는 주장일 필요도 없고 또 그래서도 안 된다는 것이다.

결론

교회 지도자들이 코로나19 팬데믹에 대응하고, 프란치스코 교황이 요청한 대로 이들의 온라인 활동으로 '선교적 창의성'을 발휘함에 따라 그들은 한

입으로 두말할 상황이 아님을 분명 깨달았을 것이다. 즉, 온라인 경험이 '가상적이고', '덜 실재적인' 혹은 '완전히 순수하지 않은' 것이기에 우선적인 것이 되어서는 안 된다고 폄하하면서도 어쩔 수 없이 신자들과 소통하고자 디지털 기술에 의존해야 하는 상황 말이다. 사실 이 태도는 복음화 활동을 위해 사용되는 디지털 매체의 잠재력을 불신하고 무시할 뿐 아니라, 교회적 친교를 활성화하기 위해 수행하는 의사소통 행위 자체를 평가 절하한다. 따라서 팬데믹 후 교회의 지도자들, 특히 코로나19 위기 동안 온라인 활동에 주저했던 사람들은 언제 그랬냐는 것처럼 사이버 활동을 갑자기 그만두어서는 안 된다. 만약 교황 베네틱토 16세가 디지털 기술과 사이버 공간을 '인류 개인과 전체의 완전한 선을 위한 봉사에 있어 꼭 있어야 할' 그런 '인류가 가진 창의성의 열매'로 인식했다면(Pope Benedict XVI, 2011), 디지털 리더십과 디지털 현존은 단순히 팬데믹이 발생하고 있을 때만 사용할 임시적인 해결책이 되어서는 안 될 뿐 아니라 오히려 교회가 지속해야 할 선교 의제에 포함되어야 한다.

코로나19 팬데믹이 우리에게 가르쳐 준 한 가지 교훈이 있다면, 그것은 교회가 속해 있는 인류가 서로 떨어질 수 없이 긴밀하게 연결되어 있다는 것이다. 마찬가지로 디지털 시대를 살아가는 우리의 온라인의 삶과 오프라인의 삶은 점점 더 서로가 통합되어 가고 있다. 교회 내에서 그리고 교회를 넘어서 이루어지는 친교를 구축하고 증진시키는 것은 우리에게 주어진 모든 수단을 필요로 하고, 모든 상황에서 교회적 현존과 리더십을 요구한다. 그러므로 포스트 팬데믹 시대의 교회는 신자들의 신앙적 지속 가능성에 가장 유익한 의사소통 방식들을 우선순위에 두면서도, 이를 적절하게 이해하고 신중하게 사용할 때 가치가 있는 다른 방식들을 경솔하게 무시해서는 안 된다. 그렇게 아날로그 공간과 디지털 공간을 능숙하게 다루고 양자를 조화시킬 수 있을 때, 하나님과 인간을 더 잘 섬길 수 있을 것이다.

참고 문헌

Bate, Ellie, 2020, 'BTS' virtual concert "bang bang con" proved their biggest strength is their connection with their fans', *Buzzfeed*, www.buzzfeed.com/eleanorbate/bts-bang-bang-con-live-concert-army.

Beck, Edward, 2020, 'Priest: Mr. President, we don't need to open churches to practice our faith', *CNN*, https://edition.cnn.com/2020/05/22/opinions/churchesreopening-trump-covid-19-beck/index.html.

Benedict XVI, 2011, 'World communications day message 2010', *The Holy See*, www.vatican.va/content/benedict-xvi/en/messages/communications/documents/hf_ben-xvi_mes_20100124_45th-world-communications-day.pdf.

Benedict XVI, 2013, 'World communications day message 2013', *The Holy See*, www.vatican.va/content/benedict-xvi/en/messages/communications/documents/hf_ben-xvi_mes_20130124_47th-world-communications-day.html.

Bordona, Linda, 2018, 'Bishop Barron on the Synod, "nones", existential peripheries and social media', 17 October, *Vatican News*, www.vaticannews.va/en/church/news/2018-10/synod-youth-2018-interview-bishop-barron0.html. *Communio et Progressio*, 1971, www.vatican.va/roman_curia/pontifical_councils/pccs/documents/rc_pc_pccs_doc_23051971_communio_en.html.

Dungan, Kelli, 2020, 'Coronavirus: star-studded "One World" virtual concert raises $128M for front-line pandemic workers', *WSB-TV 2*, www.wsbtv.com/news/trending/coronavirus-star-studded-one-world-virtual-concert-raises-128mfront-line-pandemic-workers/WUOMI63245DTTO7VVV67OVCKVA/.

Eilers, Franz-Josef, 2009, *Communicating in community: an introduction to social communication*, Manila, Philippines: Logos Publications, Inc.

Francis, 2013, *Evangelii Gaudium*, *The Holy See*, www.vatican.va/content/francesco/en/apost_exhortations/documents/papa-francesco_esortazione-ap_20131124_evangelii-gaudium.html.

Guzek, Damien, 2015, 'Discovering the digital authority: Twitter as reporting tool for papal activities', *Heidelberg Journal of Religions on the Internet 9*, https://doi.org/10.11588/rel.2015.0.26251.

Heil, John Paul, 2011, *The Letters of Paul as Rituals of Worship*, Eugene, OR: Cascade Books.

John Paul II, 2002, 'World communications day message 2002', *The Holy See*, http://w2.vatican.va/content/john-paul-ii/en/messages/communications/documents/hf_jp-ii_mes_20020122_world-communications-day.html.

Macairan, Evelyn, 2020, 'Online masses not enough, bishop says', www.philstar.com/headlines/2020/06/15/2020955/online-masses-not-enough-bishop-says.

Merriam-Webster Dictionary Online, 2020, www.merriam-webster.com/dictionary/virtual.

Narbona, Juan, 2016, 'Digital leadership, Twitter and Pope Francis', *Church, Communication and Culture* 1(1), pp. 90-109.

Pomili, Domenico, 2011, *Il nuovo ell'antico: comunicazione e testimonianzanell'era digitale* (The new in the old: communication and witnessing in the digital era), San Paolo, Italy: Cinisello Balsamo.

Vatican News, 2019, 'Pope launches his click to pray app profile', 20 January, *Vatican News*, www.vaticannews.va/en/pope/news/2019-01/pope-launchesclick-to-pray-app.html.

3. 기독교 교회의 교회론과
자기-이해가 직면한 실천적 도전

폴 A. 수쿱

교회와 교회를 대변하는 사람들은 특별히 문화적 혹은 기술적 변화에 직면했을 때, 종종 종교적인 의사소통의 공간과 사용에 관하여 신학에 자문을 요청한다. 의사소통'의', 의사소통에 '관한', 혹은 의사소통에 '대한' 신학적 성찰로 언급되는 고찰은 지난 50년간 세 가지 주요한 신학적 방법론들로부터 발생했다. 그것은 교회론, 관념화된 의사소통(철학, 심리학 혹은 커뮤니케이션학에 의해 무엇으로 정의되든지), 그리고 의사소통을 위한 성경적 모델이다. 코로나19 팬데믹 기간에 공중 보건 당국이 교회에 부여한 제한들은 신학자들과 커뮤니케이션 학자들로 하여금 그들이 가진 사유의 지평, 특히 교회론 분야에 있어서 생각의 지평을 넓힐 수 있는 기회를 제공했고, 교회 지도자들이 의사소통에 대한 다른 신학적 방법론들을 참조함으로 교회론에 관한 이해를 풍부하게 해 줄 몇몇 영역들을 제시할 수 있었다.

교회론에 대한 다양한 방법론들

약 50년 전, 덜레스(1974)는 교회의 다양한 모델들을 제안함으로 교회의 본성을 연구하는 신학 분야인 교회론의 범위를 확장시켰다. 다시 말해 덜레스는 교회가 서로 다른 유형들로 스스로를 동시에 구현한다는 것을 인식했다. 처음에는 자신이 속한 교회에 초점을 맞추었던 덜레스는 로마 가톨릭교회처럼 전통적으로 조직화된 교회는 계층 구조나 중앙집중형 구조로 나타나면서 이와 동시에 공동체와 성사로서, 그리고 복음의 전령이자 종으로서 기능한다고 주장했다. 그보다 몇 해 전 덜레스(1972)는 교회를 의사소통으로 설명하는 간략한 글을 발표했다. 이후 덜레스는 자신의 연구를, 어떻게 서로 다른 교회의 모델들이 서로 다른 의사소통의 종류들과 일치하는지에 주목하고 이들을 연결시키는 두 가지 연구로 확장했다. 덜레스는(1989) 의사소통이 교회(한참 뒤인 2008과 2011년 햐르바드에 의해 매개화로서 의사소통의 관점에서 이론화한 것)에 관한 특정한 방법론들을 유형화하고 강화시킨다는 사실을 알게 되었다. 예를 들어 덜레스의 도식으로 볼 때, 중앙화된 제도적 혹은 위계적 교회 모델은 중심부가 주변부에게 다소 일방적 방식으로 소통하는 방식인 방송 모델과 상당히 일치한다. 마찬가지로 공동체적 교회 모델은 대인 의사소통 방식이나 대화식 소통이 그 교회에게 더욱 적합한 방법론인 것으로 드러난다. 교회론은 매개된 의사소통 혹은 직접적인 대면 의사소통뿐 아니라 의례적 행위나 말씀의 역할에 대한 방법론 및 이해와도 일치한다. 의례와 말씀에 초점을 맞춘다는 것은 암묵적으로 교회 건축과 미술 그리고 음악에서 드러나는 예배 중심의 신학적 성찰을 보여 준다. 이 의례와 말씀의 측면은 덜레스가 성사적 교회 모델이라 부른 것과 일치하며, 이 모델은 피조물을 통해 나타나는 신적 실존을 보고자 하는 교회 모델이다. 종종 사물과 행위는 일종의 감추어진 교회론으로서 그 역할을 감당한다. 왜냐하면 예를 들어 비록 교회 건축물이나 장식들은 기독교 교단 안에서 스스로에 대한 이해에 흥미로운 의사소통 압력을 행사하지만 사람은 이것들을 꼭 의식적으로 인식하지 않기 때문이다. 일반적으로 사람은 '이것은 가톨릭교회답다'

혹은 '이것은 장로교 교회 건축물의 좋은 예다'와 같은 말을 할 때, 그 속에 담긴 성사적 표현들의 영향력을 인식한다. 덜레스는 독자들에게 이 모든 모델들은 동시적으로 작용한다는 점을 상기시킨다. 즉, 교회는 단순히 하나의 위계나 하나의 공동체 혹은 하나의 성사만이 아니라 동시적으로 다양한 강조의 수준을 지닌 이 모든 것 전체를 말한다.

　덜레스의 분석 작업은 여러 기독교 교단들의 교회론 연구에 적용할 수 있다. 예를 들면 우리는 교회 모델이 위계적 교회 모델로부터 다른 갱신된 교회가 지닌 덜 중앙집중형 교회 모델로 이동하는 것을 볼 수 있다. 비슷하게 의사소통 관행에서도 복음주의 교회의 전령 모델이나 기독교적 봉사를 강조하는 교회의 종(servant) 모델이 그러하다. 또한 중앙집중형 교회 모델은 예전적 교회의 성사 모델로부터 말씀을 전하는 설교와 성경 텍스트를 강조하는 것이 교회 장식과 음악적 정교함을 대체하는 전령 모델로 이동한다. 하지만 이러한 범주들은 각 의사소통의 상황이 복수의 지원성을 갖기 때문에 결정적으로 작동하지 않는다. 예를 들어 종교개혁 시기에 인쇄기라는 새로운 커뮤니케이션 기술은 로마 가톨릭교회(중앙집중형 경향을 강조했던)와 개혁 교회(평신도들의 손에 성경을 나누어 주고 성직자들의 중앙집중식 통제에서 벗어나는 기능을 강조했던) 안에서 상반된 방식으로 사용되었다. 덜레스의 연구는 의사소통에 관한 신학적 사유에 중요한 기반을 마련했으며, 특히 케이블 TV라는 커뮤니케이션 기술과 텔레에반젤리즘(televangelis: 전화나 라디오, TV 등 대중매체를 활용해 복음을 전하는 활동 - 역자 주)이 부상했던 시기에 그러했다.

　둘째, 관념화된 의사소통이라는 개념은 다른 신학적 성찰을 위한 출발점을 제공했다. 방향성에 있어 좀 더 철학적인 몇몇 학자들은 '의사소통'이라는 개념 그 자체에서 연구를 시작했다. 이 사상가들은 '의사소통'(communication), '공동체'(community), '친교'(communion)라는 용어들의 공통이 되는 근본적 의미에 주목하고, 간접적으로는 의사소통 안에서 신학적 가치를 발견했는데, 그 이유는 의사소통이 더욱 커다란 공동체와 심지어 친교라는 신학적 개념으로까지 이어지기 때문이다. 일부 사상가들은 의사소통을 성부, 성자, 성령의 친교가 인간의 의사소통이 발생하는 관념적인 것 혹은 이미지를 창조한다는 삼위일체적 관념들과 연결시켰다(Gabel, 1968; Bonnot, 2001). 또 다른 사상가들은 심리학을 그 출발점으로 삼아 교회 공동체들 안에서 의사소통 가능성을 다시 검토하고, 그들이 '의사소통 신학'(communicative theology)이라는 명칭을 붙인 방법론이자 그 실천에 있어 '아래로부터'(from below) 시작하는 새로운 신학적 이해를 발전시켰다(Scharer and Hilberath, 2008). 교회론을 의도하지 않았던 이 학자들은 의사소통을 종교적으로 사용하기 위한 지침을 만드는 일에 착수했다. 그러나 이들의 기획은 교회와 교회적 삶에 관한 암묵적인 이해가 포함되어 있었다.

세 번째 신학적 방법론은 성경, 특별히 예수의 생애로부터 도출된 종교적 의사소통 모델에 초점을 맞춘다. 이를 예수의 생애에서 시작한 연구자들은 예수를 로마 가톨릭 문서인 일치와 발전(Communio et Progressio)의 표현처럼(Pontifical Council, 1971) '완벽한 전달자'(The perfect communicator)로 이해한다.

> 예수는 자신의 '성육신'을 통해, 자신과 교통할 이들과 스스로를 완전히 동일시하였고, 자신의 메시지를 말씀뿐 아니라 삶의 모든 방식으로 전달했다. 예수는 그의 백성들 안에서부터, 말하자면 그의 백성들 무리 가운데서 말씀하셨다. 예수는 두려움이나 타협 없이 거룩한 메시지를 전하셨다. 예수는 자신의 백성들이 말하는 방식과 사고방식에 적응하셨다. 그리고 예수는 그의 백성들이 처한 시대의 곤경에 대해 이야기하셨다(para. 11).

따라서 그리스도는 의사소통을 위한 모델, 곧 의사소통의 '가장 심오한 수준은 … 사랑 안에서 자신을 내주는 것'(para. 11)임을 설명하는 모델이 된다. 여러 신학자들은 복음서의 설명에 나타난 여러 성경적 의사소통 모델을 발견했다. 예를 들면 예수께서 치유를 통해서 말하고 듣는 능력을 회복시키거나(막 7:31-37; Martini, 1994를 참조하라), 우물가의 여인과 이야기를 나눌 때와 같은 의사소통의 가장 이상적인 순간들(요 4장; Chappuis, 1982; Soukup, 2006을 참조하라)이 그러하다. 성경 텍스트에서 이러한 예들은 각각 인간의 의사소통이 가장 잘 이루어질 수 있는 방법에 대한 모델을 보여 준다. 또한 의사소통에 관한 더욱 철학적인 관념들처럼, 이러한 방법론들은 교회에 대한 이해를 암시한다. 그러나 이러한 방법론들이 지닌 이상들은 그리스도의 몸이라 불리는 교회에 더욱 직접적으로 적용된다. 교회는 그리스도처럼 의사소통해야 한다.

도전들

매우 빠른 속도로 사회적 제한이 부여되는 상황은 교회로 하여금 아직까지 신학적으로는 아니더라도 실제적인 측면에서 어떻게 그들이 교회인지 재고하도록 압박했다. 미국과 유럽에 있는 많은 교회에게 이것은 온라인 모임으로의 이동, 미디어화된 커뮤니케이션 방식으로 전환하여 각 개인을 연결하는 시도, 예전 의식에서의 변화, 교회 활동에 있어 변화된 참여 방식, 교회 리더십 관행의 변화를 의미했다. 이 모든 것이 우리가 교회론을 더 깊이 성찰하게 했다. 몇몇 교회는 상이한 예배 방식(대면 방식과 매개 방식), 구성원들과의 다양한 종류의 소통 방법, 다양한 수준의 공동체 참여 형태로 비교적 오랜 시간을 통해 더욱 잘 준비된 스스로의 모습을 발견했다. 한편 다른 교회에게는 그런 변화의 경험이 갑작스러운 충격으로 찾아왔다. 많은 교회는 자신들의 암묵적인 신학적 자의식이 스스로를 이끌어가도록 내버려 두면서 본능적으로 반응했다. 위계적 교회는 여전히 위계적인 상태로 남아 있었고, 친교적 교회는 자신들이 온라인에서 할 수 있는 일들을 계속해 나갔다.

상황과 기술 모두는 한 가지 이상의 선택지를 가능하게 만들었기 때문에, 상황은 서로 다른 교회론들을 강화하기도 하고 약화시키기도 했다. 성사적 실천을 강조하는 성사적 교회의 경우, 교회 폐쇄로 인해 성찬례를 라이브 스트리밍으로 송출하거나 (많은 사람이 케이블 TV에서 했던 것이기는 하지만) 미리 녹화된 성찬례를 방송으로 내보냄으로 '현재 반복 재생'(recreating the status quo)의 폭발적 증가를 가져왔다. 그런 해결방식은 성찬의 실제적 나눔을 빼놓은 것이었다. 하지만 이 교회는 18-19세기의 '영적 성찬'(spiritual communion) 혹은 기도로 이루어지는 상상을 통한 그리스도와 성사적 연합의 관습을 되살렸다. 다른 교회는 화상 회의 서비스를 활용하여 어느 정도 최소한의 회중과의 소통을 만들어 냈다. 그러나 이러한 시도들은 그 실천들이 중심부의 역할을 강화시키는 의사소통을 낳는 위계적 방식을 강화시키는 경향을 보였다. 예를 들면 텅 비어있는 성 베드로 광장에서 드라마틱한 의식들을 통해 가톨릭교회의 지도자로서 교황의 존재가 두드러질 때나 혹은 지역 목회자들이 온라인에서 의식을 거행하거나 온라인 교육을 실시함으로 회중 구성원들의 중심이 될 때가 그렇다. 이와 유사한 일들은 텔레에반젤리즘이나 대형교회적 실천을 경험해 본 역사를 가진, 중심화되었지만 덜 예전적인 교회에서 발생했다. 텔레비전 전도자/목사는 청중들이 실제로 부재하다는 것과 교회 건물 안으로 들어올 수 없다는 것만 빼고는 여전히 중심인물로 남아 있었고 교회적 실천에서도 거의 변화가 없었다.

디지털 예배의 어포던스

교회의 인식에 영향을 준 다른 어포던스는 더 큰 안도감의 형태로 나타났다. 많은 교회 구성원들이 독자적으로 친교, 기도, 사역, 그리고 공동체의 결속을 유지하고자 동일한 기술을 사용했다. 고립된 세상은 사람이 제도적인 장소들로부터 더 긴 시간 떨어져 있는 상태를 유지하는 새로운 방식으로 개인 묵상과 성경 공부를 활성화하는 가정교회에 대한 생각을 불러일으킬 수 있다. 미디어화된 현존(특히 온라인 기술 자원)을 경험한 교회는 고립된 상황을 더욱 쉽게 극복할 수 있었는데, 그 이유는 비록 성사적 현존의 암묵적인 신학적 표지가 더 큰 영향을 미쳤지만 사람이 위계적 매개를 필요로 하지 않고 하나님의 말씀으로 소통하고 서로 교제하는 공동체로서의 교회 혹은 전령으로서의 교회에 대한 개념을 이미 강조해 왔기 때문이었다. 예전적 미술이나 음악의 전통을 가진 교회는 교회 구성원들의 교회론적 정체성을 규정하고자 전통적인 환경과 새로운 재택형 환경 모두에 친숙한 자원들을 갖고 있었다. 그러나 이러한 자료들은 종종 종교적인 것(예술적 이미지, 그레고리 성가, 기독교 찬양 음악 등)을 가리키기 때문에, 다양한 기독교 전통을 가진 교회는 이러한 자료들을 채택하여, 그 교파적 분리가 물리적 장소에서 일어나는 것보다 영향을 덜 미치는 결과를 낳았다.

덜레스의 교회 모델은 여전히 설명에 적합한 용어로 남아 있지만, 위계구조에서 공동체로, 그리고 온라인 현존, (성사 혹은 성찬 거행과는 구분되는 것으로서) 미술과 음악과 같은 '성사', 혹은 '브랜드화'에 기초해서 여러 종류로 식별하는 용어로 바뀌었다. 이 모델들 중 일부는 기존 교회에서 개인별로 혹은 그룹별로 온라인 영성 지원 사이트들과 같은 것을 만들면서 시작되었다. 이러한 모델들은 성사와 지역 목회자들을 거의 강조하지 않는다. 예를 들면 실제로 이 모델에 해당하는 많은 종교 활동들이 지역 목회자들의 영향력이 미치지 않는 곳에서 온라인 기도회 등으로 가족들과 친구들이 모이면서 이루어진다. 이러한 발전은 교회에서 안수받은 성직의 역할에 대한 새로운 이해로 이어질 수 있다.

상황과 기술 모두에 있어 더 많은 어포던스가 여전히 그 역할을 수행한다. 자택 격리 상황은 사람에게 오랫동안 받아들여졌던 활동, 가치, 소비, 사회적 비교에 대한 문화적 이해를 재평가할 수 있는 여지를 주었다. 많은 사람이 속도와 활동의 강제적 변화가 그들이 이전에 어떻게 시간과 에너지를 사용했는지 질문하게 만들었다고 공개적으로 언급했다. 이와 같은 성찰은 종교적 선례와 결과를 다 가지고 있다. 전통적으로 교회는 이러한 성찰을 위해 사순절 혹은 피정의 시간을 마련해 둔다. 그리고 공공 보건 당국에 의해 부여된 고독은 교회적 규율을 강화했다. 다른 한편으로 고독은 종교적 실천 역시 변화시켰다. 예를 들면 주일 아침에 시간과 장소를 의례적으로 사용하는 것이다. 질병 관리의 어포던스는 교회에 관한 서로 다른 경험과 이해를 가져올 수 있다.

기술적 어포던스 VS 신학적 어포던스

교회가 가상 예배 때 사용해 왔던 기술들은 각자만의 고유한 어포던스가 있다. 스크린 테크놀로지는 엔터테인먼트 그리고 관객성과 오랫동안 연관되어 왔다. 우리는 라이브 스트리밍 혹은 TV 녹화 방송, 비디오, 때로는 화상 회의 같은 여러 가지 방식으로 시청한다. 교회가 이러한 기술에 의존하는 것은 관람의 교회론(ecclesiology of viewing)으로 이어질 수 있고, 공동체의 교회론이나 봉사의 교회론으로는 잘 이어지지 않을 것이다. 하지만 기술에 대한 의존은 교회가 어떻게 교회일 수 있는지에 대한 또 다른 쟁점을 제기한다. 이 쟁점은 디지털 미디어를 사용하는 것부터 직접적으로 제기된다. 이에 교회가 보인 반응들은 의도치 않게 디지털 미디어의 불균등성을 부각시킨다(Trappel, 2019). 하지만 교회는 디지털 미디어를 새로운 방식으로 경험했다. 교회 건물과 예배, 그리고 공동체의 상호작용에 대한 접근이 제한된 것은 전 세계적으로 어느 정도는 균등하게 교회에 영향을 미쳤다. 하지만 모든 교회가 가상 모델로 전환할 수 있었던 것은 아니었고, 모든 교회가 (교회 직원 혹은 구성원 측면에서) 디지털 기술 자원과 디지털 연결성을 가진 것은 아니었으며, 모든 교회가 (교회 직원과 구성원 측면에서) 전문성을 가진 것도 아니었고, 모든 교회가 디지털 기술에 접근했던 것 역시 아니었다. 교회의 신앙적 헌신에도 불구하고, 모든 사회와 같이 교회 역시 더욱 불평등한 장소가 되어가고 있는 것이다.

교회 폐쇄에 대한 반응은 많은 종교 집단들이 이론(교회론에 관한 이해)을 커뮤니케이션 관행으로부터 분리시킨다는 사실을 강조한다. 의사소통 관행에서 시작하는 덜레스(1974)의 모델들은 여러 상황들 아래에서 다양한 교회가 어떻게 형성되는지 설명하는 데 여전히 유효하다. 심지어 덜레스의 모델들은 예상치 못한 상황에 처한 교회도 설명한다. 그러나 이후 덜레스의 노력(1989)에도 불구하고 그 모델들은 의사소통 관행을 정확히 반영하지 않는다. 예를 들어 위계적 모델은 분산된 대화형 의사소통에서도 위계적이다. 여기서 의사소통을 신학적으로 성찰하려는 여러 시도들이 교회의 자기 이해를 위한 모델로서의 교회론에 필요한 부분을 보완해 줄 것이다.

철학이나 심리학에 근거한 관념적 의사소통은 발생할 수 있는 의사소통의 범위와 종류로 모델을 만든다. 모든 사람이 듣고 알릴 수 있는 기회를 가질 것을 요구하는 의사소통에 관한 이 신학적 성찰은 교회의 각 구성원들의 평가에 더욱 주목한다. 이는 종교적 실천과 종교적 성찰에 관한 책임이 각 구성원에게 있기에 '아래로부터'의 교회론을 형성한다. 의사소통적 교회를 강조하는 것은 비록 대면 접촉이 없더라도 더 많은 공유, 토론, 개별적 격려를 불러일으키고, 신학적 정교함은 덜하지만 참여는 증진시킬 수 있는 관행으로도 이어진다. 또한 의사소통을 위한 신학적 토대를 다지려는 이러한 방법론은 온라인 교회 혹은 방송 교회의 실천들이 가진 디지털 불평등과 직접적으로 대결한다. 여기서 교회는 자신들의 관행, 커뮤니케이션 기술과 그에 대한 선택들로 우위를 점한 주장들, 그리고 이 모든 것들이 다양한 형태의 교회에 부여하는 가치평가들을 비판적으로 검토할 강력한 동기부여를 찾을 수 있다. 이 방법론은 또한 여러 종류의 의사소통에 관한 실험을 촉발시킬 것이기 때문에, 전통적 장소로서 교회가 다시 개방된 후 의사소통과 교회가 된다는 것이 무엇을 의미하는지에 대한 이해, 이 두 가지 모두를 재구성할 수 있을 것이다. 의사소통 행위는 전통적 교회의 관행이 변화할 수 있다는 것을 우리에게 상기시킨다.

완전한 의사소통자인 그리스도의 모델 따르기

완전한 의사소통자로서 그리스도라는 의사소통 모델은 사람과 교회가 어떻게 살아야 하는지, 사람이 격려를 받을 곳은 어디며, 사람이 서로 어떻게 관계를 맺고, 어떻게 의사소통 행위에 집중해야 하는지에 관한 유형들을 강조하면서 의사소통의 관념 모델을 보완하고 교정한다. 이 모델은 개인을 더 넓은 공동체와 연결시켜야 하는 문제를 다루고, 바티칸 공식 문서에 기록된 것처럼 공동체를 세우고 인류의 진보를 가져오는(1971) 의사소통의 목표를 제시한다. 교회가 폐쇄되기 이전 기독교 교회는 의례적으로, 예전적으로, 언어적으로, 비언어적으로, 미술적으로, 음악적으로, 봉사로, 교육으로, 연구와 기부로 이와 같은 정체성과 인류의 발전이라는 목표를 완수했었다. 의사소통의 관념 모델은 기술적으로 미디어화된 의사소통으로도 여전히 그 명맥을 유지하고 있다. 이 모델은 교회가 어떻게 존재하고, 교회가 비판적 성찰을 필요로 하는 지점이 어디인지에 관심을 집중시킨다. 그리스도-중심적 의사소통은 구속자의 생생한 실재로부터 오는 가치판단적 힘으로 의사소통에 도덕적 차원을 부가한다. 이러한 의사소통의 교회론은 그리스도를 본받는 것에서부터 나온다. 이 교회론은 모든 교회 구성원을 동일한 가치의 기반 위에 둔다.

돌이켜보면 팬데믹 기간에 일어난 예상치 못한 상황들은 교회의 자기이해를 위한 가능성들을 제공하고자 서로 결합하는 두 가지 어포던스를 보여 준다. 첫째, 적절한 교회적 의사소통의 모델과 이론에 있어 교회론의 전통에 의해 제시된 어포던스다. 일반적으로 신학적 자료들에 대한 성찰에서 뿐 아니라 과거 교회의 경험에서 도출된 이 어포던스는 새로운 개념들에 대한 제동장치로, 그리고 가능성들을 발견하기 위한 형성의 도구로서 동등하게 작동할 수 있다. 예를 들어 덜레스의 위계적 모델은 가톨릭교회가 중앙의 권위를 강화하고자 특정한 종류의 방송과 라이브 스트리밍 기술에 적응할 수 있는 자유를 허용했다. 정반대의 방식으로, 덜레스의 전령 모델은 복음주의 교회에게 앞서 언급했던 것과 동일한 방송과 라이브 스트리밍 기술을 초대형 강단(a mega-pulpit)에 수용하도록 만들었다. 가톨릭교회와 복음주의 교회, 이 두 가지 기독교 정체성은 동일한 의사소통 기술을 각자가 지닌 자기 이해와 일치하는 방식으로 사용했다. 어떤 면에 있어 이 기술들은 그러한 자기 이해를 형성하기도 했다. 반면에 완전한 의사소통자로서의 그리스도 개념은 교회의 정체성을 가난한 자들과 연대하는 방향으로 향해 나아갔는데, 이것은 역사적으로 이어져 왔지만 종종 간과되는 것이었다. 이러한 관점은 대화, 경청, 그리고 소그룹의 소통과 같은 새로운 의사소통의 가능성을 가져왔다. 각각의 교회적 전통들은 불확실한 시대에 교회의 행동을 제한할 수 있으며, 이를 과거의 방식으로 향하도록 만들 수 있다. 그러나 그러한 전통들은 또한 위계적, 공동체적, 전령적 감수성들을 더욱 자의식적 방식으로 결합하는 새로운 활동들을 가리킬 수 있다. 둘째, 종교적 목적을 위해 교회가 사용한 의사소통 기술과, 아직 채택되지 않은 기술들은 그것들만의 고유한 어포던스가 있는데, 이는 교회가 스스로를 이해하는 방식에 또 다른 가능성들을 제공할 수 있다. 이러한 기술들 중 가장 최근의 것이라 할 소셜 미디어 인프라는 점대점 의사소통(point-to-point communication: 서로 떨어져 있는 두 고정된 위치에서 무선 링크를 이용해 정보를 주고받는 통신 방식 - 역자 주)과 유사 방송식 의사소통, 이 두 가지 모두를 가능하게 한다. 또한 소셜 미디어 인프라는 동영상, 이미지, 음성, 음악, 문자, 애니메이션 등 멀티미디어 기능을 지원한다. 그뿐만 아니라 소셜 미디어는 중앙집중형 조직화와 독립적 행위 모두를 가능하게 한다. 다시 말해 이것은 교회가 역사적으로 이어져 왔던 예배와 친교의 대면 상호작용과 유사하면서도 완전히 다른 방식으로 소통하도록 만든다. 소셜 미디어의 어포던스는 교회론을 유럽의 고대, 중세, 종교개혁의 상상적 공동체(Anderson, 1983)들과 트리엔트 공의회와 아우구스부르크 신앙고백을 가진 의도적이고 강제적인 공동체들 사이에, 개인적 경건과 수많은 예전 사이에 위치시켜 놓고 고려하게 한다. 최선의 경우 이러한 기술들은 더 큰 연합으로 향하는 길을 열어 주고, 최악의 경우 개인주의 내지 잘못된 일치를 조장한다. 교회적 전통과 기술적 가능성의 어포던스들을 결합함은 각각이 가진 한계를 바로잡아 줄 수 있다. 의사소통 기술이 개인주의를 조장할 수 있는 곳에서 교회론은 공동체라는 개념으로 이에 대응한다. 어포던스가 그런 결과를 보장하지 않지만 그 가능성들을 설명해 준다는 사실은 분명하다.

의사소통이라는 렌즈로 볼 때 교회론에 대하여 폐쇄된 교회가 직면한 실질적인 도전은 두 가지 영역이다. 1) 비매개적 방식과 매개적 방식 모두에 있어 개인적으로 그리고 공동으로 그리스도에게 신실하게 남아 있는 것, 그리고 2) 장소가 없이 더해진 미디어 테크놀로지의 기술적이고 사회적인 어포던스로 교회 됨이 무엇을 의미하는지 성찰하는 것이다. 메이로위츠(1986)가 처음 언급한 것처럼, 장소 개념의 상실은 사람과 사회가 스스로를 이해하는 방식에 극적인 변화를 가져온다. 하지만 종교는 과거에 그러한 장소의 상실에 직면한 경험이 있었다. 바로 바벨론에 의한 예루살렘 성전 파괴 혹은 서구 기독교에 의한 예루살렘 접근 상실이다. 두 가지 경우 모두 신자들은 기술을 통해 장소 상실을 보상받을 수 있었다. 두루마리의 말씀을 통한 에스겔의 성전 재생 그리고 십자가의 길(the Stations of the Cross: 예수 그리스도의 수난과 죽음을 기억하며 묵상하는, 총 14처로 구성된 기도 - 역자 주)에서 십자가로 향하는 길의 의례적 재생이 그러하다. 최근 실제 교회에 접근하는 것의 제한은 여러 가지 형태의 기술로 그 해결책을 잘 찾을 수 있을 것이며, 그로 인해 교회의 자기 이해 역시 확장될 것이다.

참고 문헌

Anderson, Benedict, 1983, *Imagined Communities: Reflections on the Origins and Spread of Nationalism*, London: Verso.

Bonnot, Bernard R., 2001, 'Communication Theology: Some Basics', *Catholic International*, 12(4), pp. 25-27.

Chappuis, Jean-Marc, 1982, 'Samaritan woman: The variable geometry of communication', *The Ecumenical Review*, 34(1), pp. 8-34.

Dulles, Avery, 1972, 'The Church is Communications', *Multimedia International*, 1, pp. 1-18.

Dulles, Avery, 1974, *Models of the Church*, New York: Doubleday.

Dulles, Avery, 1989, 'Vatican II and Communications', in R. Latourelle (ed.), *Vatican II: Assessment and Perspectives. Twenty-five Years After (1962-1987)*, Volume 3, New York: Paulist Press, pp. 528-547.

Gabel, Emile, 1968, 'Communications Media', in K. Rahner (ed.), *Sacramentum Mundi*, New York: Herder and Herder, pp. 387-391.

Hjarvard, Stig, 2008, 'The Mediatization of Society. A Theory of the Media as Agents of Social and Cultural Change', *Nordicom Review* 29 (2), pp. 105-134.

Hjarvard, Stig, 2011, 'The Mediatisation of Religion: Theorising Religion, Media and Social Change', *Culture and Religion* 12 (2), pp. 119-135.

Martini, Carlo M., 1994, *Communicating Christ to the World: The Pastoral Letters*, Kansas City, MO: Sheed & Ward.

Meyrowitz, Joshua, 1986, *No Sense of Place: The Impact of Electronic Media on Social Behavior*, New York: Oxford University Press.

Pontifical Council for Social Communication, 1971, *Communio et Progressio*, www.vatican.va/roman_curia/pontifical_councils/pccs/documents/rc_pc_pccs_doc_23051971_communio_en.html, accessed 6 May 2020.

Scharer, Matthias and Bernd J. Hilberath, 2008, *The Practice of Communicative Theology: An Introduction to a New Theological Culture*, New York: Crossroad Publishing Company.

Soukup, Paul A., 2003, 'The Structure of Communication as a Challenge for Theology', *Teologia & Vida* 44, pp. 102-122.

Soukup, Paul A., 2006, *Out of Eden: 7 Ways God Restores Blocked Communication*, Boston, MA: Pauline Books and Media.

Trappel, Josef (ed.), 2019, *Digital Media Inequalities: Policies against Divides, Distrust, and Discrimination*, Goteborg, Sweden: Nordicom.

4. 해 아래 몇 가지 새로운 것들
: 디지털 교회론에 대한 성사적(Sacramental) 접근

캐서린 G. 슈미트

2020년 사순절 셋째 주일은 특별했다. 그 주일은 내가 페이스북 프로필에 '팬데믹 미사'(Pandemic Masses)라는 이름의 저장 폴더를 생성한 날이었다. 그해 3월, 나는 미국 전역에 내려진 재택 명령으로 인해 쏟아져 나온 다양한 라이브스트림, 업로드된 게시물, 그 외 여러 디지털 콘텐츠들을 수집하기 시작했다. 2020년 봄에 거의 모든 본당들이 폐쇄된 일은 많은 신학자들에게 교회와, 교회가 직면한 디지털 상황과의 관계에 새로운 질문을 제기하게 만들었다. 팬데믹 이전에 수년간 이 주제를 연구해 왔던 우리들에게 이러한 상황은 연구에 새로운 동력을 가져다주었다.

   이 장은 디지털 문화의 맥락에서 교회론에 관한 문제와 성사에 관한 문제를 함께 다룬다. 나는 가톨릭의 관점에서, 특별히 신앙고백적 관점에서 교회 문서들과 신학적 성찰에 기초하여 글을 쓰고자 한다. 그러므로 나는 교회론과 성사 신학(sacramental theology) 사이의 필연적이고 불가분적인 관계를 상정한다. 또한 디지털 문화가 21세기 교회에 있어 지배적인 사회적(그리고 아마도 경제적) 맥락이며, 오늘날 교회에 관한 모든 논의에 있어 반드시 중

요한 위치를 차지해야 함을 가정한다. 비록 우리가 교회 사역에 있어 디지털 문화가 갖는 위치를 거부한다 해도(마치 그러한 일이 실제로 가능하다 하더라도), 우리는 여전히 교회를 형성하고 영향을 미치는 하나의 실재로서 디지털 문화를 고민하고 씨름할 수밖에 없다. 디지털 문화는 이 시대에 교회가 스스로를 이해하는 주요한 맥락이다. 나는 신학자들이 교회의 성사적 삶을 더 잘 이해하고자 디지털 문화를 개념적 유비어로서뿐 아니라 사회학적 실재로서도 진지하게 다루어야 함을 제안한다.

이 장은 교회론적 논쟁이 주로 교회에 대한 더 좋은 이미지와 더 나쁜 이미지에 관한 논쟁들이라는 가정으로 논의를 전개한다. 논쟁의 대상이 되는 교회의 구체적인 측면들 – 서품(ordination), 전례 관행, 교회 구조 – 은 교회의 자기 이해에 대한 은유로 그 기능을 담당하는 교회에 관한 중요한 이미지에서 비롯된다. 에버리 덜레스 추기경은 이러한 은유들을 '모델'이라 불렀다. 이미지, 은유, 모델 – 우리가 교회의 다양한 비전들을 무엇이라 부르든, 이들은 모두 유비적으로 작동한다. 하나님의 은혜를 세상에 매개하는 구조로서 교회는 어떤 하나의 이미지로 완전히 담아낼 수 없다. 덜레스가 말한 것처럼, '이들이 교회의 신비와 부합하는 것은 오로지 부분적이고 기능적이기 때문에, 이 모델들은 필연적으로 불충분할 수밖에 없다'(2002, p. 20). 따라서 신학자들은 물론 그 외의 사람도 자신들 안에서 작동하고 있는 가정들에 기초해서 강조하고, 교정하고, 비판하고자 다양한 유비들을 연구 대상으로 삼아야 한다.

20세기 가톨릭교회는 제2차 바티칸 공의회를 통해 쇄신을 이루면서 민주주의와 자본주의의 정치적이고 경제적인 논리들에 크게 의존했다. 이러한 사실은 가톨릭교회가 공의회 활동에 있어 어찌 되었든 세속적 압력에 무릎을 꿇어야 했음을 의미하지 않는다. 오히려 제2차 바티칸 공의회가 최소한 어느 정도는 자신이 속한 범주의 틀 안에서 작동했다면, 현대 세계(최소한 서구권)에는 정직하게 대응할 수 있었을 것이라는 점은 분명하다. 즉, 이것은 제2차 바티칸 공의회의 역사적 맥락의 특징을 지니고 있는 두 가지, 곧 세계 교회에 대한 인식과 평신도의 참여를 위해 새로운 공간을 만들어 내는 덜 위계적인 교회 구조를 주장하는 형태를 취했다. 나는 오늘날 우리가 세상 속에서 교회의 모습을 상상하는 맥락은 디지털 문화에 의해 큰 영향을 받고 있기에 정확하게 이를 다루지 않고 교회의 비전을 제시하는 것은 불가능하지는 않더라도 정직하지 못한 것이라 생각한다. 디지털 문화와 교회 사이의 관계를 탐구하기 전에, 나는 가장 먼저 20세기의 영향들과 제2차 바티칸 공의회 후 등장한 교회의 비전들 사이의 유비적 관계를 설명하고자 한다.

통공 교회론(Communion ecclesiology)

20세기 후반 가톨릭의 교회론은 제2차 바티칸 공의회에서 나온 내용에 의해 결정되었다. 아주 간략히 정리하자면, 제2차 바티칸 공의회 후 지금까지의 교회론적 성찰이 보여 주는 가장 중요한 특징은 '통공 교회론'이었다. 통공 교회론은 교회 헌장인 '인류의 빛'(*Lumen gentium*)에서 공의회가 제시한 교회 비전을 요약하고, '교회의 신비적, 성사적, 역사적 차원을 강조함으로 단순히 교회를 법적이고 제도적으로 이해하는 것을 넘어서려는 시도를 보여 준다'(Doyle, 2000, p. 12). 이것은 통공 교회론이 하나의 설명만 있지 않다는 것을 의미한다. 데니스 도일은 통공 교회론을 여섯 가지 유형으로 규정하고, '그 체계에 있어서 이 유형들 중 하나를 배제하는 어떤 교회론적 방법론도 "가톨릭"이 되지 못할 것이다'라고 주장한다(2000, p. 19).

여섯 가지 유형의 통공 교회론을 지지하는 사람은 분명 많은 점에서 일치하지 않지만, 도일의 작업은 전체 가톨릭교회론에 대한 그것의 고유한 기여와 함께 그들의 비전들 속에 있는 공통의 주제들을 찾고자 한다. 이러한 교회적 비전의 다양성을 모두 유지하면서, 수많은 논쟁의 근거를 제공하는 쟁점들 중 하나는 바로 성사성(sacramentality)이다. 예를 들어 'CDF'(Congregation for the Doctrine of the Faith, 신앙교리성, 가톨릭교회의 로마 교황청의 9개의 심의회들 가운데 가장 오래된 심위회)와 통공 교회론의 '해방' 유형 모두는 성사의 중요성을 그 핵심으로 두지만, 목적에 있어서는 서로 다르다. 결국 통공 교회론의 모든 유형은 '성사에 대한 공동 참여를 통해 상징적으로 실현되는 가시적 일치의 필요성에 높은 가치를 부여한다'(Doyle, 2000, p. 13). 이러한 성찬례의 초점은 표준화된 성사적 실천을 통해 보편 교회의 중심을 형성하는 동시에 그러한 실천의 장소가 필요하기에 지역성을 강조한다. 성찬례가 지닌 통합시키는 본성은 교회의 관점에서 보면 단순히 사회학적인 것만은 아니다. 성사는 본질적으로 지역 모임에 속한 모든 사람이 다른 지역 모임과 더불어 하나가 될 뿐 아니라 전체 성인들의 통공(the Communion of Saints: 세례받은 모든 이들을 삼위일체의 일치 안에서 하나로 결합시키는 신앙과 사랑의 통교를 말한다 - 역자 주)과 하나가 되는 종말론적 행위이다. 따라서 성사는 시간과 공간 모두를 초월한다.

나는 통공 교회론의 성사적 흐름을 따르고 싶지만, 디지털 문화에 보다 일치된 교회론적 성찰을 요구하는 역사적 관점을 제시하고자 한다. 20세기 가톨릭교회론은 제2차 바티칸 공의회, 그리고 이 공의회 후 나온 신학적이고 목회적인 추론이 절정에 이르도록 수정을 요구했던 다양한 현실들에 대한 반응으로 이해할 수 있다. 물론 교회는 자신이 처해있는 세상에 언제나 반응해야 한다. 비록 교회가 스스로를 어떻게든 (그리고 불가능하겠지만) 역사를 초월하는 존재로 상상함으로 그렇게 반응해야 할 필요성에 저항하더라도 말이다. 그러나 제2차 바티칸 공의회와 공의회 후의 가톨릭교회는 이러한 응답에 훨씬 더 주도적이었으며, 그 교회론적 성찰들은 특별히 현대 세계의 기회와 도전에 의식적으로 참여한 하나의 전통과 공동체를 반영한다.

제2차 바티칸 공의회와 그 공의회가 옹호하는 교회론이 주장하는 두 가지 주요한 현실성은 정치적 질서와 경제적 질서다. 이러한 현실성은 그 공의회의 문서인 현대 세계의 교회에 관한 사목 헌장(The Pastoral Constitution on the Church in the Modern World)인 '기쁨과 희망'(Gaudium et Spes)에서 가장 분명하게 드러난다. 하지만 이러한 관심은 그 공의회의 중요한 교회론 문서인 '인류의 빛'을 포함한 공의회 기획 전체에도 스며들어 있다. 도일은 1992년에 라칭거가 한 말을 인용하면서 우리에게 다음과 같은 사실을 상기시켜 준다. 가톨릭시즘(Catholicism)은 '궁극적으로 오직 단 하나의 기초 교회론'이 있으며, 그것은 제2차 바티칸 공의회에서 나온 비전인 통공 교회론이다. 비록 현재 이 문서는 50년이 지났지만, 도일에 의하면, 이 문서는 제2차 바티칸 공의회 후 교회론적 접촉점으로 사용할 수 있다. 우리는 통공 교회론이라는 '하나의 기초 교회론'에 관한 성찰의 다양한 흐름들 가운데 현재 교회론적 대화를 위치시킬 수 있는 것이다.

서품, 교회 구조, 전례를 위한 원천 등에 관한 질문처럼 가톨릭교회 안에서 통공 교회론에 관하여 이야기할 것은 정말 많다. 그러나 통공 교회론에 대한 다양한 해석들은 반드시 20세기 상황의 현실, 특히 정치적 질서와 경제적 질서에 대한 응답으로 이해해야 한다. 혹자는 지난 세기의 길고 격동적인 이야기를 하나의 정치경제적 격변, 심지어 혁명으로까지 요약할 수 있을 것이다. 아마도 이러한 역사의 '승자들'은 바로 민주주의와 자본주의일 것이다. 이 둘 모두는 세계화 덕분에 세계화의 일부로 등장했다. 그 결과, 제2차 바티칸 공의회는 교회를 '하느님'이나 '은총'과 대비되는 추상적인 범주가 아니라 '세상'과 싸우는 하나의 역사적이고 문화적인 실재(혹은 문화적 실재의 집합체)로 이해했다. 이러한 세계에 대한 인식은 정치적인 것과 경제적인 것이라는, 서로 얽혀 있지만 선명하게 구분되는 두 가지 측면을 지녔다. 제2차 바티칸 공의회의 교회론이 가진 정치적 측면은 전후 민주적 이상이라는 맥락을 반영하는 반면 경제적 측면은 유럽과 미국에서 1960년대의 에토스의 중심이 될 급증하는 세계적 상상력의 맥락을 반영한다.

민주적 가치와 세계화

제2차 바티칸 공의회는 '교회의 선교는 세계의 특수한 상황들에 더욱 온전하게 대응한다'고 구상했다(Lumen Gentium, 1964, para. 36). 공의회의 문서는 이 '특수한 상황들'을 열거하지 않는다. 그러나 기억해야 할 것은 이 공의회가 제2차 세계대전 종결과 대량학살 그리고 핵폭탄 사용 후 곧장 일어났다는 것이다. 또한 전 세계에서 식민주의의 족쇄로부터 벗어나고자 하는 계속되는 투쟁의 한가운데서 일어났다. 따라서 최소한 교회는 최악의 인권적 잔악 행위와 냉전의 긴장이 고조되던 상황에 뒤이어 등장한 새로운 세계 질서에 대응해야만 했다.

이처럼 세상에 '대응'하기 위한 보다 일반적인 추동으로부터 전례적 그리고 구조적 개혁들이 뒤따라 나왔다.[1] 통공 교회론은 모든 지역 교회(본당들)가 주교의 질서를 통해, 더 넓게는 로마의 주교(교황)를 중심으로 연결되는 통공들 중의 통공을 가정한다. 따라서 상상해 보건대, 교회는 상대적으로 적은 수의 성직자들이 상부에 있고 많은 수의 평신도들이 하부에 있는 위계적인 삼각형보다는, 중심에 로마의 주교가 있고 지역 본당들의 주교들이 바퀴의 살이 되는 하나의 바퀴에 가까워야 한다. 이 구조는 그 자체로 교회 조직을 군주적으로 이해하는 것에서 벗어나려는 변화를 특징으로 한다. 이는 이상적으로는 로마 주교를 통해 통일되지만 정확하게는 제국과 같은 방식이 아닌 진정으로 세계적인 교회에 관한 공의회의 인식을 반영한다.

위계적 모델로부터 벗어나는 이러한 변화를 강화하기 위해서, '인류의

---

1   라틴어로 'respondere valeat'는 바티칸에 의해 '대응하다'(correspond)로 어렵게 번역되었다. 아마도 여기서는 '강력하게 대처하다'가 더 나은 번역이 될 것이다.

빛'은 어느 정도 교회 안에서 평신도의 역할을 강화하고자 하는 평신도 신학을 강조한다. 교회의 '바퀴' 모델은 성찬 외에도 세례를 통해 그리스도의 몸을 이루는 구성원들 사이의 연결에 의존한다. 바퀴 모델은 성직을 선천적으로 소명에 있어 더 특권을 가진 것으로 이해하는 것과는 대조적으로, 소명을 한 사람에게 주어진 세례를 통한 부르심을 살아내는 다양성으로 더욱 온전하게 이해할 수 있는 기초를 제공한다. '인류의 빛'에 따르면,

> 삶의 계층과 의무는 많지만 거룩함은 하나 - 곧, 하느님의 성령에 의해 감동을 받은 모든 자들, 그리고 성부 하느님의 음성에 순종하고 신령과 진정으로 그를 예배하는 모든 자들에 의해 함양되는 성스러움이다. 이러한 자들은 그리스도의 영광에 참여하는 자로서 합당하고자 가난한 그리스도, 낮아져서 십자가를 지신 그리스도를 따른다. 모든 사람은 소망을 불러일으키고 선행을 통해 역사하는 살아 있는 믿음의 길에서 자신에게 주어진 개별적인 은사들과 의무를 따라 주저함 없이 걸어가야 한다(para. 41).

(우연하게도 세례의 중요성에 대한 이러한 강조는 또한 제2차 바티칸 공의회가 가톨릭이 아닌 다른 기독교 전통들을 향해 더욱 생산적이고 관대한 성향을 갖게 했다.) '인류의 빛'은 이를 '거룩함을 향한 보편적 부르심'(Universal Call to Holiness)이라 칭했고, 이는 평신도 신학의 기초가 된다.

거룩함을 향한 보편적 부르심과 평신도의 정당한 지위에 대한 공의회의 강조는 특별히 제2차 세계대전 후 하나의 정치적 이데올로기로서 민주주의의 힘에 대응하는 교회론을 반영한다. 역사가 얀 베르너 뮐러가 말했듯이, '유럽의 20세기는 … 민주주의의 시대였다'(2011, p. 4). 심지어 파시즘과 국가사회주의조차도 '민주적 가치들의 목록을 사용했다'(p. 4). 하지만 이것은 단순히 교회가 이러한 민주적 가치들을 교회의 자기 이해에 도입했다는 것을

말하고자 함이 아니다. 비록 인류의 빛을 해석하는 몇몇 사람 중에는 정말 그렇게 하기를 원했을 사람이 있었지만 말이다. 대신 인류의 빛은 자유민주주의의 '소극적 자유'(negative freedom)에 관한 논쟁거리인 교회에 참여하는 것을 신학적으로 설명한다.

제2차 바티칸 공의회는 불간섭에 무게를 두기보다 다양한 은사들이 결실을 맺기 위해 서로 의존하고, 이러한 의존은 서로에 대한 의무를 필요로 한다는 보충성의 공동체를 구상한다. '가톨릭 신앙에 힘입어 각 개별적 지체는 자신의 특별한 은사들로 전체 교회의 다른 지체들의 선에 기여한다. 은사를 공동으로 나누고 일치 안에서의 충만함을 얻기 위한 노력을 통해, 전체 그리고 부분들로서 각 지체는 성장해 나간다'(Lumen Gentium, 13). 제2차 바티칸 공의회는 '하나님의 백성'이라는 이미지를 사용하여 이러한 다양성 속에서의 일치를 강조한다. 이러한 이미지는 또한 가톨릭교회론에 어느 정도 민주적 논리를 부여하지만 교회론의 역사적 근거와 신학적 근거, 이 두 가지 모두에 있어서는 민주적 이데올로기를 거부한다.

자본주의 : 지구촌을 인식하기

20세기의 민주적 가치들의 승리와 함께 소비자본주의가 번성했는데, 이는 민주적 이데올로기에 내재된 개인의 선택과 자유를 강조함으로 크게 성장했다. 2차 세계대전 후, 2개의 (겉으로 보기에) 모순되어 보이는 이데올로기들이 세계 경제 지형을 장악했다. 그것은 서구 (미국식) 자본주의와 동구 (소련식) 국가 사회주의였다. 서구 자본주의의 씨앗은 유럽의 식민지화와 그것이 가져온 궁극적이고 끔찍한 몰락에 의해 뿌려졌다. 2차 세계대전은 서구권이 받아들일 수 없는 이데올로기적 입장을 만들어 냈다. '반인종주의와 반제국주의'라는 민주적 가치는 유럽의 지도자들이 '민주적 이상에 관하여 말만

앞세웠던 것에 스스로 발목 잡히게 되었음'을 의미했다(Müller, 2011, p. 155).[2] 전 세계 수많은 사람이 직면했던 식민지 통치로부터 나온 이 복잡한 전환이 제2차 바티칸 공의회의 배후에서 자리하고 있었다. 식민주의 안에서 교회가 저지른 행태는 말할 것도 없고, 식민주의의 죄악을 깨닫는 데까지는 수십 년이 걸릴 것이었다. 그러나 제2차 바티칸 공의회 후 그리고 그동안의 교회의 자기 이해가 유사-민주주의적(pseudo-democratic)으로 변한 것은 '제국'에 대해 증가하는 전 세계적 규모의 불관용을 반영하고 있다.

'인류의 빛은 그리스도이시다.' '인류의 빛' 문서는 이 문장으로 시작한다. 이 문서의 첫 단락에서는 '온 인류', '온 세상'을 언급하고, '세계가 처한 현대의 상황'은 사람들이 '다양한 사회적, 기술적, 문화적 유대로 인해 오늘날 더욱 가까이 연결되어 있다'고 설명한다(Lumen Gentium, 1964, para. 1). 이 문서의 다른 곳에서는 '우리 시대의 특별한 상황들'을 이야기하는데, 무엇이 이러한 상황들을 특별하게 만드는지는 정확하게 언급하지 않는다(para. 30). 이 문서는 또한 교회의 선교에서 필수적인 역할을 감당하는 평신도의 맥락에서 이러한 상황들을 이야기한다. '기쁨과 희망' 그리고 '인류의 빛'은 평신도들이 다양한 직업들 (그리고 결혼한 가톨릭 신자들의 경우, 단순히 재생산자만은 아닌) 가운데 독특한 공헌을 한다는 것을 인정한다. 교회가 사회적 그리고 정치적 문제들에 더 깊이 파고들면서, 제2차 바티칸 공의회의 주교들은 평신도가 가진 전문성의 온전함을 인정했다.

> 평신도들은 그들의 사목자들이 늘 전문가들이라서 아무리 복잡한 문제라도 손쉽게 구체적인 해결책을 줄 수 있다거나 혹은 이러한 일들이 사목자들만의 임무라고 생각해서는 안 된다. 오히려 평신도들은 기독교의 지혜로 인해 빛을 받고

---

2 뮐러는 이 점에 있어서 유럽 지도자들의 자기 성찰에 매우 관대한 입장을 취하는 듯하지만 이들이 가진 내적 모순에 대한 그의 지적은 매우 중요하다.

교도권의 가르침에 세심한 주의를 기울여 자신만의 고유한 역할을 감당해야 한다(Gaudium et Spes, para. 43).

평신도들은 전문성과 은사들을 통해서 '기독교 정신을 가지고 세상 속으로 들어가야 한다'(Gaudium et Spes, 1965, para. 43). 이처럼 외부로 향하는 관심은 이 공의회의 여러 문서들, 특히 비기독교와 교회의 관계에 대한 선언(the Declaration on the Relation of the Church to Non-Christian Religions)이라 불리는 문서인 '우리 시대'(Nostra Aetate)에서 잘 나타나는 세계를 향한 관점과 상반된다. 이 관점은 인류의 빛의 2장에서도 볼 수 있으며, 시대정신을 또한 반영하고 있다. 그때의 시대정신을 말하자면, '1960년대 새로운 인식은 캐나다의 철학자 마샬 매클루언이 "지구촌"(a global village)에 대한 소속감으로 설명한 것에 뿌리를 내리고 있었다'(Clifford and Gaillardetz, 2012, pp. 184-185). 공의회는 '인류 공동체의 일치와 하나님의 구원 계획의 보편성'을 주장함으로 재차 세계에 대한 이 인식을 신학적으로 뒷받침한다. 1960년대에 많은 이가 전자의 경우를 따랐지만, 교회는 '모든 인간이 가진 공통의 기원과 운명'을 주장하며, 인권에 관한 담론에서 종종 결여됐던 (결여하고 있는) 신학적 목적론을 제공한다(Clifford and Gaillardetz, 2012, p. 185).

1960년대에 교회는 경제의 측면에서 '지구촌'이 가져온 모든 파급 효과를 전혀 볼 수 없었다. 세계화된 자본주의는 식민지배에 그 뿌리를 두고 있다. 비록 많은 식민지들이 유럽 제국들로부터 독립했지만, 여전히 이들을 억압하고 지배하고 있는 자본주의 시스템에 사로잡혀 있었다. 공의회는 세계가 경제를 중심으로 변화하고 있음을, 그리고 이러한 변화들은 공의회 이전의 교회론이 가진 유럽 중심적 관점을 정면으로 반박할 인간과 문화에 대한 새로운 인식을 의미한다는 것을 알고 있었다. 그러나 공의회의 주교들은 단순하게 말해 교회의 선교를 위해 - 그리고 그것의 다양한 실현에 있어서

– 세계화를 활용하는 것에 지나치게 낙관적이었던 것 같다. 세계자본주의는 식민주의를 피지배층의 존엄을 유지하는 경제 질서로 바꾸는 것이 아닌, 전 세계의 다양한 민족들, 특히 가난한 계층의 문화, 토지, 삶을 종속시키고 말살시키기 위한 새롭고 창의적인 수단인 것으로 드러났다.

모든 교리들, 심지어 계시된 교리조차도 그것이 알려지고, 설명되며, 논쟁이 벌어지는 역사적 특수성의 영향 아래 있다. 제2차 바티칸 공의회는 이러한 현실성에 대한 유용한 사례 연구이며, 그동안 나는 이 공의회의 교회론적 관점이 민주주의의 정치적 이데올로기와 자본주의의 경제적 이데올로기라는 맥락, 특히 탈식민주의의 세계화된 형태라는 맥락에서 설명될 수 있다는 것을 주장해 왔다. 그때 가톨릭교회는 이러한 20세기의 현실과 대결해야 했고, 그렇게 하면서, 동시에 이러한 현실에 '부합'(correspond)하기를 원해야 한다고 주장하기도 했다. 이는 두 가지 사실을 의미했다. 1) 제2차 바티칸 공의회는 민주적 참여와 글로벌 인식과 같은 특정한 가치들을 수용했지만, 이 가치들을 신학적 방식으로 재구성했다. 그리고 2) '인류의 빛' 그 후 등장한 교회론은 주로 이러한 가치들을 범주화하여 해석적 논쟁에 포함시켜 버렸다. 이것은 지난 50년간 가톨릭교회론 안에서 이루어진 많은 해석들과 논쟁들을 비난하려는 것이 결코 아니다. 이러한 범주들은 사실상 그것이 역사적 구성물인 한에 있어 교회의 비전을 위한 선택사항들이지 요구사항들은 아니라는 것을 제시할 뿐이다. 그러므로 교회론적 논쟁들은 종종 객관적 현실이 아닌 유비에 이르게 된다. 이러한 유비들은 다양한 구체적 논쟁들을 위한 상상의 틀로 작동하는 이미지들의 형태를 취한다. 결국 교회론이란 특정한 교회적 실천과 구조들에 영향을 미치는 교회의 중요한 이미지 혹은 모델에 관한 것이다. 요약하자면, 교회론의 모델은 은유적이다. 예를 들어 평신도와 성직자의 관계에 관한 질문에 있어 '민주주의'는 궁극적으로 하나의 은유로 적용되거나 평가될 수 있을 뿐이다. 왜냐하면 '교회의 가장 심오한 실재는 정치적 유비의 방식으로는 파악될 수 없기 때문이다'(Gaillardetz, 2012, p. 44).

이제 우리는 교회론을 논할 때 역설 속에서 그 작업을 진행하게 된다. 교회의 '가장 깊은 실재'는 우리가 만든 모든 역사적 범주에 저항하는 동시에 교회를 지상에 있는 하나의 기관으로 이해할 수 있도록 만들어 주는 것 외에 다른 것은 없다. 이러한 사실은 그리스도가 종말론적 예표로 세운 교회에 대한 좋고 나쁜 유비, 은유, 이미지들로 우리가 씨름해야 함을 의미한다. 50년이 지난 후, 제2차 바티칸 공의회의 교회론은 그것이 가톨릭교회론을 주도해 온 만큼 20세기의 특징을 지니고 있으며, 이제 21세기 디지털 시대에 교회가 무엇을 '의미하는지'를 생각하는 우리들에게는 새로운 도전을 제시한다.

제2차 바티칸 공의회는 사려 깊은 신학적 토대 위에 현대 세계의 교회에 대한 비전을 제시했다. 하지만 이 공의회의 주교들은 이들이 처한 시대의 사회적 상상력과 범주에서 벗어나지 못했는데, 이는 공의회 문서의 아주 많은 내용들에 스며들어 있는 하나의 새로운 세계적 인식으로 결합된 민주주의와 자본주의의 논리로서, 서구에서는 지배적인 것이었다. 따라서 오늘날의 가톨릭교회론은 공의회의 교회론이 민주주의와 세계자본주의를 반영했던 방식으로 디지털 문화를 반영해야 한다. 말하자면 21세기 교회론은 현재 세상 속에서 교회와 교회의 선교가 직면하고 있는 중요한 현실인 디지털을 반드시 다루어야 한다.

성사성, 매개, 디지털

종종 성사는 디지털 문화에 관한 신학적 논쟁에서 가상적 공동체 형태들의 자연적 장애물로 제기된다. 성사는 정의상 물리적 혹은 물질적인 것이며, 이런 이유로 표면상으로는 열악하지 않은 온라인 교회 생활을 상상하는 데 문제들을 제기하는 것처럼 보인다. 신학자 자나 베넷이 언급한 것처럼, '인터넷은 하나님의 은총을 나타내는 성사나 다른 물리적 형태의 물질에 참여하기 위한 적절한 장소는 아닐 것이다'(Bennett, 2010, p. 49). 이러한 내용은 2020년 팬데믹 기간에 목회자들과 신학자들에게 있어 특히 중요한 주제였다. 심지어 가톨릭 신자들조차 몇 주간 영성체를 받지 못한 후, 온라인 성사의 가능성을 숙고하기 시작했다. 프란치스코 교황은 비록 온라인 수단이 영적 친교를 만들어 낼 수는 있지만, '교회는 아니다'라고 말하기까지 하면서 성사 모임이 없음에 한탄했다(Pope Francis, 17 April 2020). 디지털 생활을 생각하는 기독교 신학자라면 누구라도 성육신이 지닌 더욱 실체적인 신학적 자리에서 발생하는 실질적인 성사의 '문제'를 깊이 고민해야만 한다. 하나님이 그리스도 안에서 육체를 취하셨다는 기독교의 핵심적 주장을 감안할 때, 신학자들은 디지털 문화에서 '육체 없음'(fleshless)으로 보이는 현실성에 어떻게 접근해야 하는 것일까?

이러한 문제의식은 위에서 다루었던 제2차 바티칸 공의회의 교회론적 관점에서 고려하는 것이 적합하다. 도일의 주장에 의하면, 통공 교회론에서 '통공'(communion)은 '인간과 하나님 사이의 친교'를 포함하여 '교회의 통일성과 다양성 사이의 역동적이고 건강한 상호작용' 등 여러 가지 의미를 지닌다(Doyle, 2000, p. 13). 이 두 가지 차원 모두 성사 신학에 기초하고 있다. 즉 '통공 교회론은 성찬에 공동으로 참여함을 통해 상징적으로 실현되는 가시적 일치에 대한 필요성에 높은 가치를 부여한다'(Doyle, 2000, p. 13). 성찬에 공동으로 참여하는 것은 지역적 차원에서 단순하게 그리스도 안에서 그리스도의 몸의 지체들이 서로 연결되는 것만을 의미하지 않는다. 이것은 성사 안에서 서로 친교를 이루는 주교들을 대표하는 사제들의 성사적 직무를 통해서 지역 공동체들을 서로 연결시킨다.

혹자는 교회를 위해 디지털 논리와의 연속성을 발견하려는 시도 가운데 교회의 전통이 가진 다른 요소들을 강조하고 싶은 충동을 느낄 것이다. 우리는 도일이 언급한 '친교'의 더욱 일반적인 의미를 지적하거나, 전통적인 성령론과 성사적 공동체의 경계를 초월하는 교회에 관한 이해를 위해 초기 기독교 교회의 관행을 더욱 파고들 수 있을 것이다. '영적 친교'에 대한 강조는 디지털 수단을 통한 교회를 상상할 수 있는 한 가지 방법이다. 종종, 그러한 친교는 성사적 경륜이 가진 '진정한' 친교에 대립하고 위배된다. 그러나 나는 디지털 시대에 교회가 스스로를 이해하는 방식을 위한 최선의 틀을 찾아내는 것은 바로 이 성사적 상상력 '안에' 속해 있는 것임을 제안한다.

우리가 계속해서 가상 공간을 성사적 상상력과 상반되는 것으로 상상한다면, 우리는 교회의 선교를 더 진전시키고 교회의 은총의 신학에 신실하게 남아 있도록 만드는 확고한 디지털 교회론을 결코 옹호할 수 없을 것이다. 가상 공간은 인간의 오랜 매개 활동의 역사에 속한 또 다른 측면에 불과하다. 의사소통하는 것은 인간적인 것이며, 다른 누군가와 연결되기 위한 방법들을 끊임없이 찾는 것은 우리 인간의 본성이다. 이 창조적 충동은 우리가 가진 '하나님의 형상'(imago Dei)의 일부이며, 우리는 하나님의 형상으로 창조되었다. 신자들이 수백 년간 자신의 창조주와 연결되고자 혁신을 거듭해 온 것은 극히 자연스러운 일이다. 매개는 일반적으로 종교의 본질이며, 특별히 가톨릭의 성사적 상상력의 본질이기도 하다. 성사, 그리고 피조 세계를 성사로부터 나오는 하나님의 은총이 주입된 것으로 이해하는 비전은 의례, 서사, 사회적 역학 및 물질적 실재로 구성된 생태계다. 이 생태계의 중심에는 하나님과 인간 그리고 피조 세계를 연결시키는 매개적 그물망이 있다. 디지털 문화는 현대적 행태의 매개이며, 비록 매개가 다소 비–물리적 (그리고 성육신과 비교했을 때 문제가 되더라도) 이라 주장하고 싶더라도, 그것은 '또 다른 방식'으로 물질적이다. 가상 공간이 물질적 – 시각적 단서, 소리, 장치들의 감촉성 – 일 수 있는 방식이 성사의 체계에 있어 '충분'하지 않다는 것은 사실일 수 있다. 그러나 가상 공간이 비-물질적이라는 것 역시 사실이 아니다. 디지털 방식의 생산과 소비는 언제나 인간의 몸을 필요로 한다. 하지만 그것은 들을 수 있는 귀, 타이핑할 수 있는 손가락, 보여줄 수 있는 얼굴, 볼 수 있는 눈만 포함하는 것이 아니다. 심지어 디지털 방식으로 상호작용하고자 물리적 움직임을 최소한으로 사용하는 사람조차 자신을 하드웨어와 연결할 방법을 찾아야 한다. 온라인 상태가 되는 것은 신체적 행위이다.

디지털-신학적 상상력

이 특별한 시기는 매개에 대한 교회의 의존과 훨씬 더 넓은 역사적 관점에서 디지털 생활에 대한 이해를 추구하는 순간이어야 한다. 디지털 문화는 민주주의 그리고 세계화와 마찬가지로 세 가지 요소 곧 성사성, 매개, 디지털이 어떻게 서로가 세상에서 최선의 방법으로 관계를 잘 맺을 수 있는지 명시적으로 혹은 암묵적으로 주장하고, 그에 한에서 교회를 향해 민주주의와 세계화 같은 개념에 대한 동일한 도전을 제기한다. 제2차 바티칸 공의회는 민주적 가치들에는 응했지만, 교회는 민주주의가 아니다. 공의회는 새로운 글로벌 인식을 반영했지만, 교회는 '지구촌'이 아니다. 이처럼 교회와 신학자들 역시 디지털 시대와 이 새로운 패러다임 속에서 교회의 의미가 무엇인지를 다루어야 하며, 동시에 교회는 단순히 인터넷에 예수를 더한 것이 아님을 깨달아야 한다. 지금까지 전자에 대한 적절한 신학적 노력 없이 후자에 대한 지나치게 많은 주장들이 난무했다.

비록 프란치스코 교황은 2020년 팬데믹 기간에 교회가 온라인으로 전환한 일을 한탄했지만, 그가 제기한 '만남'이라는 중요한 주제는 인터넷이라는 맥락 안에서 신학적 가능성이 풍부하다. 프란치스코 교황은 틀림없이 좀 더 '대면적인' (더 좋은 표현을 찾을 수 없기 때문에) 만남을 염두에 두었을 것이다. 때때로 도시가 붕괴되어 신체적으로 접촉할 수 없고 만날 수도 없는 상황은 양심의 마비와 일부 현실을 무시하는 편향적 분석으로 이어질 수 있다 (Francis, 2015, para. 49). 그러나 세계 소통의 날(World Communications Day)에 프란치스코 교황은 첫 번째 메시지에서, 인터넷이라는 맥락에서의 만남에 초점을 맞추었다. 이 훌륭한 연설에서, 교황은 인터넷을 가리켜 '하나님으로부터 온 선물'이라 불렀는데, 이는 교황청 사회홍보평의회(Pontifical Council for Social Communications)가 명시한 더욱 낙관적인 문서를 상기시킨다. 교황은 이렇게 말했다.

> 만남의 문화는 우리가 주는 것뿐 아니라 받을 준비가 되어 있어야 함을 요구한다. 미디어는 특별히 이 부분에 있어서 인간 의사소통의 네트워크가 전례 없는 발전을 이룩한 오늘날 우리에게 큰 도움을 줄 수 있다. 특별히 인터넷은 만남과 연대를 위한 무한한 가능성을 제공한다. 이것은 진정으로 좋은 것, 곧 하나님으로부터 온 선물이다(Pope Francis, 1 June 2014).

프란치스코 교황은 통공 교회론의 필요성과, 오랜 시간 동안 교회의 자기 이해가 가진 상상적 연대를 촉진시키기 위해 디지털 문화 안에서 인터넷의 가능성을 인정한 듯 보인다. 특별히 제2차 바티칸 공의회 후 통공 교회론을 주장하며, 교회는 – 과거와 현재, 가까운 곳과 먼 곳에 이르는 – 모든 지체들이 성사적 경륜으로 연결되어 있다고 주장한다. 예를 들어 성인의 통공에 관한 모든 개념들은 시간과 공간을 초월하는 교회에 관한 이해에 기초한다. 이것은 보편적이고/가톨릭적인(catholic/Catholic) 감수성이다. 교회는 어떤 개별적 구성원이나 지역 공동체가 직접적으로나 현재적으로 경험될 수 있는 것 안에서 완전히 현존하기도 하고 완전히 부재하기도 한다. 가톨릭교회론에서 지역적인 것은 보편적인 것 없이 존재할 수 없으며, 보편적인 것은 지역적인 것 없이 존재할 수 없다. 그러므로 모든 교회론적 성찰은 반드시 현존과 부재의 변증법을 깊이 탐구해야 한다. 성사적인 것과 교회론적 상상력 사이에 있는 개념적 연결고리를 발견할 수 있는 지점이 바로 이 변증법 안에 있다. 내가 이미 주장했듯이, 이 변증법을 칭하는 또 다른 방식은 '가상'이라는 범주를 통해서다. 가상적인 것은 기독교의 중심에 자리하고 있다. '현존과 부재 사이의 긴장은 우리가 성육신에 비추어 세상 속에 계신 하느님을 어떻게 이해해야 하는지에 대한 것이다'(Schmidt, 2020, p. 67). 아마도 우리는 육체적 몸을 강조하는 바로 그 성육신 때문에 교회에 관한 이해는 어떻게든 디지털 은유를 배제시킨다고 주장하고 싶을 것이다. 그러나 이것은 성육신의 신비를 환원시키고 심지어 단성론으로 향하는 경향을 가져올 것이다. 성육신에 관한 더욱 확실한 이해는 그 중심에 있는 역설을 깊이 파고들어, 예수 그리스도의 인격을 통해 이 세상에 하나님의 은총의 신비를 밝히기 위한 새로운 개념적 틀을 끊임없이 모색한다.

결론

교회는 스스로를 계시의 초월적 진리와 역사적 변화 사이를 매개하는 공간으로 이해한다. 계시는 특정한 역사적이고 사회적인 맥락들 안에서 해석되고 실현되어 왔다. 교회의 초월적 본성을 강조하는 여러 이미지 혹은 모델은 교회가 과도하게 스스로를 세상에 적응시키려는 유혹을 바로잡는 역할을 하지만 결국 교회는 자신을 이해 가능하도록 만들기 위해 어느 정도는 세상의 용어들로 스스로를 이해하는 방식을 만들어 내야 한다. 여기서 나는 제2차 바티칸 공의회의 '하나의 기본적 교회론'이 민주주의와 자본주의라는 지배적 이데올로기들에 대한 반응임을 보여 주려고 했다. 따라서 21세기 교회론은 반드시 그 공의회에서 도출된 교회론의 역사적 변곡에 주의를 기울여야만 하며 디지털 문화라는 맥락에 '일차적으로' 대응하는 교회를 구상해야 한다. 더 나아가 이 디지털 문화는 기독교 전통에 있어 이질적인 것이 아니며, 만약 우리가 매개에 대한 더욱 일반적인 인간의 충동으로 역사적 순간과 전통 둘 모두를 이해한다면, 특별히 교회의 성사적 삶에 있어서도 그러하다는 것을 알게 될 것이다.

참고 문헌

Bennett, Jana, 2010, *Aquinas on the Web? Doing Theology in an Internet Age*, London: T&T Clark.

Clifford, Catherine E. and Gaillardetz, Richard R., 2012, *Keys to the Council: Unlocking the Teaching of Vatican II*, United States, Liturgical Press.

Doyle, Dennis, 2000, *Communion Ecclesiology: Vision and Versions*, Maryknoll, NY: Orbis Books.

Dulles, Avery Cardinal, 2002, *Models of the Church*, Expanded edition, London: Doubleday.

Francis, 2014, 'Communication at the Service of an Authentic Culture of Encounter', Message for the 48th World Communications Day, www.vatican.va/content/francesco/en/messages/communications/documents/papa-francesco_20140124_messaggio-comunicazioni-sociali.html.

Francis, Pope, 2015, '*Laudato Si*', www.vatican.va/content/francesco/en/encyclicals/documents/papa-francesco_20150524_enciclica-laudato-si.html.

Muller, Jan-Werner, 2011, *Contesting Democracy: Political Ideas in Twentieth-Century Europe*, New Haven, CT: Yale University Press.

Schmidt, Katherine, 2020, *Virtual Communion: Theology of the Internet and the Catholic Sacramental Imagination*, Lanham, MD: Lexington.

Second Vatican Council, 1965, *Gaudium et Spes*, www.vatican.va/archive/hist_councils/ii_vatican_council/documents/vat-ii_const_19651207_gaudium-etspes_en.html.

Second Vatican Council, 1964, *Lumen Gentium*, URL: www.vatican.va/archive/hist_councils/ii_vatican_council/documents/vat-ii_const_19641121_lumen-gentium_en.html.

PART 2

➜ 온라인 전환에서 배운 교훈

▶ *Ecclesiology for a*
DIGITAL CHURCH

5. 자가 격리를 통해 계시된 교회에 관한 이해
: 하나님의 백성을 다시 상상하다

하이디 A. 캠벨

나는 거의 25년간 온라인 종교 공동체의 형성과, 어떻게 교회와 기독교 지도자들이 인터넷과 여러 형태의 디지털 미디어에 반응해야 하며 또 이를 어떻게 사용해야 할지 연구하고 있다. 나는 이러한 연구를 통해 종교가 온라인상에서 어떻게 작동하는지, 그리고 이와 같은 신앙 행위가 동시대의 기독교 단체들을 어떻게 지탱하고 도전을 주는지에 대해 많은 논평을 해 왔다. 연구 초반에 내가 배운 중요한 교훈들 중 하나는 나의 박사 연구에서 나왔다. 나는 미국과 유럽에서 이메일로 소통하는 기독교인들로 구성된 그룹들의 구성원들과 함께, 이들이 기독교 공동체의 참된 표현으로서 자신들의 이메일 방식의 참여를 어떻게 이해하는지 알아보고 묘사하고자 온라인과 오프라인 방식으로 민족지학 연구를 수행했는데, 이를 위해 1990년대 후반 4년을 보냈다. 디지털 기술은 텍스트 전용의 비동기 통신(asynchronous communication) 시대 이래로 고도의 상호작용적이고 창의적인 소셜 미디어와의 협업 플랫폼으로 변화해 왔다. 일반적으로 대부분의 사람은 더 이상 온라인 혹은 오프라인 둘 중 어느 한쪽 공간만 관여하거나 생각하지 않는다.

어디서나 존재하는 디지털 미디어의 편재성은 우리의 의사소통적 맥락과 실시간적 맥락을 지속적으로 혼합하고 그 경계를 흐리게 만드는 하나의 현실을 만들어 내고 있다(Campbell, 2005). 연구 초반에 배운 이 교훈들은 수십 년이 지났지만, 우리가 디지털 미디어로 관계를 구축하는 방식과 온라인 커뮤니티가 우리의 사회적 세계에서 장기적인 변화를 만들어 가는 방식에 관해 여전히 정확히 들어맞는다.

2020년 봄, 코로나19의 전 세계적 유행에 맞서고자 내려진 공공 봉쇄 조치로 교회가 오프라인에서 온라인 플랫폼으로 어쩔 수 없이 이동하는 것을 보면서, 나는 몇 가지 사실들로 인해 충격을 받았다. 첫째, 이전에 교회와 기독교 공동체가 온라인으로 운영되는 것을 비판했던 사람들이 오프라인 모임이 불가능해지자 모두 재빨리 종적을 감추어 버린 현상이다. '비체화 예배'(disembodied worship)와 미디어화된 모임의 진정성에 관한 이전의 염려들은 이제는 별로 중요하지 않았고, 교회 모임의 대안적 형태들이 교회를 위한 잠재력 있는 새로운 상호작용의 가능성으로 칭송받았다.

둘째, 온라인으로 진입하는 디지털 이동과 실험들이 시작된 지 약 한 달이 지나고 나서, 많은 교회 지도자들은 놀라운 사실을 깨닫기 시작했다. 온라인 교회를 한다는 것이 저절로 교회 구성원들을 위한 공동체를 만들어 주지 않았다는 것이다. 2020년 4월, 434명의 개신교 목사들이 코로나19 팬데믹에 관해 응답한 온라인 설문 조사는 다음과 같은 사실을 보여 주었다. 목회자들이 디지털 기술을 사용해서 예배 시간에 교회 구성원들과 교회 지도자들 사이의 물리적 거리 간격을 해소하려 했다는 점이다(MacDonald et al., 2020). 하지만 물리적 간격이 없어진 지 한 달 후, 새로운 형태의 간격이 발생했다. 온라인 예배는 구성원들에게 예배자로 참여하기보다 예배를 관람하거나 시청하게끔 수동적이 되도록 장려하는 것처럼 보였다. 교회 구성원들은 이들의 교회가 상호작용적 미디어를 사용하고 있지만 이 예배 자체는 그렇게 상호작용적이지 않다고 자주 불평했다. 또한 목회자들은 구성원들이 진정으로 서로 연결되어 있다고 느끼는 그런 공동체적 경험을 만들어 내지 못한 자신의 무능력함으로 좌절하고 염려했다. 이들 중 몇몇은 인터넷이 교회에 잘못된 해결책을 제공하고, 진정성 없는 공동체를 만들어 냈다고 비난했다. 그러나 디지털 미디어의 종교적 사용과 전유에 관해 광범위한 연구를 진행해 온 나는 비난받아야 할 것이 디지털 기술 그 자체가 아님을 알고 있었다.

나는 코로나19 팬데믹이 교회로 하여금 기존의 교회 모델을 포기하도록 만들고, 동시대 종교 문화의 실체에 관한 진실을 드러낸 때가 바로 이 시기였다고 주장한다. 이미 오늘날 교회는 공동체적 상호작용과 관계를 주로 구축하기보다, 프로그램으로 잘 짜인 행사들을 만드는 곳이 되어 버렸다. 팬데믹이 가져온 혼란은 주중에 이루어지는 종교 프로그램들과 중앙화된 공개 모임에 대한 헌신이, 대부분 기독교 단체들이 교회 그 자체를 의미하는 것으로 표현해 온 많은 교회의 관심이 그저 행사에만 근거하고 있다는 사실을 드러냈다. 또한 교회 행사 출석은 교회가 그 회중의 종교적 헌신의 활력성을 평가하는 주된 방법이 되어 버렸다. 팬데믹은 교회와 교회 리더십들에게 이러한 사역 모델이 진정으로 공동체와 제자도 그리고 서로가 연결되고자 하는 구성원들의 바람을 충족시키는지에 관한 여부를 재평가할 수 있는 중요한 계기를 만들어 냈다.

나는 이 시대의 종교의 기반과 모임 행사로서의 교회에 관한 정의가 특정한 교회 모델에 기초하고 있음을 주장한다. 이 교회 모델은 공간적 유대뿐 아니라, 정적이고 제도적인 가족적 경계로 한정되는 공동체에 관한 이해를 기반으로 한다. 그리고 제도적 함의를 갖는 '에클레시아(ekklesia)'라는 용어와 관련된 기독교 공동체 개념에 기초한다. 이 모델은 그리스도의 몸이라는 바울의 은유적 개념을 교회가 구성되거나 수사학적으로 표현되는 주요한 교회 모델로 취한다. 그리스도의 몸이라는 은유는 관계적인 연결보다는 구조적이고 위계적인 용어로 교회를 제시한다. 나는 이러한 구성적 개념들과 구상들이 교회적 삶과 기능의 특정한 측면들을 포착할 수 있지만, 동시에 제한적이라고 주장한다. 그 이유는 이러한 개념들과 구상들이, 오늘날 서구 사회에 속한 많은 사람이 사회적 생활과 관계를 실질적으로 살아내는 방식을 더 이상 정확하게 반영하지 못하는 종교 공동체의 구조적 관점을 지지하기 때문이다. 오히려 나는 우리가 사회적 연결을 개별적으로 구조화된 관계들로 상호연결 된 그물망이 되는 것으로 이해하는 세계가 되어가고 있다고 주장하는 바이다. 이러한 주장은 공동체들 안에서 사람들의 상호작용이 그물망 혹은 네트워크의 구조를 반영한다는 생각과 관련이 있다.

1990년대 이래로 사회학자들은 네트워크 개념이 더욱 확장된 사회 내에서 관계가 어떻게 형성되고 작동하는지에 관한 정확한 그림을 제공한다고 보았다. 나는 지난 20년간 교회는 종종 사람이 살아가는 방식의 변화를 인정하지 않지만 그들 역시 사회적 네트워크 모델로서 공동체에 의해 영향을 받고 있다고 주장해 왔다(Campbell, 2004). 이것은 20년 전 나의 박사 학위 논문에서 처음으로 제시한 신학적 주장에 기초한 사회학적 실재이다. 이 장에서 나는 그때의 연구로 되돌아가서, 교회가 사회적 관계들로 이루어진 하나의 네트워크라는 전제에서 시작하여 이러한 개념들을 더욱 발전시킬 것이다. 나는 이 작업이 네트워크화된 실재의 일부가 되고 있는 종교 공동체의 개념에 대한 신학적 성찰에 새로운 가능성을 열어줄 것이라 믿는다. 또한 네트워크화된 실재로서 종교 공동체 개념은 교회를 설명하고자 사용된 특정한 신학적 개념들을 선호하는 종래의 이론적 개념들에 도전한다. 이것이야말로 이 장에서 내가 탐구하고자 하는 주장과 일련의 가정들이다.

사회적 네트워크로서 교회 공동체

지난 50년간 지역 사회학자들(Sociologists of Community)은 세계화 그리고 사회 구조 변동과 정보 통신 기술의 발전으로 공동체의 구성 방식이 변화하고 있다고 주장해 왔다(Wellman and Rainie, 2012). 공동체에 관한 전통적 이해는 계층적, 제도적, 가족적 소속에 기초했다. 그러나 사회적 연결과 상호작용을 위해 새로운 선택지들을 제공하는 디지털 중심 사회에서 이와 같은 정적인 구조는 도전을 받고 있다. 이제 공동체는 한때 행위의 게이트키퍼(gatekeeper: 어떤 뉴스나 정보를 통제하는 사람 - 역자 주)로서 그 역할을 했던 사회 안에서의 고정적이고 외부적인 구조라기보다, 역동적이고 가변적이며 개인적 필요와 선호로 주도되는 그 무엇으로 이해된다. 많은 사람은 인터넷이 번성하는 이유는 그것이 견고하게 묶여 있는 계층구조를 넘어 유동적이지만 통제된 관계를 촉진하는 문화적 환경에서 부상했기 때문이라고 주장한다. 온라인 커뮤니티들은 이러한 변화의 표현이며, 공동체 기반의 제도적 구조에 기반한 전통적인 종교 정의에 도전한다.

온라인 의사소통과 온라인 커뮤니티가 만들어 내는 긴장 한가운데서 한 가지 사실이 변하지 않고 남아 있다. 사람들이 네트워크 형식으로 작동하는 온라인과 오프라인으로 관계를 점점 형성해 가고 있다는 사실이다. 이러한 관계적 네트워크는 공동체를 보는 전통적인 입장들과는 다르다. 일상적인 삶에서 사람은 전략적으로 중첩하면서, 그물망과 같은 연결성을 가진 다양한 개인, 직업, 가족 관계를 만들고 이를 관리한다. 기능적 의미에서 종교 공동체가 더 이상 순수하게 제도적 유대나 계층 구조의 관점에서 정의되지 않는다는 생각이 누군가에게는 새롭거나 급진적으로 보일 수 있지만, 이와 같은 추세가 나타나고 있다는 사실까지 부정할 수는 없다. 사회적 네트워크로 기능하는 공동체는 우리가 처한 현재의 문화적이고 미디어 중심적인 환경 안에서는 표준이 되었지만, 이러한 경향은 다른 문화권보다 서구의 맥락에서 확실히 더 두드러지고 분명하게 드러난다. 그러나 '네트워크'(network)라는 용어는 현대 사회에서 존재하는 많은 집단 관계의 형태와 기능을 설명하는 유용한 기술어로 그 역할을 담당한다(Campbell, 2004). 더 나아가 만약 종교 공동체를 포함한 여러 공동체들이 관계로 구성된 하나의 네트워크로서 그 역할을 한다면, 대부분의 교회가 현재 스스로를 생각하는 것과는 상당히 다른 논리로 작동할 것이다.

    나의 경험으로 볼 때 기독교 공동체들이 작동하는 방식에 하나의 네트워크이자 모델로서의 공동체를 제시하는 것은 약간의 저항에 부딪혔다. 많은 종교 지도자들은 미디어 기술을 잠재적인 위협 혹은 최소한 경계해야 할 그 무엇으로 이해한다. 이는 미디어와 기술이 종교인 개개인과 종교 공동체들에 강력한 영향력을 미치는 것으로, 마치 기독교적 삶에 반하는 문제가 되는 가치들 혹은 행동들을 조장하는 것으로 보기 때문이다.

    그러나 나는 네트워크라는 은유가 컴퓨터와 디지털 기술로부터 그 기원을 끌어오지만, 공동체를 네트워크로 이해함은 공동체에 대한 기독교적 이해와 상충하지 않음을 주장하고자 한다. 공동체를 네트워크로 이해하는 것과 연관되거나 이러한 이해와 양립할 수 있는 것으로 보이는 다양한 성경적 이미지들과 개념들이 있다. 예를 들어 성부, 성자, 성령이 친밀하게 상호연결되어 있고 상호의존한다는 삼위일체의 교리는 하나의 사회적 네트워크로서 설명하고 이해할 수 있다(Campbell, 2004). 신과 역동적이고 고도로 상호작용적인 관계를 갖는 신비로운 단체인 교회와 같이, 교회의 기능을 설명하고자 사용된 다른 교회론적 모델은 교회를 영적인 네트워크로 설명할 수 있는 또 다른 흥미로운 가능성을 제시한다(Campbell, 2002).

    사실상 유동적이고 적용 가능하지만 동시에 서로에 대한 그리고 하나님에 대한 헌신의 유대를 유지해 주는 네트워크로서 교회를 이해하는 이 개념은, 디지털 미디어 시대에 교회를 설명하기 위한 하나의 중요한 은유가 되고 있다(Friesen, 2009; Campbell and Garner, 2016을 참조하라). 따라서 나는 종교 공동체를 네트워크로 접근할 것을 제안한다. 이것은 더 이상 사람이 실제로 살아가는 방식을 반영하지 않는 전통적인 공동체 이해를 재평가하기 위한 특별한 기회를 준다. 이 접근을 시작하기 위해 필요한 작업은 새로운 교회론적 실재를 설명하는 대안적인 성경 내러티브들을 사용하는 것이다. 나는 이 장 남은 부분에서 현대 교회가 주로 자신의 중앙화된 조직화 개념인 그리스도의 몸이라는 바울의 신학적 개념을 사용하는 방식을 개관할 것이다. 이 작업은 종종 에클레시아라는 신약성경의 공동체 개념에 뿌리를 둔 이해와 암묵적으로 연결된다. 나는 비록 이 내용들이 타당한 개념이지만, 그 신학적 개념의 핵심은 우리가 살아가는 현재의 현실을 하나의 네트워크 사회로 이해하고 받아들이는 데 있어 교회에 걸림돌이 되었다고 생각한다.

교회의 정의: 에클레시아로서의 공동체와 코이노니아로서의 공동체

교회의 현대적 표현에 대한 논의는 종종 신약성경으로 돌아가, 두 가지 용어들과 연결된다. 그것은 '에클레시아'(ekklesia)와 '코이노니아'(koinonia)다. 이 용어들은 기독교 공동체들과 '교회'의 특성을 설명하는 바울의 편지에 나온다. 성경에서 이 두 용어를 비교하는 직접적인 연결고리는 없지만, 이 용어는 현대 문화에서 교회의 본질에 관한 대화의 틀을 구성하는 중요한 도구가 되었다. 또한 조직적 구조이지만 동시에 영적 공동체로서 신자들을 섬기도록 부름받은 교회의 대조적인 측면들을 설명하는 도구로도 사용되었다.

에클레시아

에클레시아는 '집회' 혹은 '회중'을 뜻하는 그리스어이며, 종종 하나의 기관으로서 교회에 대한 개념과 연결된다(Brown, 1975; Hodgson, 1988, p. 198을 참조하라). *The New International Dictionary of New Testament Theology*(『국제신약신학사전』, Brown, 1975)에 의하면, 에클레시아는 '집회, 모임 혹은 회중'으로 이해될 수 있다(p. 291). 복음서들이 기록되던 때에 이 용어는 세속 문화에서 길드나 군대와 같은 모임처럼 정치적 모임을 설명하고자 사용되었다. 바울은 때때로 '그리스도의 에클레시아'(고전 12장; 엡 4장; 골 1:18)라고 표현했다. 사도 요한도 '에베소의 에클레시아'(계 2:1)라고 언급했다. 이 두 가지 맥락 모두에서, 교회는 특정한 공간적 위치성과 한정할 수 있는 경계를 가진 물리적 현존 방식으로 만나는 집합체라는 뜻으로 사용되었다.

Revisioning the Church: Ecclesial Freedom in the New Paradigm(『교회 다시 보기: 새로운 패러다임 안에서 교회의 자유』, 1988)을 집필한 피터 하지슨은 신약성경에 나오는 에클레시아의 용법을 '기독교 운동을 가리키는 일반적인 명칭으로서, 교회 전체의 운동이나 교회의 지역 집회를 가리키며, 다른 용어들을 통한 신학적 정교화 작업을 요구하는 것'으로 설명한다(p. 26). 성경 텍스트 안에서 에클레시아가 사용되어 온 방식은 분명한 맥락에서 논의될 수 있을 것이다. 『국제신약신학사전』에서 브라운은 다음과 같이 주장한다. '모든 초기 기독교 저술가들은 에클레시아를 오직 예수의 십자가 죽음과 부활 후 생겨난 친교에만 사용했다고 확실히 말할 수 있다'(p. 298). 에클레시아에 대한 바울의 이해에 따르면 비록 이 용어를 해석할 때 가장 일반적으로 연관되는 의미이지만, 그는 에클레시아를 단지 행사나 모임만으로 제한하지 않는다. 또한 그 기원을 하나님께 두고 '오로지 주님과의 관계 안에서만 이해할 수 있는' 그런 모임이 가진 관계성과 본질을 설명하고자 이 용어를 사용한다(Brown, 1975, p. 299).

에클레시아는 특별한 형태를 지녔다. 바울은 그가 특수한 구조나 상황에서 신자들이 함께 모인 것을 말하기 위해 사람의 몸이나 집 건축물의 이미지를 묘사하는 것과 같은 방식으로 에클레시아라는 용어를 사용한다. 에클레시아의 정확한 형태가 함께 모이도록 부름받은 집단이 된다는 목적에는 부차적인 것임을 강조하려 했지만, 바울이 이 용어를 사용하는 방식은 개인이 가진 영적 은사들이 집단적인 표출로 발전하고 성장하기 위해서는 질서를 갖춘 형성이 필요하다는 강력한 생각을 불러일으킨다. 질서에 의해 정의되는 교회에 대한 개념은 디모데에게 보내는 그의 서신서에 나타나 있다. 디모데전서 3:5에서 바울은 장로들을 '하나님의 교회를 돌보아야'(NIV, 1984) 할 감독일 뿐만 아니라 '시험하여'(딤전 3:10) 보아야 할 집사로 이야기한다. 여기서 에클레시아는 교회의 실천과 그 역할을 감독하고 관리하는 사람을 위해 주어진 지도자의 역할에 있어 위계적 구조를 중심으로 세워진다.

바울에게 교회는 경직된 포괄적 구조를 낳는 그 무엇이라기보다 살아 있고 연결된 회중이다. 그러나 나는 에클레시아라는 용어가 하나님을 위한 지역적 연합 모임을 구성하는, 장소를 기반으로 한 교회를 설명하는 데 자주 사용된다고 주장한다. 이는 신앙적 실천에 있어 사람을 안내하는 뚜렷한 경계를 지닌 어떤 구조로서의 교회를 강조한다.

코이노니아

내 경험상 에클레시아에 관한 신학적 논의는 종종 에클레시아와 쿠이노니아의 개념이 서로 대립되는 것처럼 비교되고 대조되었다. 코이노니아는 '친교'(communion) 혹은 '교제'(fellowship)의 개념과 연관된 그리스어다. 코이노니아는 종종 '공동체가 되어가는 교회'를 설명하고자 사용된다(Brown, 1975, p. 639). 그리스어 신약성경에서, 코이노니아는 '교제'를 의미한다. 『국제신약성경신학사전』(1975)은 이 용어를 '연합, 친교, 교제, 참여'로 더 자세하게 설명한다(Brown, p. 639). 그리스도가 활동하던 시대에, 코이노니아는 '형제애의 의미' 혹은 개인들 간의 관계와 유대로 표현되는 '신들과 인간들 사이에 깨어지지 않는 관계'를 설명하는 데 자주 사용되었다(Brown, 1975, pp. 291-292).

이러한 사실은 코이노니아를 인간이 이해한 신에 대한 인간의 상호연결성과 상호의존성을 언급하는 더욱 친밀한 용어로 만들어 준다.

이 용어 안에서 발견되는 관계적 본성과 초점은 성경에서 매우 명백히 드러난다. 그리스어 구약성경은 '코이노니아'를 오로지 전도서(NIV, 1984, Eccles. 9.4)와 잠언(NIV, 1984, Prov. 21.9)과 같은 후기 저작들에서만 사용한다. 이러한 경우, '코이노니아'는 보통 '연합하다' 혹은 '서로 결합하다'를 의미하는 히브리어 어근 '하베르'(habar)와 연결된다. 마찬가지로 신약성경에서 '코이노니아'는 일반적으로 공동체의 개념과 '코이노니아'의 어원인 '연합'의 개념과 함께 연결된다. 더 나아가 코이노니아는 사도행전 2:42(NIV, 1983)에 언급된 것과 같이 초기 기독교 교회의 예배를 특징짓는 네 가지 핵심 요소들 중 하나다. 그러므로 '코이노니아'는 서로 다른 이들과 함께 나눈다는 개념, 달리 말하자면 자신들이 가진 것이 무엇이든, 그것이 음식이든 말이든 이를 '나눔으로 서로가 긴밀하게 결속된 집단'의 개념과 같다(Snyder, 1983, p. 79). 이러한 사실은 사도행전 4:32에서도 찾아볼 수 있는데, 초대 교회는 재화를 공동으로 나누었다. 다시 말해 바울은 복음 안에서 성령과의 교제(NIV, 1984, 2 Cor. 13:13) 혹은 신자들과의 친교(NIV, 1984, Phil. 1:5)라는 개념을 담아내기 위해 '결코 세속적 의미가 아닌 언제나 종교적인 의미로 사용'하면서 '코이노니아'에 중요성을 부여했다(Brown, 1975, p. 643).

하지슨은 대부분의 사람이 '코이노니아'를 나눔의 교재 혹은 나눔의 신앙이라는 개념이라고 생각하지만 이렇게 사람과 사람 사이의 관계성은 신약성경에서 단 한 번밖에 나오지 않는다는 점을 지적한다('믿음의 교제', 몬 1:6). 하지슨에게 있어, '코이노니아는 신앙이 발생하는 연결망(a matrix)이다'(1988, p. 32). '코이노니아'는 영적인 연결을 촉진시키는 열린 공간이 가진 창조성이며, 교회 공동체를 하나의 네트워크로 이해하도록 하는 개념이다. 바울처럼, 하지슨도 친교로서의 '코이노니아' 개념을 하나님의 신실함과 그리스도와의 관계 안에 있음과 연결시킨다. 하지슨은 신자들의 모임이 믿음, 소망, 그리고 사랑이 모두 경험되는 영적 공동체가 되는 것은 오로지 이러한 이해 (고전 1:9, '너희를 불러 그의 아들 예수 그리스도 우리 주와 더불어 교제하게 하시는 하나님은 미쁘시도다'처럼)를 통해서만 가능하다고 주장한다. 공동체로서의 '코이노니아'는 교제를 통한 연합에 초점을 맞춘다. 단순히 신자들이 친교만을 나누는 연합이 아니라 삶의 여정도 함께 나누는 연합이다. 이것이 의미하는 바는 오직 그리스도만이 진정한 공동체를 가능하게 하시며, 우리가 참된 교제와 관계 안으로 들어갈 수 있는 것은 그리스도 안에서의 친교로만 가능하다는 사실이다.

에클레시아와 코이노니아의 비교

우리는 지금까지 간략한 용례 연구를 통해서 '에클레시아'가 종종 구조 중심의 교회 개념과 연관된다는 점을 살펴보았다. 반면에 '코이노니아'는 공동체가 생기게 하는 그리스도에 의해 그리고 그리스도 안에서 모인 교회의 개념에 주목한다. 공동체(혹은 '코이노니아')는 대부분 기독교 교회의 핵심적 특징 혹은 가치로 드러나지만, 교회가 실질적으로 공동체를 정의하는 방식은 '에클레시아'의 배후에 자리한 개념과 훨씬 더 가까워 보인다. 교회는 교회를 정의하고 판단하는 물리적 행사나 주중 모임을 만들어 내는 구조와 경계를 구축하는 데 초점을 맞춘다. 반대로 '코이노니아'는 교회를 소집된 하나님의 백성으로 정의한다. 나는 '코이노니아'가 관계의 네트워크가 되는 기독교 공동체라는 개념을 더욱 구체적으로 지지한다고 주장하는 바이다. 이 개념은 하나님과 상호연결되고 서로가 연결된 신자들인 구성원들 사이에 형성된 사회적 연결, 정서적 연결, 그리고 가장 중요한 영적 연결에 초점을 맞춘다. 이러한 사실은 이 연결을 특정한 시공간의 사건이라기보다 인간과 하나님에서 기인한 것으로 설명한다.

교회의 모델: '그리스도의 몸' VS '하나님의 백성'

에클레시아와 코이노니아에 관한 위의 논의는 교회가 어떻게 기능해야 하는지 신학자들과 교회 지도자들이 설명한, 연결에 관한 두 가지 성경적 이미지들을 평가하기 위한 기초를 제공한다. 이 이미지들은 매우 잘 알려진, 신약성경에서의 '그리스도의 몸' 은유와, 이보다는 덜 언급된, 구약성경에서의 '하나님의 백성' 은유이다. 이 두 이미지 모두 어떻게 개인이 다른 이들 그리고 하나님과 관계를 맺는지 설명하고자, 그리고 기독교 공동체의 모습을 시각화하기 위해 사용된다. 그러나 나는 후자, 곧 하나님의 백성이라는 은유가 디지털 방식으로 매개되는 시대의 기독교 공동체에 관한 현대적 논의의 틀을 잡는 데 더 유용함을 주장한다.

교회에 대한 그리스도의 몸 은유

'그리스도의 몸' 은유는 다양한 부분이 서로 연결되면서 상호의존적인 인간의 몸으로서 교회에 관한 유비에 초점을 맞춘 유기적 혹은 생물학적 이미지로 이해된다. 이 이미지는 바울이 신자들의 긴밀한 연결과 의존, 그리고 몸 된 교회를 이끄는 그리스도의 머리 됨을 강조하는 부분인 로마서 12장과 고린도전서 12장에 나타난다. 그리스도의 몸의 각 부분은 하나님이 부여한 은사와 재능에 따라 특정한 기능을 수행한다. 몸의 각 부분들은 전체로서 그리스도의 몸을 세우는 데 사용되며, 그 결과 몸은 올바르게 작동하고 건강한 방식으로 성장한다. 개인의 선택은 궁극적으로 그 몸의 다른 모든 부분들에 영향을 주도록 구성된다. 따라서 이를 위한 지속적인 감독과 통제가 필요하다. '그리스도의 몸'은 그리스어로 'soma tou Christou'(소마 투 크리스토우)이고, 여기서는 그리스도와 다른 사람과의 연합의 유대라는 개념이 포함되어 있다. *Revisioning the Church*(『교회 다시 보기』, 1988)에서 하지슨은 이러한 바울의 이미지를 세 가지 층위의 의미로 설명한다. 첫째로 타자를 위한 자기희생은 십자가에 못 박힌 그리스도, 둘째로 새로운 백성의 기관은 부활한 그리스도, 셋째로 새로운 인류의 기관은 우주적 그리스도이다(Hodgson, 1988, pp. 30-31).

21세기에 몸으로서의 교회의 이미지는 구성원들이 서로와 맺는 긴밀한 연결성을 강조하며, 교회의 사회적이고 영적인 유대와 밀접한 연관성에 호소한다. 이 이미지는 교회가 어떻게 그 기능을 감당하는지 설명하고자 사용되어 온 은유다. 그러나 그것은 또한 교회가 세상 속에서 어떻게 존재해야 하는지에 관한 현실성이기도 하다. 본회퍼는 그의 박사 논문인 *Sanctorum Communio*(『성도의 교제』, 1963)에서 공동체의 유기체성(organism)은 그리스도의 영의 기능이라고 설명한다. 말하자면 '그리스도의 몸 ⋯ 집합적 인격으로서의 몸이다'(p. 102). 따라서 이 개념은 종종 기독교인들이 한 몸 안에서 여러 다양한 부분들로 나타난다는 점을 표현한다.

하지만 점점 더 세계화되고 다양해진 우리 사회에서 교회가 돌봄과 화합 그리고 협력을 경험하는, 그런 밀접한 연결성을 갖는 하나의 체계로서 존재한다는 생각은 종종 현실의 모습과는 차이가 있다. 2019년 Pew Religious Life의 '미국에서 빠른 속도로 쇠퇴하고 있는 기독교'(In U.S., Decline of Christianity Continues at Rapid Pace)라는 연구의 결과를 보면, 사람들은 심지어 신앙 공동체 내에서도 서로가 점점 더 단절되어 가고 있으며, 외로움과 고립감을 느끼고 있는 것으로 나타났다. 이로 인해 '떠남'(dones)이라 불리는 현상이 발생하기도 했다. 이들은 스스로를 기독교와 같은 특정한 신앙을 가진 사람 혹은 심지어 특정한 종교 집단의 전통적 정체성(침례교, 성공회, 초교파 등)과 관련된 사람으로 설명한다. 그들은 자신들의 신앙에서 '떠난' 것은 아니지만, 이들이 진정 말하고자 하는 바는 자신들이 특정한 교파와 교회 소속으로부터 떠났다는 것이다. 왜냐하면 하나의 제도로서의 교회인 에클레시아를 점점 이들의 삶과는 동떨어지거나 무관한 것으로 여기기 때문이다. 이제 교회는 하나의 공동체라는 관계적 공간이 아니라 하나의 경험을 제공하는 사건으로서 인식된다.

교회에 대한 하나님의 백성 은유

나는 '하나님의 백성' 은유가 네트워크 사회 안에서 살아가는 사람들을 위한 더욱 유동적이고, 역동적이며 공감대를 형성하는 이미지로 이해될 수 있다고 본다. 이것은 구약성경의 이미지로, 이스라엘이 가족적이고 민족적인 공동체에서 출발하여 지역적이고 정치적인 강력한 집단으로 성장하는 여정을 통해 부상한 국가적 이스라엘에서 비롯되었다. 이스라엘은 하나님에 의해서 선택되고, 이들을 향한 하나님의 배타적 은총과 보호를 받는 백성들의 집단으로 종종 언급된다. *People of God: A Plea for the Church*(『하나님의 백성: 교회를 향한 간청』, 1984)에서 안톤 호테펜은 이와 같은 백성의 이미지가 가진 다음 세 가지 요소를 강조한다. 1) 하나님에 의해 선택됨, 2) 특별한 백성이 되도록 부르심, 그리고 3) 하나님의 목적을 위해 함께 모임(p. 185). 이러한 내용은 하나님에 의해 함께 모여 하나님과 그의 길을 따르기로 헌신한 집단이라는 하나님의 백성 은유를 제시한다. 신약성경에서도 '하나님의 백성' 은유가 나타난다. 그러나 여기서 하나님의 백성은 특정한 국가의 민족적 정체성과 연결될 수 있는 집단이라기보다 '국가적 경계, 공용어 혹은 단일한 민족적 정체성이 없는 특수한 부류이다. 이것이 바로 거룩한 에클레시아다'(Hodgson, 1988, p. 29). 그리스어로 '하나님의 백성'은 '에클레시아 투 데우'(ekklesia tou Theou)로 번역되는데, 이는 역사 속에서 활동하는 하나님이 거대한 무리로부터 불러낸 '새로운 백성'이라는 뜻이다(Houtepen, 1984).

게르하르트 로핑크는 *Jesus and Community*(『예수와 공동체』, 1985)에서 예루살렘에서 초기 기독교 공동체가 스스로를 '하나님의 에클레시아'로 불렀다고 설명한다. 이는 특정한 시간에 존재하는 하나님의 백성의 모임으로서, 서로 함께하도록 구별되는 바울의 에클레시아 개념과 연결된다(Lohfink, 1985, p. 77). 이것은 하나님의 백성이 모임을 형성하도록 부르심을 받은 집단임을 강조한다(NIV, 1984, 1 Cor. 15.19; Gal. 1.13). 그리고 그 강조점은 이들이 모이는 공간과 구조보다 그 집단의 관계적 특성에 놓인다. '하나님의 백성' 개념이 교회에 적용될 때, 그것은 하나님을 통해 서로 연결되고자 하나님에 의해 구별된 선택받은 백성임을 강조한다. The Sense of a People(『백성의 의미』, 1992)에서 루이스 머지는 하나님의 백성 개념을 보편적 인류 공동체를 위한 신학을 발전시킬 모델로 사용한다. 그는 요한계시록 21:3(p. 10)을 출발점으로 제시한다. '보라 하나님의 장막이 사람과 함께 있으매 하나님이 그들과 함께 계시리니 그들은 하나님의 백성이 되고 하나님은 친히 그들과 함께 계셔서.' 머지에게 있어 하나님의 백성은 '어떤 특정한 순간과 상황에 역사 속에서 모으고 형성하는 성령의 힘을 구현함으로 요한계시록 21:3의 비전을 기대하는 인간 집단(company of human beings)이다'(Mudge, 1992, p. 10).

하나님의 백성 은유는 매우 역동적이고 상호작용적이며 유연한 개념으로, 이를테면 운명적으로 서로 모여 여정을 통해 연결되어 결속된 집단에 대한 이미지를 보여 준다. 그것은 광야에서 이스라엘, 곧 가족적 유대뿐 아니라 새로운 땅을 향한 그들이 가진 부르심을 통해 서로 결속한 부족 집단인 이스라엘을 이끄는 모세와 관련된 이미지다. 이러한 부르심은 이스라엘이 모세의 지도하에 서로 함께하기로 약속했기 때문에, 그들에게 상호연결이 가능하게 해 주었다. 이렇게 '하나님의 백성'으로서의 이스라엘은 공동의 목표로 함께 묶인 부족 간의 네트워크처럼 작동한다. 12개의 부족 각각은 자신들만의 지도자와 체계를 갖추었지만, 더 큰 가족의 일부로서 연결됨은 이들에게 서로가 상호의존하고 있으며, 상호연결되어 있다는 분명한 의식을 가져다주었다.

따라서 나는 공동의 비전으로 묶인 느슨한 유대를 통한 연결됨 안에서 가족 관계를 통한 강력한 유대라는 이 두 가지가, 이스라엘 부족이 강한 유대와 느슨한 유대로 구성된 오늘날과 같은 현대적 관계의 네트워크처럼 작동하도록 만들어 주었다고 주장한다. 하나님의 백성은 유기적인 네트워크다. 하나님의 백성은 때로는 빠르게 움직이며 때로는 천천히 움직이고, 때로는 멈추고, 때로는 연합하며, 그리고 때로는 서로 갈등하는 그런 공동체다. 변하지 않는 단 하나의 상수는 하나님과 서로에 대한 헌신이다. 따라서 하나님의 백성의 이미지는 '하나님의 현존에 의해 세상 속에서 만들어진' 것이며 서로 결합된 인간들의 표현인 '전체의 공동체적 현실성'을 포함한다(Mudge, 1992, p. 30). 이러한 특징들은 하나님의 백성 은유를, 헌신으로 서로 연결되지만 함께할 때는 인류의 모든 개성과 복잡성이 표현되는 하나의 네트워크로서의 공동체에 대한 개념과 더 잘 양립할 수 있게 한다.

이 두 이미지는 어떻게 관계적 연결이 이루어지고 교회가 하나의 공동체로 형성되는지 강조하고 설명해 준다. 친교의 이미지는 공동체의 연결을 만들어 내고 이를 돕기 위해 교회가 취하는 행동을 강조한다. 교회(에클레시아)와 공동체(코이노니아), 이 두 가지 모두는 기독교 공동체의 관계적 구조와 공동의 부르심에 참여함으로 구성원들이 서로 연결되는 것에 관한 이야기를 표현하는 데 사용될 수 있다. 그러나 여기서 나는 '하나님의 백성'으로서 21세기 교회의 이미지에 초점을 맞추는 것을 상기하면서 디지털 교회론이 공동체로서의 코이노니아에 대한 면밀한 연구와 이해에 초점을 맞출 필요가 있다는 점을 주장한다.

하나님의 백성과 하나의 네트워크로서 코이노니아에 대한 논쟁

내가 제시한 거룩한 공동체이자 하나의 네트워크로서 하나님의 백성이 가진 유연한 기능은 공동체에 대한 신학적 이해와 상충하지 않는다. 하나님의 백성은 장소를 기반으로 한 공동체와 구조 지향적인 교회라는 보다 전통적 개념들에 도전하는 반면에 가변성이며 사회적인 영적 네트워크의 이미지는 다른 신학적 이미지들 안에서 찾아볼 수 있다. 예를 들어 앞서 언급했듯이 삼위일체는 신의 위격들 사이의 네트워크로 해석될 수 있으며, 여기서 신적 관계는 공동체의 삶 안에서도 반영되어야 한다. 요한계시록에 나오는 것처럼 교회와 그리스도가 결혼함으로 이루어지는 신성한 연합은 하나 됨의 신적 공동체와 연결되는 상호의존의 친밀한 영적 네트워크에 대한 이해를 떠올리게 한다. 공동체(코이노니아)의 한 유형이 되는 교회의 이상향은 성찬(communion)의 성경적 개념으로 이해할 수 있다. 성찬은 거룩한 만찬을 통해 각 사람을 다른 이들 그리고 그리스도와 연결시켜 주는 신비적이고 상징적인 행위이다. 네트워크로서 공동체라는 개념에 내재하고 있는 것은 연합이라는 개념이다. 네트워크는 개인들과의 연결뿐 아니라 더욱 커다란 전체와의 연결로 상호작용을 촉진시킨다. 여기서 이러한 연결을 심층적으로 분석할 여지는 없지만, 이러한 연결들은 하나의 네트워크로서 기독교 공동체의 개념이 교회 안에 있는 많은 사람에게는 급진적이거나 새로운 것일 수 있는 반면, 성경적 근거가 전혀 없는 개념은 아님을 주장하고자 제시되었다. 이러한 관점을 설명하고 구조화하기 위해 네트워크로서 공동체에 관한 이러한 동시대적 표현들이 어떻게 성경적인 귀결로 이어지는지 설명하는 데 도움을 주는 풍부한 성경적 상징과 이미지들이 널려 있다.

'하나님의 백성' 이미지는 사람이 스스로를 하나님에 의해 선택받은 존재로 이해하게 만들고, 서로 연결되어 신앙 공동체를 형성하도록 이끈다. 또한 이 이미지는 구성원들이 에클레시아라는 경계 안에 제한되지 않고, 다른 이들을 그 경계 안으로 끌어들이기 위해 공동체 밖으로 나가도록 만든다. '그리스도의 몸' 이미지는 기독교 교회가 자신의 구성원들로 이루어진 복합체에 대한 상호의존성 개념을 가리키지만, 이러한 구성원들 간의 관계적 연결들은 이들이 실제로 그러한 것보다 더욱 단단하고 더 긴밀하게 묶여 있음을 암시하기도 한다. 다시 말해 그리스도의 몸 이미지는 서로 간에 그리고 교회의 자원이 응집력 있고, 균등하게 분산되며, 동등하게 연결된 공동체의 이상을 제시한다. 그러나 안타깝게도 우리는 현실에서 이렇게 살아가지 못한다.

온라인상의 디지털 격차가 특정한 집단이 경험하는 디지털 기술과 정보에 대한 접근상의 불평등을 강조하는 것처럼, 현대 교회는 불평등한 수준의 영적 자원과 유형적 자원이 존재하는 다양한 공간적 풍경을 보여 준다. 교회는 강력하고 공평하게 연결된 사회 구조라기보다 느슨하게 연결된 사회적 영적 관계의 네트워크로 존재한다. 많은 이가 하나님의 백성이 되어 함께 여행하고, 거룩한 공동체의 일원이 되기 위해 개인적 자유와 욕망의 일부를 포기하도록 부르심을 받고, '평안의 매는 줄로 성령이 하나 되게 하신 것을 힘써 지키'기 위해 뜻을 가지고 그 네트워크에 헌신하고자 힘쓰는 일과 같은 은유에 더욱 밀접하게 연관될 것이다.

디지털 교회론의 네트워크 방식 접근에 대한 결론과 성찰

이 장에서 제시된 공동체에 대한 신학적 이미지와 정의와 모델들은 인터넷과 디지털 행위에 내포된 사회적 구조에 적합한 공동체와 교회론적 모델의 새로운 신학적 접근을 위한 기초를 제공한다. 공동체에 관한 신학적 연구의 하나의 모델로서 네트워크를 사용하는 한 가지 예는 낸시 T. 암메르만의 연구 저서인 *Congregation and Community*(『회중과 공동체』, 1997)에서 찾아볼 수 있다. 이 책은 교회의 회중이 지역 공동체 안에서 사회적 문화적 변화에 어떻게 반응하는지 보여 준다. 암메르만은, 회중은 사회적 삶을 가능하게 만드는 공동체 제도 구조의 일부분라고 설명한다. 이 구조와 연결은 '그 안에서 살아가고 이를 유지하는 개인과 집단 행위자들이 구축하는 의미와 활동으로 구성된 살아 있는 네트워크'로 이해된다(Ammerman, p. 351).

이 장에서 나는 기독교 공동체가 어떻게 활동하고 부르심을 받으며 작동하는지 설명하기 위한 중심적인 은유와 모델이라는 관점에서, 교회에 관한 현재의 신학적이고 교회론적인 이해에 변화가 필요하다고 주장했다. 그리고 바울의 그리스도의 몸 은유의 핵심과 그것이 에클레시아로서 교회 공동체 개념과 맺는 암묵적인 연관성이 어떻게 기독교 공동체의 뚜렷한 그림을 만들어 내는지 밝혀냈다. 나는 인터넷상에서 어떻게 공동체가 형성되는지 이해하려면 네트워크로서 공동체를 조사하고, 공동체의 층위들을 식별해 내는 것이 필수적이라고 본다. 이것은 특정한 온라인 커뮤니티의 네트워크와 층위를 설명하는 것일 뿐 아니라 그것들에 영향을 미치는 더 큰 내러티브를 이해하는 것을 의미한다. 온라인 세계는 그 자체로 사이버 공간이라는 뚜렷한 맥락에 위치하고 있다. 인터넷 세계의 근본적인 내러티브 구조는 현실에 대한 특정한 세계관과 이해를 제공한다. 인터넷은 은유를 나타내는 매개체이다. 또한 그 구조는 형태와 기능에 있어서 독특한 온라인 커뮤니티들이 이 세계 안에서 뚜렷한 특징과 양식을 가진 '오프라인' 공동체와 연결되어 있다. 온라인 커뮤니티와 현실 세계 공동체 네트워크와의 이 연결성은 온라인 커뮤니티의 구조와 상호작용에 영향을 미친다. 이 둘 모두는 설명되고 밝혀져야 할 이야기들을 대표하며, 이 책 2장의 핵심이기도 하다.

여기서 나는 지난 30년간 공동체에 대한 사람의 이해와 관습이 바뀌었다고 주장해 왔다. 실상은 종교적이든 비종교적이든 대부분의 사람은 하나의 사회적 네트워크로서 공동체를 경험하고 살아간다는 것이다. 즉 대부분의 사람에게 있어 공동체는 역동적이고 가변적인 그 무엇이며, 여러 연결들을 유지하고 있으며, 개인적 필요와 선택에 의해서 결정된다는 것이다. 이러한 네트워크의 개념은 대부분의 종교 집단이 가진 공동체에 대한 이해와 관습에 도전한다. 관계와 온라인 종교 공동체에 관한 네트워크적 이해는 주류 문화 혹은 종교 문화 내 경향에 대한 담론에 굳이 걸림돌이 될 필요는 없다. 여러 가지 측면에서, 네트워크 은유는 현대의 관계 방식을 더욱 정확하게 설명한다. 아마도 우리가 하나님의 백성이자 교회가 된다는 것이 무엇을 의미하는지 재발견하게 되는 것은 바로 이 네트워크화된 종교를 통해서 일 것이다.

참고 문헌

Ammerman, N. T., 1997, *Congregation and Community*, New Brunswick, NJ: Rutgers University Press.

Bonhoeffer, D., 1963, *Sanctorum Communio: A Dogmatic Inquiry into the Sociology of the Church*, London: Harper Collins. (For a more popularized contemporary conception of the Church as the body consider: Colson, C., 1994, *The Body*, Word Books.)

Brown, C. (ed.), 1975, *The New International Dictionary of New Testament Theology*, Exeter: The Paternoster Press.

Campbell, H., 2002, Investigating Community Through an Analysis of Christian Email Online Communities (Unpublished doctoral thesis), University of Edinburgh.

Campbell, H., 2004, 'Challenges created by online religious networks', *Journal of Media and Religion*, 3(2), pp. 81-99.

Campbell, H., 2005, *Exploring Religious Community Online*, Peter Lang-Digital Formation Series.

Campbell, H. and S. Garner, 2016, *Networked Theology: Negotiating Faith in Digital Culture*, Ada: MI, Baker Academic.

Friesen, D., 2009, *Thy Kingdom Connected: What the Church Can Learn from Facebook, the Internet, and Other Networks*, Ada, MI: Baker Academic.

Hodgson, P., 1988, *Revisioning the Church: Ecclesial Freedom in the New Paradigm*, Minneapolis, MN: Fortress Press.

Houtepen, A., 1984, *People of God: A Plea for the Church*, London: SCM Press.

Lohfink, G., 1985, *Jesus and Community* (J. Galvin, trans.), London: SPCK Publishing.

MacDonald, A., Yang, D. and Stetzer, E., 2020, *COVID-19 Church Second Survey Summary Report: How Church Leaders Are Responding to the Challenges of COVID-19*, Exponential, https://exponential.org/resource-ebooks/covid-report-2/.

Mudge, L., 1992, *The Sense of a People. Towards A Church for the Human Future*, Norcross, GA: Trinity Press International.

Pew Research Center, 2019, 'In U.S., Decline of Christianity Continues at Rapid Pace. An update on America's changing religious landscape', *PEW*, www.pewforum.org/2019/10/17/in-u-s-decline-of-christianity-continues-at-rapid-pace/.

Snyder, H., 1983, *Liberating the Church, The Ecology of the Church and the Kingdom*, Eugene, OR: Wipf and Stock Publishers.

Wellman, B. L. Rainie, 2012, *Networked: The New Social Operating System*, MIT Press.

6. '모두를 위한 그리고 모두와 함께하는' 참여적 교회와 그 안에서의 신학적 생산성으로서 디지털 커뮤니케이션
: 경험적 관찰과 교회론적 성찰

토마스 슐락, 사브리나 뮐러

이른바 종교적 '진플루언서'(Sinnfluencers)는 독일어권의 맥락에서 보면 매우 새로운 현상이다. 독일어 '진플루언서'(Sinnfluencer)는 의미(meaning)를 가리키는 '진'(Sinn)과 인플루언서(influencer)의 합성어다. 이 용어는 신학적 그리고/혹은(and/or) 디지털 교회의 맥락에서, 스스로를 영향력을 가진 인물로 드러내고, 사람들과의 유의미한 종교적 담론에 뛰어드는 이를 가리킨다. 종교적 진플루언서는 소셜 미디어를 통해 삶의 문제와 지속적으로 연관되거나 혹은 그렇게 될 수 있는 신학적 문제들을 제기함으로 매우 적극적으로 소통한다. 이런 의미에서 종교적 진플루언서들은 목회적 돌봄과 신학적 생산성을 위한 특별한 장을 열어 준다.

진플루언서 현상은 코로나19 팬데믹 이전에도 뚜렷했지만, 팬데믹과 관련된 제한들이 생기자 이 현상은 더욱 대중화되고 다양해졌다. 팬데믹은 진플루언서 영역에 촉매 작용을 했고, 특히 종교적 진플루언서의 증가가 예상된다. 수천 명의 '팔로워'를 가진 인플루언서처럼, 이들은 자신의 경험을 나누는 것뿐 아니라 두려움, 희망, 그리고 신앙에 관한 개인적이고 유의미한 신학적 표현들을 위한 공간을 창출하기도 한다. 이 장에서는 이러한 인플루언서들이 어떤 의미로 상호 간의 종교적 경험 공간을 제공하고, '모두를 위한 그리고 모두와 함께하는' 참여적 교회에 대한 새로운 이해에 기여하는지 묻고 탐구할 것이다.

디지털 인플루언서

최근 몇 년간 독일 개신교 교회 사이에서는 '종교적 의미 형성 분야에서의 인플루언서'를 '진플루언서'로 부르는 디지털 현상이 발전했다. 이 용어는 광범위한 측면에서 세속적 디지털 인플루언서 현상을 가리킨다. 이들은 자신만의 라이프스타일, 개인적인 생각과 경험들을 다양한 소셜 미디어 형태로 팔로워들과 공유하는 것을 특징으로 한다. 이 같은 형태의 미디어 현존은 '관중을 팬으로 보는 사고방식과 일련의 관행으로 이해할 수 있다. 대중적 인기는 지속적인 팬 관리로 유지된다. 그리고 자기표현은 다른 이들이 소비할 수 있도록 세심하게 구성된다'(Marwick and Boyd, 2011, p. 140). 인플루언서들은 '팔로워들의 수와는 상관없이 정기적으로 소셜 미디어 콘텐츠를 생성하고 공유한다'(Yilmaz, Sezerel and Uzuner, 2020, p. 2). 팔로워들의 숫자가 소셜 미디어 현존의 유일한 동기가 아닌 것이다. 영향력은 단지 팔로워들의 숫자가 많음에 달려있지 않다. 영향력은 어떤 주제에 관한 전문성 그리고 인플루언서와 그의 팔로워들 사이의 관계에 의해 결정된다(Wong, 2014). 인플루언서들은 그들의 소통과 조언 등으로 팔로워들의 라이프스타일과 소비 행동에 상당한 영향력을 미친다(Garff and Kochwasser, 2020; Schulz, 2019).

　인플루언서 현상은 그 자체로 사적인 것과 공적인 것의 혼성적 배합을 보여 준다. 왜냐하면 인플루언서들은 일반적으로 그들만의 공간과 개인적 상황 속에서 스스로를 촬영하여, 그들의 사적 공간을 공적 현존의 공간으로 전환시키기 때문이다. 인플루언서의 언어와 각각의 설정을 통해서 '상호

주관적으로 형성된 경험의 지평'(Wiesinger, 2019)으로서의 진정성이 팔로워들에게 전달된다. 대화적 상호성의 의미에서 많은 인플루언서들은 팔로워들과 만나는 데 상당한 시간을 쏟는다. 이들은 '팬들과의 만남'(meet and greet)이라는 방식으로 게시물, 블로그, 동영상에 질문을 올린다. 팔로워의 입장에서는 자신을 '알아주는'(seen) 느낌과 '자신만의' 인플루언서와 진정한 관계를 맺고 있다는 느낌이 들 수 있다.

종교적 '진플루언서'

종교적 진플루언서들은 디지털 인플루언서의 논리와 그들이 대중적으로 나타나는 방식들을 그대로 따른다(Ajibade, 2019). 정확히 이와 같은 마케팅의 논리를 받아들여 소셜 미디어 플랫폼에서 활동하는 종교 인플루언서들에 관한 체계적이고 과학적인 연구는 적어도 독일어권 국가에서는 아직까지 거의 정립되지 않았다. 따라서 다음부터 설명될 독일 상황에서의 현상들은 이러한 집단이 확장되는 초기의 특징들을 보여 주고, 동시에 이러한 역학이 갖는 교회론적 함의를 강조하는 것을 목표로 한다.

하이디 캠벨의 최근 디지털 크리에이티브들에 대한 차별화된 분석과, 이들을 '디지털 기업가', '디지털 대변인', '디지털 전략가'로 범주화한 것은 적어도 독일 개신 교회의 진플루언서들에게 아래와 같은 유용한 직관적 판단을 제공한다는 것을 가장 먼저 염두에 두어야 한다. 다음 설명은 진플루언서들에게 적용될 가능성이 높다: '특히 디지털 리더로서 이들의 사역은 이중적 헌신과 영향력이 미치는 영역을 갖는다는 것을 의미하기 때문에, 그들은 자신들이 사역하기로 선택한 종교 기관과의 관계를 신중하게 관리한다'(Campbell, 2021, p. 204). 엄밀한 의미에서 이들은 '종교 지도자'로서 활동하지 않으며, 중요한 제도적 권위라는 의미에서의 공적 기능은 없다. 그럼에도 불구하고 다음 문장은 이들이 공적으로 보이는 모습, 효력, 그리고 이와 관련된 교회론적 함의들과 매우 분명하게 관련되어 있음을 보여 준다: '디지털 전략가들은 관계적 의사소통 절차로서의 권위를 추구함으로 권위의 새로운 표현, 즉 제도적 맥락과 미디어 맥락 사이를 오가며 스스로를 영향력과 소통이 융합하는 새로운 공간으로 정립시키는 권위의 모델이 되고자 한다'(Campbell, 2021, p. 204). 하지만 미리 밝혀두자면, 앞으로 더욱 구체적으로 설명하겠지만, 현재 나타나는 현상은 암묵적으로 일종의 디지털-전략적 모습과 행위를 말하고, 또한 최소한의 진정성의 측면을 포함시키기 위해 '권위'의 기준을 확장시키는 것이 더욱 적절해 보인다.

예를 들면 독일 개신 교회의 영역에서 다음의 계정들, 이를테면 '@seligkeitsdinge'(인스타그램), 'Anders.amen'(유튜브), '@theresaliebt'(인스타그램), '@pfarrerausplastik'(인스타그램), '@pastor. engel'(인스타그램과 유튜브), '@wasistdermensch'(인스타그램), 혹은 '#digitalespfarrhaus'(트위터)를 언급할 수 있을 것이다. 또한 이들은 디지털 공간에서 매우 높은 수준의 개인적이고 일상적인 경험들을 자신의 팔로워들과 공유한다. 그러나 이러한 '진플루언서들'이 제도권 복음주의 교회에 고용되어 있다는 점은 흥미로운 사실이다. 따라서 이들은 목회자로서 공적인 역할도 한다.

예를 들어 이와 같은 '개인적-제도적' 모습은 그들이 공식적인 목회자 복장을 착용하고 교회 공간 안에서 그리고 다양한 디지털 공간에서 자신의 모습을 드러낸다는 사실에서 찾아볼 수 있다. 또 다른 디지털 공간에서 이들은 평범한 복장을 입고 '자신만의 사적 생활공간' 안에서 자신의 모습을 보여 준다. 콘텐츠의 측면에서 그들은 '그들만의 이야기', 고통, 의심, 분노, 기쁨, 공의, 페미니즘, 인종적 정의, 소망과 그 외 수많은 내용들을 공유한다. 그리고 이를 자신들의 기독교적 신념 및 신학적 의미와 명확하게 연결시킨다.

한 예로 @seligkeitsdinge를 언급할 수 있다. 싱글이자 전임 목사인 그녀는 두 자녀가 있다. 그녀의 첫째 아이는 태어나던 날 죽었다. 그녀는 태어났거나 태어나지 못한 아이들의 죽음을 반복해서 이야기하고, 이 모든 일에도 불구하고 어떻게 그녀가 목사가 될 수 있었는지, 그리고 어떻게 그녀의 신앙이 절망 중에 있을 때조차 소망을 가져다주었는지를 자세히 털어놓는다.

이처럼 공적인 인물과 사적인 인물이 되는 혼성적 모습은 분명히 높은 진정성을 보여 준다. 동시에 이 종교적 인플루언서들은 스스로를 매우 분명하게 제도화된 교회의 맥락 속에 위치시킨다.

예를 들면 인스타그램의 @wasistdermensch와 트위터의 #digital-espfarrhaus의 배후에는 시골 교구의 '평범한' 젊은 목사인 독일 헤센 출신의 요르크 니스너가 있다. 흥미롭게도 그는 자발적으로 소셜 미디어에 자신의 모습을 드러낸다. 그와의 개인적 대화로 우리가 알아낸 바에 따르면, 첫째로, 그에게 있어 소셜 미디어 채널들은 그 자체로 그가 사역하는 디지털 목회다. 그는 사람이 주로 관심이 있는 것은 사람이지 기관이 아니라는 사실에서 열정적인 이 사역에 대한 동기부여를 찾는다. 둘째로, 교회 구성원 수가 급격히 감소할 때, 그는 인터넷상에서 사역의 대상이 되는 사람을 찾아내는 것이 교회가 해야 할 일이라고 보았다. 그러나 이 모든 디지털 인터넷 표현의 논리에도 불구하고, 이해하기 쉬운 신학적 언어와 표현 방식이 필요하다는 점은 그에게 있어 분명한 사실이다. 또한 이러한 사실은 신학적 내용이 반드시 새로울 필요는 없지만 여러 가지 방식들로 표현될 수는 있음을 의미한다. 그의 관점에서 볼 때, 이러한 점은 디지털 교회를 하나의 운동이라 말하는 것을 정당화시킨다.

진플루언서들은 신학적-교리적 질문을 일부는 관습에 얽매이지 않는 방식들로 다룬다. 일종의 개인적이고-진정한, 일상-세계를 지향하는 신학적 생산성이 뚜렷이 드러난다. 우리의 입장에서 간략하게 정의하자면 다음과 같다. '신학의 생산성'은 기초적인 신학적 질문과 주제들에 관한 개인적 해석들을 암묵적으로 또는 명시적으로 제공하고 공유하는 신학적 해석의 의사소통적 실천 형태를 의미한다. 동시에 이 실천은 특정한 교리적 내용에 의존하지 않는다. 오히려 자유롭고 독립적인 신학적 해석이 공명하는 공간을 열어 주며, 고전적인 교리 해석에도 비판적 방식으로 이러한 공간을 연다. 그렇게 함으로 팔로워들은 개인적이면서 상호적인 신학화 작업으로 초대된다.

이제 팬데믹의 위기 상황 속에서 이 종교 인플루언서들의 의사소통이 어떻게 드러나는지 살펴보는 것은 흥미로운 일이다. 예를 들어 @seligkeitsdinge는 싱글이자 전임 목사로서 자신의 사역과 아이들의 홈스쿨링 그리고 일상생활을 균형 있게 살아내면서 겪는 매일의 도전들을 종종 이야기한다. 그녀는 어떤 것도 사탕발림으로 꾸며내지 않고 얼마나 자주 한계에 도달하는지 언급하고, 다른 부모들에게 과도한 요구들이 밀려오면 더 이상 가만히 있지 말라고 독려한다. 이제 한 가지 예를 더 광범위하게 제시할 것이다. 이러한 관찰은 폴 틸리히의 교회론적 방법론에 비추어 해석한 것이다. 틸리히의 교회론은 '종교 디지털 현상'을 해석함에 있어 특별히 더 통찰력이 있다. 틸리히의 이해에 따르면, 삶과 세계 그리고 하나님의 영의 지평선 위에서 해석학적 공동체들이 발생하는데, 이것이야말로 교회 그 자체에 관한 틸리히의 이해의 핵심이다. 틸리히의 방법론을 참고하여, 이러한 형태의 신학적 생산성이 코로나19의 위기 상황을 넘어 교회 그 자체의 미래적 형성과 실천에 어느 정도까지 관련이 있을 수 있는지를 마침내 물을 수 있다.

종교 진플루언서의 신학-생산적 위기 의사소통 - 모범적 통찰

디지털 종교 커뮤니케이션은 신학적 성찰을 위한 공명하는 공간을 여는데 구체적으로 어떤 역할을 하는 것일까? 한 예로, 코로나19 팬데믹 기간에 일어난, 유튜브 채널 '앤더스.아멘'(Anders.Amen)의 논평 과정을 추적해 볼 수 있다. 이 유튜브 채널은 엘렌과 슈테피라 하는 2명의 여성 목회자들이 전문적으로 탁월하게 운영한다. 그들은 '7년 차 퀴어 레즈비언 목사 커플'(Tagesspiegel, 2020)로서 독일 북부에 있는 니더작센의 한 마을에서 목회 사역을 한다. 이들은 2020년 초부터 '앤더스.아멘'으로 온라인 활동을 시작했고, 이미 20,000여 명의 구독자들(2021년 3월 21일 기준)을 거느리고 있으며, 계속해서 상승세를 보이고 있다. 대략 일주일에 한 번의 주기로 업로드되는 이들의 유튜브 영상들 중 일부는 그 조회수가 7,500회에서 62,500회 이상이다.

이들이 올린 '코로나19로 인한-격리는-관계를-위태롭게 만든다 - 고조되는 논란 || 충격#2'(Corona-Isolation endangers relationship - dispute escalates || Impulse #2)라는 제목의 영상을 보면, 엘렌은 2020년 3월 29일부터 현 상황을 분석하기 시작한다(www.youtube.com/watch?v=tjw EqZqZ1SY, 3:03부터).

> 그리고 저는 이것이 팬데믹 기간에 우리가 지금 기억해야 할 가장 중요한 것 중 하나라고 생각합니다. 그것은 하나님은 우리에게 '왜?'라는 질문의 답을 그런 방식으로 주시지 않는다는 사실입니다. 누군가가 이렇게 말하기도 합니다: '답은 아주 간단합니다. 코로나19는 동성 결혼과 같은 것 때문에 생겼습니다. … 사람은 이제 더 이상 성경에서 이야기하는 것을 따르지 않습니다. 바로 이것이 당신들을 벌하고자 하나님이 이 전염병을 보내신 이유입니다.' 그런데 이는 그리 단순한 문제가 아닙니다. 하나님은 '왜?'라는 질문에 간단한 답을 주지 않으십니다. 마치 욥이 답을 얻긴 했지만, 그의 질문에 대한 것은 아닌 것처럼 말입니다. 아마도 우리가 하나님과 대화할 때, 이 일이 일어날 것입니다. 하나님이 우리에게 무언가를 말씀하실 때, 그분은 우리가 듣고 싶어 하는 것을 말씀하시지 않는다는 것입니다.

그 후 슈테피는 카메라에 대고 질문한다. '당신은 하나님과 코로나19가

서로 관련이 있다고 생각하나요? 여러분의 대답을 듣고 싶습니다.' 그 결과 이처럼 분명한 신학적 질문에 수많은 댓글들이 달렸고, 신정론이라는 신학적 주제가 다루어지고 생산적으로 연구되었다. 그중 한 댓글을 보자.

> 저는 하나님과 관련이 있다고 생각합니다. 모든 것은 하나님으로부터 옵니다. 자유의지와 그것이 작동하는 방식 때문에, 불행히도 나쁜 일들 역시 많이 존재합니다. 그러나 저는 하나님이 선을 위해 이 세상에 있는 부정적인 것을 사용하실 수 있다고 배웠습니다.

또 다른 사람은 좀 더 실용적인 측면에서 이야기한다.

> 하나님이 코로나19와 관련이 있을까요? … 저는 이것이 왜 생겼는지 혹은 더 깊은 의미가 있는지는 솔직히 잘 모르겠습니다. 다만 저는 모르는 채로 있으면서, 맡은 일에 최선을 다하고, 이것에 직접적으로 영향을 받은 사람, 즉 코로나19로 인해 누군가를 잃거나 아픈 사람을 떠올릴 것입니다. … 말하자면 스스로의 건강을 지키면서 맡은 삶에 최선을 다하며 마음을 다해 사랑하는 거죠.

또 어떤 사람은 예수의 실천을 언급하면서 동시에 설교하는 것처럼 다음과 같이 글을 올렸다.

> 예수님이 그가 만난 모든 사람을 고치신 것은 아닙니다. 하지만 그분은 자신에게 있어(하나님에게 있어) 질병은 진짜 문제가 아님을 보여 주셨습니다. 팬데믹 기간은 모든 위기 상황과 마찬가지로 배움의 기회입니다. 그리고 우리는 우리 자신이 신이 아님을 깨닫기 위해 이 위기들을 필요로 합니다. … 그러나 하나님은 또한 모든 위기 상황 속에서 이렇게 말씀하십니다. '애야, 내가 너를 원한다. 내가

너와 함께한다. 내가 너를 사랑한다. 내가 너를 붙들어 주겠다. 그래서 네가 이 문제를 통해 더 성숙해지도록 할 것이다.' 그러니 여러분, 최선을 다해서 이 위기 가운데 배우십시오.

또 어떤 댓글은 위기를 창조에 관한 전통적 이해는 물론 신약성경과도 연결시킨다.

답변: 코로나19가 어떤 이유에서든 피조물의 일부라는 점에서 하나님은 사스- 코로나 바이러스와 관계가 있습니다. 그러나 특정하게 '심판'을 위해 주어진 것은 확실히 아닙니다. 구약성경을 보면 하나님은 결코 다시는 인류를 멸망시키지 않겠다고 이 (무지개 그림) 징표와 함께 언약을 맺으셨습니다. 이것만으로도 의도하지 않는 처벌에 대하여 반대하는 의견이 됩니다. 그리고 심지어 우리는 모든 것이 완전히 달라질 신약성경 속에서 살고 있는 것도 아닙니다.

또 다른 댓글들은 인간이 만든 인위적인 원인에 관한 질문이나 신적 의지에 관한 질문에 대한 고전적 신정론의 상이한 측면들을 넘어선다. 그뿐만 아니라 전체적인 위기 상황 한가운데서 의미를 추구하는 이 플랫폼은 신학적으로 생산적인 공명 공간이 되고 있음이 분명하다. 이러한 점은 심지어 다른 팔로워들이 이전 댓글들을 직접 언급하지 않더라도 마찬가지이다. 또한 2명의 목회자 진플루언서들은 최소한 몇 개의 댓글을 제외하고는 여러 댓글들에 명시적으로 반응하지 않는다. 그럼에도 불구하고 대화적 상호성이 분명하게 유지되고 있다. 슈테프와 엘렌은 혐오성 댓글들을 포함하여 모든 댓글들을 일일이 읽고 재차 확인하기 때문이다.

이 방식으로 그들은 그들만의 일상의 신학화를 통해 각자의 신학적 해석이 지닌 생산적 잠재력으로 나아간다. 그들은 전문적인 훈련을 받았음에도 불구하고, 답변과 연결 요청을 통해서 해석적 진리를 배타적으로 움켜쥐고 있지 않다는 신호를 보낸다(Kumlehn, 2019). 따라서 위기-관련 신학의 가능성은 그 시작부터 곧장 생산적으로 공유된다. 그리고 적어도 간접적으로나마 신학적이고 해석학적인 측면에서 스스로 활동하도록 팔로워들을 독려한다. 그러므로 흔들리지 않는 굳건함과 도전적인 성격, 교회적 실천과의 연관성에 있어 결코 평가 절하되어서는 안 되는 이 지점에서 디지털 형태의 신학적 의사소통을 발견할 수 있다.

그런데 이것은 또한 이 유튜브 채팅 참여자들이 교회에서 겪은 일반적인 경험과 비교해 볼 때, 더 긍정적이다. '당신들이야말로 진정 최고입니다. 저는 오랫동안 교회와 멀리 떨어져 있었습니다. 교회에서 별로 좋지 않은 일들을 겪었거든요. 그런데 당신들이 해 주는 말을 듣는 것은 좋습니다. 당신들 같은 사람이 더 많아졌으면 좋겠어요.'

폴 틸리히를 지향하는 교회론적 성찰

이번의 사소한 예는 폴 틸리히의 기본적인 교회론적 성찰을 배경으로 하여 조명해 볼 수 있다. 흥미롭게도, 아마 20세기의 교회론적 방법론 중 어떤 것도 교회와 세상이라는 공간을 틸리히보다 더 명확하게 연결시키고 연관시키는 사람은 없다(Thelander, 2012; Jeanrond, 2010).

틸리히의 방법론은 유동적이고 변화하는 상황의 지평에 자신의 성찰을 포함시키기 때문에 오늘날 훨씬 더 적합하다. 기본적으로 틸리히의 관점에서 보면 다음과 같은 사실이 적용된다. '교회의 역사는 교회가 시간과 공간에서 실재하는 역사이다'(Tillich, 1963, p. 377). 이 배경에서 볼 때, 틸리히의 성령론-지향적인 '교회' 개념뿐 아니라 해석학적 공동체 실천에 대한 개념은 디지털 종교 실천들을 검토하고 해석하는 데 매우 유익하다.

그러나 교회 개념 자체를 틸리히가 매우 차별화된 방식으로 정의했음을 미리 짚고 넘어가야 한다(Harasta, 2011; Kühn, 1980, pp. 119-132). 여기서 중요한 것은 틸리히가 특별히 그의 후반기 연구에서 영적 공동체와 교회 사이를 매우 선명하게 구분 지었다는 사실이다. 틸리히의 말에 따르면, '잠재적 교회'(혹은 '무의식적 기독교')와 '명시적 교회' 사이(Bernhardt, 2010)인데, 흥미롭게도 이 둘은 마르틴 루터가 '보이는' 교회와 '감추어진 교회' 사이를 구분한 것과 같은 맥락이다(Danz, 2017, p. 249). 여기에서, 종교개혁 신학이 '보이지 않는 교회'(invisible church)를 알고 있으면서도 이 용어의 사용을 피했다는 점은 주목할 만하다. 왜냐하면 교회란 결코 보이지 않는 것이 아니기 때문이다. 다시 말해 말씀과 성례전은 결코 보이지 않을 수 없다(Tietz, 2011).

틸리히의 교회론적 방법론에서 핵심 요점 중 하나는 '영적 공동체'에 속하는 것은 기본적으로 교회의 구성원이 되는 것을 넘어선다는 것이다. 달리 말해, '궁극적 관심'의 관점에서 보면 이 영적 공동체에 대한 지향과 참여는 스스로를 '명시적'(manifest) 교회의 구성원으로 부르거나 혹은 전통적인 의미에서 기독교 신앙을 지녔다고 고백하는 사람만이 독점할 수 있는 실천이거나 능력이 아니다. 오히려 '영적 공동체'는 자신만의 삶의 방식에 따라 생각과 신앙 그리고 행위를 통해 바로 이 역동적인 영(spirit)에게 자리를 내주는 사람들을 포함한다. 이와 관련된 인용들 중 하나를 읽어보자. '영적 공동체는 무한히 다양한 신앙의 표현을 포함하고 있으며, 이 중 어떤 것도 배제하지 않는다. 영적 공동체는 영적 현존의 중심적 현현에 기초하고 있기 때문에 모든 방향에 개방되어 있다'(Tillich, 1963, p. 155).

이처럼 영적 공동체의 광범위한 개념은 교회의 자기 이해와 실천에 상당한 영향을 미친다. 교회는 세상과 반대되는 그 무엇이 되어서도 안 되고, 또 그렇게 이해되어서도 안 된다. 오히려 교회는 세상과 맺을 수 있는 가장 강력하고 가능한 상관관계 안에서만 그 형태와 타당성을 획득한다. 문화와 긴밀하게 연관 지음 속에서 스스로를 이해하고, 모든 사람의 실존적 질문에 열려 있을 때에만 교회는 그 본래적 의미를 제대로 발휘할 수 있다. 교회는 계속해서 발생하는 세계의 위기-취약성과 인간 개개인의 위기들을 의식적으로 다루려는 곳에서만 교회가 될 수 있다. '절망의 심각성 속에서, 하나님은 그들에게 현존한다. 이 역설적인 수용을 받아들이는 것이 신앙의 용기이다'(Tillich, 1963, p. 228).

각 개인의 삶의 조건들에 대한 기본적인 민감함 속에서만 그리고 신학적 해석에 대한 적합한 실천에 의해서만, 교회는 문화와 관련된 그리고 삶과 관련된 요소로 나타날 수 있다. 진리와 일상생활에 대한 기독교적 주장을 상관관계 방식으로 다룸으로만 교회는 스스로를 생명에 봉사하는 기관으로 입증할 것이다. 틸리히는 이러한 사실을 아래와 같이 표현했다. '신과 인간 사이의 무한한 거리를 주장하는 프로테스탄트의 원리는 새로운 존재를 교리적으로 표현한 절대적 주장을 약화시킨다'(Tillich, 1963, p. 177).

따라서 틸리히의 교회론적 방법론은 인간학적이고 심오한 개혁신학적 확신을 영구적으로 언급한다. 자신의 존엄과 연약함 안에서 교회를 구성하는 것은 언제나 인간이다. 그러므로 인간은 교회적 실천의 대상으로 간주되어서는 안 된다. 하지만 이들은 교회와 복음의 의사소통이 어떻게 드러나는지 보여 주는 구성적 주체다. 따라서 교회란 단지 '타인들을 위한 교회'가 아니다. 교회는 가장 인간학적이고 신학적인 이유로 – 모든 믿는 자들이 사제라는 의미에서 – 특별히 위기의 시기에 '모두를 통해' 그리고 '모두와 함께 하는' 교회가 된다.

교회론적 결론 그리고 관점들

이와 같은 통찰들은 종교 인플루언서들의 유의미한 위기적 의사소통의 현상에 다시 한 번 적용될 수 있다. 종교 인플루언서들의 대화적 현시 속에는 본질적으로 상호만남의 영적인 역동으로 형성되는 하나님의 형상이 나타난다.

'인격적인 하나님'이란 하나님이 인격체임을 의미하지 않는다. 하나님이 인격적인 모든 것의 지반이며, 인격의 존재론적 힘을 자신 안에 지니고 있음을 의미한다. 그분은 인격체가 아니지만, 인격적인 것 그 이상이다. … 신적 생명은 모든 생명에 그 근거와 목적으로서 참여한다. 하나님은 그렇게 존재하는 모든 것에 참여하신다. 그분은 모든 것과 함께 공동체를 이루신다. 모든 것과 그 운명을 함께하신다(Tillich, 1973, p. 245).

어떤 경우든 흥미로운 점은 이 인플루언서들이 일차원적인 복음 선포의 수단으로 디지털 미디어를 사용하지 않는다는 것이다. 오히려 이들이 제공하는 디지털 플랫폼들은 의도적으로 대화를 위한 장을 연다. 이처럼 교회를 진정으로 대표하는 사람의 소셜 미디어 사용은 '한 사람 대 여러 사람'(혹은 일대다, one to many)의 형식이 아니라 어느 정도는 '여러 사람 대 여러 사람'(다대다, many to many)의 형식에서 이루어진다.

따라서 디지털 커뮤니케이션은 '전문가들'에게만 국한되지 않는다. 암암리에 이 종교 인플루언서들은 틸리히의 교회론적 방법론과 밀접한 거의 대안적인 형태의 교회로서 존재하고 이를 대표한다. '명시적' 교회를 대표할 뿐 아니라 '잠재적 교회' 역시 대표한다. 따라서 교회의 일원이 되는 자격은 지역적 구성원들로 이루어진 공동체에 의해서만 결정되지 않는다. 오히려 교회는 다양한 참여와 상호작용적 방식으로 '팔로우'하는 공적인 기회로서 존재한다. 그러므로 이 '공적 팔로워들' 스스로가 중요한 책임을 지는 것이다. 이 독특한 만인제사장직의 다양성은 이와 같은 디지털 형태들에서 드러난다.

디지털 형식으로 형성되는 이러한 다차원적인 복음 선포와 응답의 가능성은 공동의 신학함이라는 공명 공간을 창출한다. 이렇게 의미를 추구하는 인플루언서들은 다른 신학-생산적 실천들을 위한 자신들만의 신학적 해석을 보여 준다. 그들은 이렇게 함으로 자신들의 팔로워를 위해 개인적 위기의 경험을 목회적 공간으로 제공한다. 일상적이고 현재적인 위기의 경험은 단순하게 신학적으로 과장되거나 피상적으로 해석되지 않는다. 이러한 경험은 기독교의 진리 주장이라는 지평에서 역동적인 공동의 해석으로 전환된다.

그러므로 이와 같은 대화적 실천은 (신학적) 권한 부여(empowerment)의 한 형태로도 이해할 수 있다. 신학적 권한 부여에 초점을 맞추는 것은 각 사람과 공동체의 신학적 자율성과 자기 결정권을 강화시키고 이들이 자신들의 삶을 구축할 수 있는 공간을 창출하는 것을 목표로 한다. 권한 부여의 신학적 해석에 대한 논의들은 보편적인 만인제사장직이라는 슬로건과 함께 종교개혁의 정신을 다시 한 번 일깨운다. 만인제사장직은 신학적 성숙함, 책임성, 그리고 참여하는 권한을 부여한다(Müller, 2021). 스스로 행동하는 신학화를 위한 권한 부여와 새로운 디지털 방식들로 일을 시도하는 데 따르는 즐거움은 분명 수많은 진플루언서들이 촉진하는 것으로 디지털 방식의 신학적 권한 부여의 특징이다. 칭의와 은총의 신학적 관점에서는 위기의 때에 사람이 갖는 잠재력과 취약성을 깊이 인식한다. 왜냐하면 이러한 교회론에 있어 인간의 깨어짐에 대한 인간학적 통찰은 인간이 가진 무조건적인 존엄성에 관한 신학적 해석과 결합되기 때문이다(Luther, 1992).

이러한 점에서 디지털 커뮤니케이션 공간은 위기의 상황에서 각 개인이 단순하게 잊혀지는 것이 아니라, 언제나 무조건적으로 인정받고 용납받을 절대적인 가치가 있음을 알려 주는 최고의 신호이다.

이와 같은 평가들로부터 '영적 공동체'로서 교회의 미래적 실천을 위한 중요한 관점들이 도출된다. 신앙의 공적 표현은 단순하게 소수의 전문가들에게만 위임될 수 없다. 오히려 목회적이고 일상적인 삶에서의 '평범한(normal) 실천을 위해 우리는 신학적으로 생산적이고, 카리스마적이며, 열정적인 인플루언서들로부터 배워야 한다. 진플루언서들은 신학적 질문을 제기하고, 자신의 견해를 제시하며, 이로써 자연스럽게 자신들의 전문성에 기반한 (기능적) 권위를 취한다. 동시에 그들은 신학적으로 생산적인 교류의 가능성을 연다. 이러한 일은 틸리히처럼 거룩한 영의 현존에 비추어 영감으로 잘 이해할 수 있으며, 슐라이어마허처럼 – 소위 가상의 – 자유롭고 생산적인 사회성의 형태로 또는 영혼과 생각의 교환으로도 이해할 수 있다. 이러한 내용은 그들의 현시와 신학적 전문성, 그리고 삶의 일상적 질문을 인식하는 공감능력 모두에 적용된다. 그러므로 목회자들에게는 '디지털 신학 문해력'(digital theological literacy)이 요구된다. 이 전제 조건하에서 새로운 디지털 형태의 신학적 생산성은 모든 목회적 실천을 위한 영감을 제공해 줄 수 있다. 그리고 이 신학적 생산성은 현재 위기 후 오랫동안 지속될 것이 분명해 보이는 모든 위기의 경험들에도 적용될 수 있다.

참고 문헌

Ajibade, K., 2019, 'How to get faith trending: the rise of religious influencers', 26 June, *Theos*, www.theosthinktank.co.uk/comment/2019/06/25/how-to-get-faithtrending-the-rise-of-religious-influencers.

Bernhardt, R., 2010, 'Christentum ohne Christusglaube. Die Rede von "unbewusstem Christentum" und "latenter Kirche" im 19. und 20. Jahrhundert', in *Theologische Zeitschrift* 66(2), pp. 119-147.

Campbell, Heidi A., 2021, *Digital Creatives and the Rethinking of Religious Authority*, Abingdon/New York: Routledge.

Danz, C., 2017, 'Die Gegenwart des gottlichen Geistes und die Zweideutigkeiten des Lebens', in C. Danz (ed.), *Paul Tillichs 'systematische Theologie'. Ein werkund problemgeschichtlicher Kommentar*, Berlin/Boston: De Gruyter, pp. 227-256.

Garff, F. and T. Kochwasser, 2020, 'Der Siegeszug der Sinnfluencer', 27 May, *Zukunfts Institut*, www.zukunftsinstitut.de/artikel/marketing/der-siegeszug-dersinnfluencer/.

Harasta, E., 2011, *Die Bewahrheitung der Kirchen durch Jesus Christus. Eine christologische Ekklesiologie*, Leipzig: Evang. Verlagsanstalt.

Jeanrond, W. G., 2010, 'Ecclesia semper reformanda. Protestant Principle and Church Renewal', in *Dansk teologisk tidsskrift* 73(4), pp. 271-281.

Kuhn, U., 1980, *Kirche*, Gutersloh: Gutersloher Verlagshaus.

Kumlehn, M., 2019, 'Deutungsmacht', February, *Deutsche Bibel Gesellschaft*, www.bibelwissenschaft.de/wirelex/das-wissenschaftlich-religionspaedagogischelexikon/wirelex/sachwort/anzeigen/details/deutungsmacht/ch/0ee3c43e9433b3e0832981cd8452e968/.

Luther, H., 1992, *Religion und Alltag. Bausteine zu einer Praktischen Theologie des Subjekts*, Stuttgart: Radius.

Marwick, Alice and Danah Boyd, 2011, 'To see and be seen: Celebrity practice on Twitter', in *Convergence*, 17(2), pp. 139-158.

Muller, S., 2021, *Lived Theology. Impulses for a Pastoral Theology of Empowerment*, Eugene, OR: Cascade Books.

Schulz, S. C., 2019, '10 Sinnfluencer, die du kennen solltest', 23 June, *Utopia*, https://utopia.de/ratgeber/10-sinnfluencer-die-du-kennen-solltest/.

Sonntagsblatt, 2020, 'Kirche & Netz. "yeet": Evangelisches Contentnetzwerkfur "Sinnfluencer" startet', February 18, Sonntagsblatt, www.sonntagsblatt.de/artikel/medien/yeet-evangelisches-contentnetzwerk-fuer-sinnfluencer-startet.

Tagesspiegel, 2020, 'Kanal "Anders Amen" Lesbische Pastorinnen als Youtube-Stars', February 8, *Tagesspiegel*, www.tagesspiegel.de/gesellschaft/queerspiegel/kanalanders-amen-lesbische-pastorinnen-als-youtube-stars/25518948.html.

Thelander, L. J., 2012, 'Retrieving Paul Tillich's Ecclesiology for the Church Today', *Theology Today* 69(2), pp. 141-155.

Tietz, C., 2011, 'Da wird auch deine Kirche sein, Welche Schatze birgt der Glauben? - Hauptvortrag auf dem 33', *Deutschen Evangelischen Kirchentag*, www.ekd.de/20110603_tietz_hauptvortrag_dekt.htm.

Tillich, P., 1963, *Systematic Theology 3*, Chicago, IL: Chicago University Press.

Tillich, P., 1973, *Systematic Theology 1*, Chicago, IL: Chicago University Press.

Wiesinger, C., 2019, *Authentizitat, Eine phanomenologische Annaherung an eine praktisch-theologische Herausforderung*, Tubingen: Mohr Siebeck.

Wong, Kyle, 2014, 'How Influencer Marketing Will Change In 2015', *Forbes*, www.forbes.com/sites/kylewong/2014/12/22/how-influencer-marketing-willchange-in-2015/#29721bf05a7.

Yilmaz, M., H. Sezerel and Y. Uzuner, 2020, 'Sharing experiences and interpretation of experiences: a phenomenological research on Instagram influencers', in *Current Issues in Tourism*, 1-8.

7. 봉쇄되었으나 봉쇄되지 않은
: 팬데믹 시기에 모순절주의와 미디어에 관한
아프리카인의 관점

J. 콰베나 아사모아-기야두

서문

봉쇄, 제재, 안면 마스크 착용, 신체적 그리고 사회적 거리두기를 동반한 코로나19 팬데믹은 신앙인들이 모임을 조직하는 방식을 포함하여 사람들의 삶의 방식에 급격한 변화를 가져왔다. 일부 경제학자들은 코로나19를 여러 면에서 위태하고 불안정한 시기를 낳는 엄청난 규모의 경제적 혼란의 원인으로 언급해 왔다(Schwab and Malleret, 2020, p. 11). 기독교 신학의 관점을 가진 사람에게는 그리스도가 팬데믹이 초래한 위기에 대한 해답이다(Piper, 2020). 특히 아프리카의 상황에서 종교는 생존 전략이 되는 경향이 있다. 때문에 혹독한 팬데믹 상황에서 외로움, 고립감, 소득원이 감소하거나 완전히 고갈됨으로 오는 트라우마 같은 위기를 극복하고자 할 때, 종교적 자원은 매우 유용했다. 또한 교회에 직접 모일 수 없고, 심지어 성찬식과 같은 성례전을 거행하는 것을 포함한 광범위한 부분에서 미디어를 의존해야 하는 결과, 교회론 역시 어느 정도 수정이 필요했다.

팬데믹 초기에 아프리카에서 영향력 있는 가나인 목회자 중 한 명이자,

국제순복음중앙교회(International Central Gospel Church)의 설립자인 멘사 오타빌(Mensa Otabil)은 팬데믹 시기에 교회 운영을 어떻게 해야 했는지, 그리고 목회자로 예배와 모임을 지속하고자 팬데믹이 가져온 불가피한 상황들을 어떻게 활용할 수 있었는지 설명하는 짧은 분량의 비디오 클립을 배포했다. 2020년 3월부터 배포된 이 녹화된 비디오 영상의 일부분을 그대로 옮기면 아래와 같다.

주님을 찬양합니다. 아시다시피 지난 몇 달간 우리가 사는 세계는 흥미로운 시간을 경험했습니다. 그리고 우리는 지금 정말 흥미로운 시기를 살아가고 있습니다. 어떤 때는 모든 것이 무척 평화로워 보입니다. 그런데 갑작스럽게 모든 것이 무너지는 것 같기도 합니다. 증시는 폭락하고 있으며, 경제는 뒤흔들립니다. 공장들은 문을 닫고 있으며, 공공기관들은 폐쇄되고 이제 교회의 활동도 온라인과 방송으로만 해야 합니다. … 그래서 우리는 새로운 차원으로 교회 예배를 드리고 있는데, 누가 알겠습니까? 이것이 처음 우리가 했던 것보다 그리스도를 위해 더 많은 사람에게 다가갈 수 있도록 해 줄지 말입니다. 주일부터, 우리 예배는 우리 교회의 앱, My ICGC App을 통해 주로 온라인으로 드려질 것입니다. 여러분들은 앱을 설치하는 설명서도 얻을 수 있습니다. 각 모임에서는 회중과 별도로 앱으로 방송 예배를 드릴 수 있습니다. 게다가 우리는 페이스북 라이브도 가능합니다. 정말 하나님께 감사한 일입니다. 그리고 하나님의 말씀을 전하는 데 도움이 되는 소셜 미디어를 통한 다른 라이브 방송 채널도 있습니다. 중요한 것은 하나님의 말씀은 매이지 않고, 제한되지도 않는다는 사실입니다. 이러한 방법들로 우리는 더 많은 사람에게 하나님의 말씀을 전할 수 있습니다. 사람들을 격려하십시오. 사람들에게 새로운 삶을 경험하게 해 주십시오. 구원에 이르도록 도와주십시오. 저는 하나님의 능력이 거리와는 아무 상관이 없다고 믿습니다. 우리에게는 우리가 드리는 예배를 송출할 TV방송국들이 있습니다.

이 내용은 디지털 미디어를 포함한 다양한 언론 매체에서 캡처되고 유포된 것 중 하나에 불과하다. 이 장에서는 몇몇 중요한 아프리카의 은사주의적 설교자들의 설교와 교회적 실천의 사례들을 통해 코로나19 팬데믹에 대한 현대 오순절 교회의 반응을 선별하여 살펴볼 것이다. 그리고 디지털을 비롯한 여러 다른 방식의 미디어의 배포를 통해서 특별히 오순절/은사주의 교파의 교회 구성원들, 팔로워들, 그리고 수요자들이 끔찍한 팬데믹 상황에 어떻게 대처하도록 교육받았는지 또 은사주의 목회자들이 어떻게 이것을 가능하게 했는지 살펴볼 것이다. 위의 자료에서 오타빌 목사가 말한 것처럼 비록 사람이 디지털 미디어로 교회에 접속하더라도, 자신들이 교회 안에 있다는 사실과 미디어는 '하나님을 향한 그들의 경외심'에 영향을 미치지 않는다는 사실을 의식해야 한다. 그가 지적한 것처럼 하나님의 말씀은 제한되거나 매이지 않는다. 그리고 이러한 이해를 바탕으로 멘사 오타빌 목사는 미디어를 사용함으로써 목사로서 그가 전하려는 메시지의 효력을 잃지 않으면서 봉쇄라는 한계를 극복할 수 있었음을 강조했다. 다음은 다른 부분의 메시지다.

목욕을 하고, 이를 닦고, 교회에 갈 것처럼 주일에 입는 옷을 입으십시오. 예배를 드릴 때는 손을 들고 함께 찬양을 부르십시오. 우리가 찬송가를 부를 때는 함께 노래하십시오. 우리가 선포할 때는 함께 선포하십시오. 하나님의 말씀을 듣고 '아멘'이라 말하고 싶을 때는 '아멘!'이라 말하십시오. 당신이 손을 들고 싶을 때, 손을 드십시오. 우리가 원하는 것은 당신이 실제로 거대한 회중 가운데 있는 것처럼 교회를 대하는 것입니다. 네, 처음에는 조금 어색하겠지요. 하지만 앞으로 4주 안에 당신과 우리는 이 일에 익숙해질 것이고, 또 매우 잘할 것이라 저는 확신합니다.

오타빌 목사는 홀로 예배 방송을 시청하는 사람도 온라인상에서 전 세계의 형제자매들로 이루어진 더 큰 친교 또는 교제 안에 속한다는 사실을 인식할 필요가 있음을 지적했다. 게다가 라이브 예배를 놓쳤더라도 걱정할 필요가 없다. 온라인으로 업로드된 녹화본을 시청할 수 있기 때문이다. 결론적으로 그는 이렇게 권면한다. '주님을 예배하고 그분을 찬양하는, 그리고 노래하고 하나님의 말씀을 들으며 그분께 영광 돌리는 하나님의 복된 주일이 되시길 바랍니다.'

오순절주의, 코로나19 그리고 새로운 차원의 신앙

오순절주의는 매우 강력한 구전(oral) 문화를 갖춘 경험적 종교다. 그래서 이 연구의 주된 자료는 오순절 운동과 관련된 여러 은사주의 인물들의 기도, 예언적 천명, 선포, 그리고 설교들이었으며 다양한 디지털 자료와 WhatsApp 비디오도 있었다. 이 장의 논의는 특별히 대중적으로 잘 알려진 2명의 가나 출신 은사주의 목사가 전달한 메시지와 자료를 기반으로 하며, 팬데믹이 오늘날 오순절/은사주의 기독교의 유행을 주도해 온 승리주의적 메시지에 어떻게 도전했는지를 다룰 것이다. 여기서는 코로나19 팬데믹의 현실을 외면하도록 음모론자들과 합류한 나이지리아의 은사주의 치유자이자 남아프리카를 무대로 활약하고 있는 번영주의 설교자인 크리스 오야킬로메와 같은 은사주의 목사들의 관점은 고려하지 않았다. 만약 우리가 교회론을 신성한 기관이자 신앙의 공동체로 교회를 이해하는 것이라 한다면, 팬데믹이 교회를 하나님 백성의 조직화된 공동체로 이해하는 데 어떤 영향을 미쳤는지가 중요해진다. 교회의 종교적 실천에 주어진 변화와 수정들은 인간의 통제를 벗어난 환경들이 어떻게 종교적 행위, 특별히 악에 대한 우리의 반응과 관련해서 어떻게 영향을 미칠 수 있는지 보여 준다.

중국 우한에서 시작되어 전 세계로 퍼진 코로나19의 확산은 인간 삶의 전 영역을 강타했으며, 심지어 초강대국들조차도 그 영향에 대처하고자 분주하게 애쓰고 있다. 기독교 교회를 포함한 신앙 공동체들 역시 정부가 개인의 행동과 공개적인 모임에 제한을 가함에 따라 위기감이 고조되었다. 은사주의 기독교의 온상이라 할 가나와 나이지리아, 두 지역을 포함한 사하라 사막 이남 아프리카 전역의 교회 모임은 심각하게 제한되었지만 미디어 기술이 숨통을 열어 주었다. 인터넷 웹페이지, WhatsApp 비디오, 메시지 공유를 포함한 다양한 디지털 미디어 플랫폼을 통해 사역하는 오순절/은사주의 목사들은 다른 종교 인사들과 합류하여, 어려움을 겪고 있는 교인들과 일반 대중들에게 다가갔다. 다양한 기독교 담론 속에서 코로나19는 한 아프리카 오순절 계열 목사가 말했듯이 사탄과 정사와 권세에 의해 세상에 퍼진 '악한 바이러스'로 문제시되었다.

그러나 코로나19의 사회적이고 공적인 보건 차원의 영향력은 차별 없이 모든 사람에게 미쳤다. 이것은 오늘날 오순절 운동의 중요한 메시지, 곧 신실한 기독교 신앙에 대한 하나님의 보상으로서 물질적 번영, 건강, 부를 얻게 된다는 설교가 반박되고 의구심 아래에 놓이게 되었음을 의미한다. 이 장에서 나는 번영을 설교하는 교회가 자신의 신학적 사고와 교회적 실천들에 도전하는 코로나19에 어떻게 대응했는지 성찰하고, 이로써 어려운 팬데믹 시대에 신앙 공동체들이 하나님을 믿는 신앙의 의미를 되새기는 데 도움을 주고자 한다.

현대 오순절주의: 교회적 특징

현대 오순절주의란 20세기의 마지막 30년간 아프리카의 종교 지형에 등장한, 도시를 중심으로 번영을 설교하는 은사주의 운동을 말한다. 이들은 교회적 삶과 예배에 매우 현대적인 접근을 취하는, 역사적으로 신생의 초교파적 교회라는 점에서 하나님의 성회(the Assemblies of God)와 같은 전통적 오순절 교단과는 다르다. 미국인 사회학자 도날드 E. 밀러(Donald E. Miller)가 이들을 언급한 것처럼, 새 형태의 교회(혹은 뉴패러다임 교회/New Paradigm Churches: 도날드 E. 밀러가 제안한 용어로, 미국에서 현대 사회의 문화적 요청에 따른 교회적 적응과 메시지 전달로 급성장한 교회를 지칭함 - 역자 주)는 '많은 주류 교회보다 참여자의 요구에 잘 공감하고 … 이들은 신성함을 성공적으로 매개하고 있으며, 모든 진정한 종교의 자기 초월적이고 삶을 변화시키는 그 핵심적 내용을 잘 전달'(Miller, 1997, p. 3)하는 것처럼 보인다. 아프리카 대중들과 미디어 영역에 있어 오순절/은사주의 사역의 양적 팽창은 종교 환경의 질적 변화로 이어졌다. 밀러는 이 새로운 교회가 '사람의 필요에 창의적으로 반응하는 진화된 프로그램 메뉴를 지속적으로 제공해 왔다'고 말한다. 일반 대중들에게 이 새로운 교회가 호감을 얻는 데 기여한 것은 평범한 사람의 필요에 창의적으로 반응하는 능력이라 할 수 있다.

이들의 잘 알려진 특징은 다음과 같다. 동시대적 세계관, 초대형 규모의 회중, 성공에 동기를 부여하는 메시지, 긍정적인 연설과 번영 추구, 악령들의 존재에 대한 믿음과 영적 전쟁 및 구원에 초점을 맞춘 사역, 미디어 문화를 수용하기에 적합한 현대적이고 인상적인 예배 강당, 국제주의, 신분 상승을 지향하는 젊은이들을 향한 호소, 축제 방식의 예배와 예배 가운데 매우 혁신적이고 광범위한 미디어 기술의 사용 등이다. 현대 오순절주의자들은 대중적인 사역을 감당하는 매우 영향력 있고 카리스마적인 재능을 가진 지도자들로서, 전 세계 수백만에 달하는 팔로워들과 만나는 강력하고 왕성한 미디어 활동을 한다. 고전적 오순절주의의 중심적인 신학적 주제였던 '이제 곧 오실 왕, 그리스도'를 믿는 믿음은 오늘날의 오순절/은사주의 목사들의 메시지에서는 거의 다 사라져 버렸다는 점에 주목하는 것이 중요하다. 왜냐하면 물질적 번영과 건강과 부를 추구하는 메시지의 설교는 지옥, 심판, 그리고 '파루시아'(Parousia: 그리스도의 재림을 뜻하는 그리스어 - 역자 주)의 주제를 다루지 않기 때문이다. 그러나 팬데믹 중간에 이 종말론적 차원이 미디어 메시지와 암묵적으로 사람에게 격려를 전해 주는 표현 속에서 갑자기 다시 등장하기 시작했다.

현대의 오순절/은사주의 사역의 리더십들은 자신들을 평범한 목사에서 매우 강력한 팬을 기반으로 하는 엔터테인먼트나 스포츠 스타에 견줄만한 종교적 유명인사로 바꾸어 주는 셀럽 문화를 수용했다. 카리스마적인 리더들이 전하는 동기부여의 메시지에 긍정적으로 반응하는 수십만 명의 '팬들'에게 인기를 얻는 목사들의 페이스북 페이지, WhatsApp, 트위터 등의 플랫폼을 통해 미디어의 수요에 맞추어진 기독교가 등장한 것이다. 미디어의 혁신적인 사용은 현대 오순절주의 목사들이 주일에 대면으로 만날 수 있는 청중들보다 더 많고 광범위한 청중들을 상대로 이야기하게 해 주었다. 가장 대중적인 인기를 지닌 아프리카 목회자로서는 승리자 교회(Winner's Chapel)로도 잘 알려진 국제산믿음교회(Living Faith Church Worldwide)의 주교인 데이비드 O. 오예데포, 구속받은기독교하나님의교회(Redeemed Christian Church of God)의 에녹 A. 아데보예 목사, 국제실천교회(Action Chapel International, ACI)의 니콜라스 던칸 윌리엄스 대주교, 그리고 국제중앙복음교회(International Central Gospel Church, ICGC)의 멘사 오타빌 목사 등이 있다. 이들이 전하는 건강과 부요함의 번영 메시지는 팬데믹 기간에 심각한 제약을 받았고, 일부 지도자들은 위기 때 제대로 방향을 제시해 줄 신학적 패러다임을 다시 표현하고자 도전했다. 이들에게 그리스도의 십자가는 비천함과 수치의 상징이라기보다 승리와 환호에 더 가까워 보였다. 이러한 불일치는 은사주의 신학이 종종 악과 재난에 직면해서 적절한 대응을 하지 못하고 있었음을 알려 준다.

팬데믹에 대한 종교적 대응

여기서 논의된 자료들은 텔레비전과 인터넷으로 전달되었으며, 여러 소셜 디지털 미디어 플랫폼에서 재유통되었다. 교회는 폐쇄되었지만 설교를 듣거나 심지어 성찬을 포함한 예배 의식들에 참여할 기회까지 없어진 것은 아니었다. 코로나19 팬데믹은 이 전염병을 물리치기 위해 함께 마음을 모아 기도하도록 촉구하는 기독교적 부르심으로 많은 사람의 신앙에 도전을 가져다주었다. 이러한 일들이 마지막 때의 시작이고 그리스도의 재림, 곧 초기 오순절주의자들이 그토록 열정적으로 임박했다고 설교한 파루시아의 시작이라는 적지 않은 진술들도 있었다. 심지어 짐바브웨의 예언자인 임마누엘 마칸디와는 소셜 미디어와 디지털 미디어 플랫폼들을 통해서, 팬데믹이 창궐하기 거의 5년 전에 자신이 팬데믹 발생을 예언했을 수 있다고 주장하는 메시지를 퍼뜨렸다. 그는 한 동영상에서 중국으로부터 와서 온 세상을 귀신들리게 만드는 전염병을 경고했고, 예수 그리스도의 교회에 그 전염병이 영향이 최소화되도록 기도할 것을 요청했다.

코로나19 팬데믹 시기에 가장 중요한 성경 메시지는 바로 시편 91편이었다. '지존자의 은밀한 곳에 거주하며 전능자의 그늘 아래에 사는 자여, 나는 여호와를 향하여 말하기를 그는 나의 피난처요 나의 요새요 내가 의뢰하는 하나님이라 하리니'(시 91:1-2). 특히 3절에서 '새 사냥꾼의 올무에서와 심한 전염병'으로부터 구해내는 하나님의 구원을 언급하는 부분은 팬데믹을 극복함에 있어 하나님의 이름과 능력을 많은 이가 간구하도록 하기 위한 적절한 담론을 제공한다. 디지털 미디어에서 떠돌고 있는 많은 기도들은 이 시편의 구절들을 인용한다. 팬데믹의 창궐에 대해 아프리카의 여러 오순절/은사주의 교회와 사역단체들은 매우 유익하고 계시적으로 반응한다. 성령의 능력에 대한 은사주의적 경험에 집중하는 이들의 신학은 개입주의적 (interventionist) 지향성을 갖기 때문이다. 이들은 악령론을 진지하게 받아들이며, 악령과 관련된 현상들을 어떻게 다루어야 할지 그들의 교회론에 비추어 본다. 이것이 오늘날 현대 오순절/은사주의 교회가 사람의 필요에 창의적으로 반응하는 프로그램 메뉴를 지속적으로 발전시켜 제공한다는 밀러의 주장을 이해하는 한 가지 방식이다.

멘사 오타빌 목사의 메시지: 봉쇄를 극복하라

멘사 오타빌 목사는 아프리카에서 가장 존경받는 은사주의 사역자 중 한 명이다(Gifford, 2004, pp. 113-139). 그가 속한 ICGC는 가나에 많은 협회들이 있으며, 그가 목사로서 지금도 시무하는 교회는 수도 아크라의 외곽에 소재한 아보세이 오카이에 있는 크라이스트 템플이다. 이곳에서 매주 일요일에 열리는 두 번의 예배에 5,000명 이상의 사람이 몰려온다. 이렇게 왕성한 미디어 활동과 출석 교인들을 거느린 설교자에게 가나 정부가 팬데믹 초기 8개월간 25명 이하로 모임 인원을 제한한 것은 은사주의 종교의 모든 면에서 패배감을 가져다주었을 것이다. 이 낙관주의적 기독교에 있어 올바른 믿음을 행사하는 사람에게는 언제나 더 크고 좋은 것이 기다리고 있는 법이다. 팬데믹 상황은 절망적인 상황 속에서 희망을 주는 동기부여의 메시지들을 분명하게 전달할 수 있는 대안적인 맥락을 제공해 주었다. 만약 사람에게 동기부여가 필요하다면, 그때는 영혼이 침체되었을 때이고, 사업이 실패했을 때이며, 가진 것이 아무것도 남아 있지 않거나 가족들이 아프고 혹은 죽었을 때일 것이다. 2020년 팬데믹 초기 몇 주는 고난 주간과 맞물려 있었고, 봉쇄 상태 속에서 감염, 질병, 죽음의 두려움 때문에, 십자가에 달린 예수처럼 많은 사람이 되풀이해서 물었다. '하나님은 어디 있는가?' 어떤 은사주의 설교자는 나에게 이렇게 말했다. '팬데믹 앞에서 지금껏 우리가 붙들고 있었던 모든 성공의 원리들이 무너져 버렸다.' 그가 옳았다. 멘사 오타빌 목사와 다른 목회자들은 올바른 원리들을 적용한다면 인생이 성공하고 사업이 안 망한다는 메시지를 재가공할 순간을 포착했다.

'봉쇄'는 멘사 오타빌 목사가 전한 2020년 부활절 주일 메시지에 눈에 띄게 등장하는 주제어이다. 그날의 성경 본문은 부활에 관한 마태의 기록이었고, 주제는 '봉쇄될 수 없는 자'인 예수였다. 오타빌 목사에 따르면, 당국이 예수를 봉쇄시키는 데 사용했던 세 가지 조치들이 있었다. 그것은 물리적, 법적, 정치적 조치다. 물리적 조치는 예수가 누워있던 무덤을 봉하고자 사용된 돌이었다. 법적 조치는 대제사장들과 바리새인들이 빌라도 앞에서 모여 '속이던 자가 살아 있었을 때, 3일 후 자기가 다시 살아날 것을 말했기 때문에, 빌라도에게 '명령하여 그 무덤을 사흘까지 굳게 지키게 하소서'라고 요구했을 때 내려졌다. 빌라도는 이에 응했고 이들의 요청에 법적인 지원을 제공했다(마 27:62-63). 세 번째 봉쇄의 조치는 정치적인 것으로, 예수의 무덤을 지키기 위해 경비병들을 보내는 것이었다. '빌라도가 이르되 너희에게 경비병이 있으니 가서 힘대로 굳게 지키라 하거늘 그들이 경비병과 함께 가서 돌을 인봉하고 무덤을 굳게 지키니라'(마 27:65-66).

오타빌 목사는 이 세 가지 봉쇄 조치들에도 불구하고 예수가 죽은 자 가운데서 다시 살아났다고 설교했다. '하나님은 여러분들을 봉쇄해 온 그것을 깨뜨리길 원하십니다.' 그는 청중들에게 확신을 심어 주었다. 예수를 억압하는 데는 세 가지 봉쇄 조치들이 필요했지만, 하나님은 예수를 해방시키기 위해서 단지 두 가지만 조치했다. 그것은 하나님의 자연적 조치와 초자연적 조치이다. 이 두 가지는 마태복음 28:2에 나열되어 있다. '큰 지진이 나며 주의 천사가 하늘로부터 내려와 돌을 굴려 내고 그 위에 앉았는데.' 오타빌 목사는 이 부분은 다음과 같이 설명한다. 하나님은 우리가 인생의 상황들로 인해 봉쇄당할 때, 여기에 개입하시는 자신만의 방식이 있다. 예수의 경우, 하나님은 지진이라는 자연적 조치와 천사의 개입이라는 초자연적 조치를 취하셨다. 돌이 옮겨진 것은 우리가 하나님이 이미 행한 일 곧 그가 죽은 자들로부터 예수를 다시 살리신 일을 보게 하기 위함이었다. 오타빌 목사는 베드로가 오순절에 설교한 메시지의 일부를 사용해서 이를 설명한다. '하나님께서 그를 사망의 고통에서 풀어 살리셨으니 이는 그가 사망에 매여 있을 수 없었음이라'(행 2:24).

'이는 그가 사망에 매여 있을 수 없었음이라'는 표현은 오늘날 하나님의 능력에 대한 오순절/은사주의 담론과 정확히 들어맞는다. 예수의 능력이라 설명하든 성령의 능력이라 설명하든 은사주의 기독교는 하나님이 불가능을 가능으로 바꾼다는 뜻에서 능력이라는 단어를 사용한다. 심지어 어떤 교회는 스포츠 제조업계의 대표적 회사인 아디다스의 표어를 사용해서 다음과 같이 표현한다. '불가능, 그것은 아무것도 아니다.' 이와 관련해서 가나의 한 유명한 은사주의 지도자는 이렇게 기록했다.

> 불가능이란 단어는 당신이 사용하는 언어에서 배제해야 한다. … 우리는 믿음이라는 단어를 말함으로 우리의 상황을 변화시키는 권한을 위임받았다. … 우리는 눌린 자를 자유케 하는 권한이 있으며, 우리가 담대하게 권한을 사용하는 것은 인류의 축복에 있어서 매우 결정적이다(Anaba, 2004, p. 38).

이 인용문을 따온 책의 제목은 흥미롭게도 *The Workability of Faith*(『믿음의 실행 가능성』, 2004)이다. 오타빌 목사는 불가능이라는 단어를 청중들의 봉쇄 상황에 적용하면서 이렇게 강조한다. '당신이 실패한다는 것은 그 자체가 불가능한 것입니다. 사탄이 당신을 무너뜨리는 것 역시 불가능합니다.' 그는 계속해서 말한다. '예수님만이 봉쇄될 수 없었던 유일한 분은 아닙니다.' '그는 그 능력을 우리 모두에게까지 펼치십니다. … 그의 죽음은 우리의 죽음이 되고, 그의 부활은 우리의 부활이 되는 것입니다.' 다시 말해 오타빌 목사는 예수가 봉쇄될 수 없었던 것과 마찬가지로 예수를 믿는 자들 역시 봉쇄될 수 없고, 실제로 그의 교회는 봉쇄의 상황 한가운데서도 예배가 중단되지 않는다는 것을 사람들에게 신앙적으로 일깨워 주었다. 하나님은 오타빌 목사가 미디어 테크놀로지를 통해서 더 많은 사람에게 다가가는 것을 가능하게 하셨다. 그 도구는 텔레비전과 인터넷이었다. 상대적으로 현대 오순절/은사주의 교회는 역사적으로 이들보다 앞선 선교적인 교단 선조들보다 예배와 교회적 삶에 있어 미디어 기술을 더 탁월하게 사용한다. 따라서 팬데믹 시대에 이러한 미디어 테크놀로지를 광범위하게 사용하는 것은 그리 놀랄 일도 아니다. 그러나 팬데믹 시기에 미디어 테크놀로지를 사용하면서, 오타빌 목사와 같은 은사주의 인물들은 그들의 미디어 사역이 일반적으로 끌어들일 수 있는 청중들보다 더 많은 청중들에게 다가가 사역하고 있다는 점을 매우 민감하게 인식하고 있었다. 그러므로 오타빌 목사의 메시지에서 미디어 테크놀로지는 사람들에게 신적인 힘과 위로 그리고 소망을 매개해 준다는 의미에서 성례전적 중요성을 지닌 신성한 도구로 지속적으로 언급된다.

부활과 그것이 미디어 청취자들에게 의미하는 바에 관해 오타빌 목사는 하나님이 그의 자녀들을 가두려는 자들의 손아귀로부터 이들을 해방시키기 위해 어떤 신성한 도구들을 - 그것이 자연적이든 초자연적이든 - 사용하고 있다고 설교했다. '하나님은 당신의 삶에 있어 그분의 목적을 자유롭게 펼치시기 위해 그분의 자연적이고 초자연적인 도구들을 사용하실 것입니다. … 하나님은 당신에게 승리를 주실 것입니다. … 당신은 가두어 놓을 수 없는 남자/여자입니다.' 골로새서 2:15을 인용하자면, 예수는 '통치자들과 권세들을 무력화하여 드러내어 구경거리로 삼으시고 십자가로 그들을' 이겼다. 오타빌 목사는 '예수님이 정사와 권세의 무기를 빼앗아' 갔다고 설명한다. 이로써 사탄을 포함하여 '우리 삶을 지배하는 영적 존재들'은 무력화되었고, 기독교인의 삶은 승리의 삶이 되었기 때문에, 이 영적 존재들은 하나님의 자녀들에게 해를 입힐 수 없다. 그는 이렇게 결론을 맺는다. '우리는 이 바이러스의 포위망을 깨뜨려 버릴 것입니다. 우리는 승리할 것입니다.'

봉쇄 그리고 현대 오순절 신학

코로나19 팬데믹 상황이 만들어 낸 절망적인 상황은 오늘날 오순절주의가 전달하는 동기부여와 영감을 가져다주는 메시지와 거의 완벽하게 부합한다. 오순절주의의 번영 메시지는 비록 고난과 악이 실재한다는 것을 충분히 알고 설교되지만, 그런 종류의 상황들이 종종 무시되어 왔다는 의미에서 약간은 획일적이고 근시안적으로 들리기도 한다. 이러한 관찰은 오타빌 목사를 염두에 둔 것은 아니다. 나는 승리, 성공, 성취, 삶, 건강, 이김, 극복의 능력을 강조하는 것은 많은 설교자들로 하여금 그들의 성도들이 처한 실제-삶의 상황을 보지 못하게 만들었다고 주장해 왔다(Asamoah-Gyadu, 2020). 긍정, 성공, 번영의 메시지들은 코로나19 팬데믹 속에서 사람이 봉쇄되어 있고, 여러 제약과 다른 문제들에 직면해 있는 현실을 맞닥뜨리고 말았다. 번영에 대한 사고에서, 우리가 간증 속에서 듣는 것은 보통 잘나가는 사람이 들려주는 성공의 경험담이었다. 어려운 문제를 겪고 있는 사람의 경험은 종종 마치 그가 십일조의 의무를 충실하게 이행하는 것과 같은 신앙의 올바른 원리를 지키지 않은 것처럼 취급되었다.

팬데믹의 상황 속에서 미디어로 설교한다는 것은 메시지를 듣는 사람 중 일부가 성공을 위해 동기를 부여하는 메시지를 좀 더 분별력 있게 받아들이고 비판할 수 있게 된 것을 의미한다. 이것은 모든 이들의 운명이 심하게 뒤틀려 버린 삶의 현실성 때문에 벌어진 상황이다. 특정한 종교적 의무를 충실히 지킨 사람이 삶의 전투 가운데서도 성공적이고 승리한다는 메시지들이 있음에도 불구하고, 코로나19라는 이 특수한 악령은 모든 사람의 운명에 영향을 미치고 있다. 2020년 봉쇄 조치가 한창이던 그 시기에 규제를 풀도록 정부에 항의하고 불만의 목소리를 낸 사람 가운데, 신실한 기독교인은 고난의 논리와는 상관이 없다고 우리를 확신시켜 준 목회자와 예언자들이 포함되어 있었다. 이들 중 다수는 교회의 폐쇄로 인해 경제적으로 어려움을 겪고 있었고, 이는 교회 직원들에게 급여를 줄 수 있는 재정적 상황도 어려워질 것을 의미했다. 대중 대다수는 소셜 미디어를 통해 아프리카에 은사주의 예언자들이 왜 코로나19의 발병을 예측하지 못했는지, 그리고 대처할 수 없다면 적어도 세계가 이를 준비할 수 있도록 하지 못했는지에 관한 의문을 제기했다.

종말론적 상태로의 전환

2020년에는 성금요일과 부활절 기간에 교회가 폐쇄되었다. 오늘날 오순절주의자들의 삶에서 미디어, 특히 디지털 미디어의 사용은 성탄절과 같은 주요한 기독교 절기들, 십자가, 부활 등과 연관된 프로그램을 홍보하는 데 광범위하게 사용된다. 봉쇄 조치로 인해 오순절 목회자들이 예배와 부흥회 그리고 예언집회에 직접 대면으로 참석하는 것을 독려해 주는 '십자가의 유익함', '말하는 보혈'(원문에는 "the blood that speaks"라고 표현되어 있지만 정확한 의미는 알 수 없다. 다만, 히 12:24에서 "더 나은 것을 말하는 뿌린 피"를 의미한다고 짐작해 볼 수 있다 - 역자 주), 혹은 '부활의 능력'과 같은 것을 광고할 수 있는 기회들이 없어져 버렸다. 교회는 청중들에게 직접 다가갈 수 없다는 문제를 해결하고자 디지털 방식을 적용해야 했다. 비록 성경에 나오는 처음 유월절, 처음 십자가 수난과 부활의 날처럼 모든 사람이 봉쇄되었지만, 디지털화된 오순절 교회의 메시지는 여전히 힘이 있었다. 하지만 오순절 교파 설교자들은 팬데믹이 전 세계에 가져온 부정적인 경험을 설명하고자 번영 메시지를 약간씩 수정하지 않을 수 없었다.

앞서 지적했던 것처럼 코로나19 팬데믹이 발생하기 전에는 현대 오순절 교파 설교자들이 그리스도의 재림에 대한 설교를 잘 하지 않았다. 가능한 한 많은 돈을 벌고, 대궐과 같은 커다란 집에서 살며, 가장 비싸고 호화로운 자동차를 사도록 독려하면서 동시에 예수가 밤에 도둑처럼 나타날 수 있다고 설교할 수는 없기 때문이다(Asamoah-Gyadu, 2015, p. 163ff). 물론 현대의 오순절주의자들은 하나님의 마지막 때의 심판과 그리스도의 재림을 믿는다. 하지만 그것을 설교하지는 않는다. 폴 기포드 역시 이러한 사실을 그의 책, *Ghana's New Christianity*(『가나의 새로운 기독교』)에서 언급하며, 이러한 형태의 기독교에서 반복적으로 강조하는 것은 '성공, 부, 그리고 지위와 관련되어 있다'고 지적한다(Gifford, 2004, p. 44). 만약 이러한 내용이 현대 오순절주의의 주제라면, 2020년 1분기 후 달라진 것은 무엇일까?

번영 설교자들은 삶의 현실성을 드러낸 팬데믹에 대응해야 했다. 코로나19로 세계가 경악하던 그 시기 동안, 분명 거기에는 분위기상 어떤 변화가 있었고, 몇몇 설교자는 전에는 뒷전으로 미뤄 두었던 종말론적 주제를 다루기 시작했다. ACI의 니콜라스 던칸-윌리엄스는 종려주일에 '우리가 가야 할 곳이 있다'는 사실을 교회가 깨달을 수 있도록 하기 위해 코로나19가 경각심을 불러일으켰다고 주장했다. 그는 우리가 거듭남을 경험한 이유는 영원을 준비하기 위함이라고 말했다. 그의 말을 인용하면 다음과 같다.

> 지금은 마음과 동기가 순결하고, 거룩하며, 의로워야 할 때입니다. 지금은 돈을 벌어야 할 때가 아니라 그 어느 때보다 베풂으로 하나님의 자녀가 되어야 할 때입니다. 지금은 원망할 때가 아닙니다. 이렇게 '세상에 속한 것들'은 예수님이 이 세상을 심판하러 다시 오실 때 장애물이 될 것입니다.

이 내용은 이전에 그가 썼던 책, *You Are Destined to Succeed*(『당신은 성공할 수밖에 없는 운명이다』)의 주장과는 완전히 정반대인 내용이다. 이 책에서 니콜라스 던칸-윌리엄스 대주교는 사치스러운 물건들을 갖는 것은 신성한 권리이고 '하나님의 사람'은 이것을 선택할 수밖에 없다고 주장했다(Duncan-Williams, 1990).

던칸-윌리엄스 대주교는 육체의 일(살전 5:2-3)에 관하여 이렇게 설교했다. '지금은 사람이 구원을 받을 때입니다. … 만약 우리가 지금 방주 안으로 들어가지 않는다면, 우리는 뒤에 남겨질 것입니다.' 그는 코로나19를 '역병이자 전염병'이라고 표현한다. 인류를 구할 수 있는 유일한 길은 우리를 구원해 주는 방주로 들어가는 것이다. 그 방주는 바로 그리스도다. 던칸-윌리엄스 대주교가 반드시 시험과 유혹을 '인내'해야만 한다고 말한 내용은 교훈적이다. 그는 인자가 다시 올 것이기 때문에 모든 예언들이 이루어질 것이라고 덧붙였다. 그리고 마태복음 24:22, '그 날들을 감하지 아니하면 모든 육체가 구원을 얻지 못할 것이나 그러나 택하신 자들을 위하여 그 날들을 감하시리라'는 구절을 인용한다.

런던에 있는 킹스웨이국제기독교교회의 매튜 아쉬몰로위 목사는 그리스도대사교회의 크리스 오야킬로메 목사와 같은 몇몇 사람이 팬데믹 발발을 설명하고자 사용하고 있었던 5G 음모론(5세대 이동통신 5G가 발생하는 전자파가 면역체계를 파괴해 코로나19의 확산을 가속화하고 있다는 음모론 - 역자 주)에 동조했던 동료 목회자들을 강력하게 질타하는 비디오 영상을 유포했다. 그는 팬데믹이 성경에 나오는 적그리스도에 의해서 필연적으로 이 세상에 온 것이라 생각하지 않았다. 그래서 시청자들에게 두려워하지 말고, 권위에 순종하는 마음으로 봉쇄 상황을 지내며 생명을 지키라고 격려의 메시지를 전한다. 하지만 동시에 그는 예수가 마태복음 24:7-8에서 앞으로 일어날 일들을 설명하셨다면서 종말론적인 어조를 취한다. 본문은 이러하다. '민족이 민족을, 나라가 나라를 대적하여 일어나겠고 곳곳에 기근과 지진이 있으리니 이 모든 것은 재난의 시작이니라.' 만약 팬데믹의 발생이 '재난의 시작'을 의미하는 것이라면 그는 이를 두려워하지 말고, 심판이 다가오고 있으므로 복음을 전할 기회로 삼아 실천하라고 격려한다.

던칸-윌리엄스 대주교는 코로나19 팬데믹 상황이 되자 국가들이 시민들을 대피시켰다고 말한다. 이것은 마치 '하늘이 자신에게 속한 자를 대피시킬', 곧 예수의 임박한 재림에서 선택된 자들을 대피시키는 것과 같은 방식이다. '하나님은 예수님을 기장으로 한 비행기를 보내주실 것입니다. 그리고 모든 믿는 자들은 집으로 대피할 것입니다.' 그는 오직 '하늘의 시민권자들'만이 이러한 대피행렬에 낄 수 있는 자격이 있다고 설명하면서, 예수를 모르는 시청자들에게 예수를 주님이자 구원자로 영접할 것을 직접적으로 호소했다. 그는 선택받은 자들을 위해 고난의 날이 감하게 될 것이라고 강조했다. '하나님은 내가 택함받은 자들을 아낄 것이라고 말씀하셨습니다. 따라서 하늘의 시민권자들은 모두 대피하게 될 것입니다. 만약 미국이 미국 시민권자들을 대피시키기 위해 항공기를 보내지 않으면, 그리고 당신이 미국 여권이 없다면, 당신은 공항에 갈 수 없습니다. 만약 당신의 배우자가 미국인이라면 그는 대피할 것이고, 당신은 남겨질 것입니다. 이처럼 휴거는 항공기와 같습니다.'

폴 기포드가 말하는 물질적 성공에 대한 반복적인 강조와 비교해 보았을 때, 천국, 지옥, 구속함, 성화, 예배, 순결, 의로움, 휴거처럼 철저하게 종말론적인 메시지에 사용된 용어들과 표현들은 참으로 놀랍다. 던칸-윌리엄스 대주교는 열 처녀의 이야기(마 25:1-13)로 설교의 결론을 맺는다. 신랑이 도착했음을 알릴 때, 오직 자신의 등에 기름을 넉넉하게 준비한 사람만이 그를 맞이할 수 있었다. 동일하게, '만약 당신이 그 나라의 시민이 아니라면, 당신이 누구와 결혼을 했든 중요하지 않다. 당신은 휴거가 일어났을 때 대피하지 못할 것이다.' 사실 던컨-윌리엄스 대주교는 이전에 그와 같은 범주에 있는 다른 설교자들처럼 축복, 이를테면 기독교인의 권리로서 부와 건강 그리고 신분상승을 위해 십일조와 씨를 뿌리는 헌금에 초점을 맞추어 설교를 했었다. 그러나 지금은 이렇게 말한다. '지금은 돈을 벌 때가 아니다. 오히려 지금은 궁휼을 베풀 때다. 당신은 이 세상의 모든 돈을 가질 수 있다. 그러

나 그것이 당신을 구원하지 못한다. 이 모든 물질적인 것이 아무 의미가 없게 될 날이 오고 있다.'

무너진 것을 다시 세우다

오순절주의는 성경적 상징주의와 현대적 의사소통 형태를 결합시키는 것으로 유명하며, 여기서 상징주의는 언어로 작동하여 임박한 것과 초월적인 것을 혼합시킨다. 발화된 말은 주술에 걸리는 것이므로, 디지털화가 되었다고 해서 말의 효력이 사라지지 않는다. 사실, 말은 어떤 미디어의 형태로 전달될 수 있으며, 그 말은 문자 그대로 '내보내져서' 하나님의 기름 부음받은 남자와 여자에 의해 목적을 성취한다. 예를 들어 마이크는 오순절 상징주의에서 설교, 노래, 기도, 방언, 예언 등에서 빌화된 말의 힘을 의미하게 되었다. 오순절/은사주의 신학에서 발화된 말은 변화의 힘을 갖는다. 발화된 말에 관한 이러한 이해는 혹독했던 봉쇄와 제한조치 시기에 디지털 미디어로 성찬을 효과적으로 거행하는 데 도움이 되었다. 발화된 말이 가진 힘은 사용 가능한 다양한 미디어 자료들을 통해 사람이 어디에 있든지 종교적 자원의 표현을 가능하도록 만들어 주었다(Asamoah-Gyadu, 2015, pp. 80-82).

교회가 커다란 변화를 가져와야 했던 영역들 중 하나는 성만찬을 거행하는 것이었다. 성만찬은 디지털 미디어로 거행되어야 했다. 성만찬에 참여하는 사람이 직접 대면으로 떡과 포도주를 취하고자 그 자리에 있는 것은 불가능했고, 따라서 성만찬은 각 참여자들이 어디에 있든지 자기 스스로 떡과 포도주를 지닌 채 온라인으로 축성해야만 했다. 성만찬 거행의 디지털화는 떡과 포도주를 실제로 축성한 후에도, 예배가 녹화된 비디오를 단순하게 따라 하여 목회자로부터 오는 축복을 받을 수 있다는 것을 의미했다. 오타빌 목사가 떡과 포도주를 축성했던 한 비디오에서 그는 신자가 축성된 떡과 포도주를 취할 때 그의 삶 속에서 '무너진 것을 다시 세워 주기를' 주님께 간구한다. 이 기도에서는 코로나19가 구체적으로 언급되지 않았다. 하지만 이 어렵고 힘든 상황을 충분히 인식할 수 있었다.

오순절주의 사상에서 성령의 개입을 요청하는 것은 인간 삶에 개입하도록 성령이 초자연적인 능력을 떡과 포도주에 주입하는 축성에서 핵심을 차지한다. 성만찬의 요소가 무엇이든지 이를 축복하는 말씀을 선언함으로, 성만찬을 능력과 권능을 주는 수단으로 이해하는 오순절/은사주의의 교회론적 이해가 팬데믹 상황하에서 성찬을 온라인으로 거행하는 동안 완전히 구현되었다. 성만찬의 요소들은 디지털 방식으로 전달된 발화된 말씀을 통해 초자연적인 임재가 주입된, 눈에 보이는 물질을 취함으로 하나님의 능력을 경험하는 수단이 된다. 교회론적으로 말해, 성만찬 거행의 디지털화는 위기에 대처하는 힘을 전달해 주는 역할 그 이상이었다. 또한 온라인 성만찬 거행은 대면 모임의 기회 외에도 지속적으로 공동체 의식을 가져다주는 역할도 했다. 온라인 성만찬 거행이 우리의 관심을 끌게 한 것은 현대 오순절주의자들에게 성찬은 질병을 치유하는 데 직접적인 영향을 미치고, 건강과 부를 가져다주며, 또한 사람으로 하여금 가상의 방식으로 특정한 교회적 소속감을 기념할 수 있는 기회를 제공해 주는 것으로 이해된다는 사실이다(Asamoah-Gyadu, 2013, p. 156).

결론

번영의 수단으로 비자와 해외여행을 설교하고 있었던 사람이 팬데믹 한가운데서 갑자기 천국과 지옥을 이야기할 공간을 발견했다. 팬데믹 기간에 은사주의 설교에서 나온 이 두 가지 주요한 예들은 상황과 맥락 그리고 미래의 예측불가능성이 교회에 관한 이해와 예수 그리스도의 이름으로 전달되는 메시지에 어떻게 영향을 줄 수 있는지 보여 준다. 한편으로, 우리는 팬데믹 상황이 오타빌 목사가 설교한 것처럼 악을 실존적 현실로 대응하는 매우 실용적인 설교라는 결과로 이어지는 것을 보게 되었다. 다른 한편으로 던칸-윌리엄스 대주교는 영원한 것들이 현대 은사주의 교회론의 중심에서 밀려날 정도로 물질주의적이었던 복음을 악의 현실성이 어떻게 재사유하게 만들었는지를 살펴보게 해 주었다. 코로나19 시대에 종말론적 메시지들은 번영 복음의 사도 중 한 명인 짐 베이커에게 일어났던 일과 매우 흡사한 과정으로 대두되었다. 그는 연방 범죄로 수감되어 위신이 추락했으나 *Prosperity and the Coming Apocalypse*(『번영과 다가오는 종말』)라는 매우 교훈적인 책을 쓰면서 다시 돌아왔다. 이 책에서 그는 이전에 물질주의가 하나님의 은총을 가늠하는 최고의 지표라고 했던 자신의 메시지를 스스로 비판한다.

현대 오순절 계통의 목회자들이 설교하는 번영의 메시지가 완전히 비성경적인 것은 아니다. 성경적인 번영과 같은 내용도 들어 있다(시 1편; 요 10:10). 실제로 거듭남의 경험 그 자체는 많은 사람의 삶 속에서 영적인 의미와 물질적 의미 모두에 구속적 향상을 가져다준다. 거듭난 사람이 허영심과 육욕의 삶에서 돌이킬 때, 물질적 자원들을 건설적인 방향으로 사용할 수 있게 되며, 개인의 삶과 가족들의 삶에 대한 투자가 강화된다. 그러므로 우리가 비판하는 것은 하나님의 축복의 일부인 물질적 번영이 아니라 물질주의 곧 돈을 사랑함이 모든 악의 근원이라는 사실이다. 게다가 물질주의적 번영 복음은 실존적 악을 설명하지 못한다. 그리고 이러한 복음에 영향을 받으면 스스로의 고통에 대한 답을 얻지 못한 채로 시간이 지나가 버린다. 많은 번영의 원리가 불행과 재난 그리고 악에 직면해서 무너지고 있으며, 그나마 남아 있는 희망은 코로나19가 결핍의 지점을 보게 해 주었다는 사실이다. 이러한 사실이 가리키는 바는 다른 모든 것은 잠시 있다 없어져 버릴 일시적인 것이며, 오직 하나님만이 주권자로 존재하는 불확실한 세상 속에서 번영이 의미하는 바를 입증하겠다며 잘못 사용한 성경적 자원들을 다시 사용해서 상황을 바로잡아야 한다는 요청이다. 우리가 하나님의 지혜를 따라

갈 때, 사망의 음침한 골짜기를 다녀도 여전히 해를 두려워하지 않을 것이다. 왜냐하면 하나님께서 그의 백성들과 함께하시기 때문이다.

참고 문헌

Anaba, Eastwood, 2004, *The Workability of Faith*, Bolgatanga, Ghana: Desert Leaf Publications.

Asamoah-Gyadu, Kwabena J., 2013, *Contemporary Pentecostal Christianity: Interpretations from an African Context*, Oxford: Regnum.

Asamoah-Gyadu, Kwabena J., 2015, *Sighs and Signs of the Spirit: Ghanaian Perspectives on Pentecostalism and Renewal in Africa*, Oxford: Regnum.

Asamoah-Gyadu, Kwabena J., 2020, *Christianity and Faith in the Pandemic Era: Lockdown Periods from Hosanna to Pentecost*, Accra: Step Publishers.

Duncan-Williams, Nicholas, 1990, *You Are Destined to Succeed*, Accra: Action Chapel International.

Gifford, Paul, 2004, *Ghana's New Christianity: Pentecostalism in a Globalizing African Economy*, London: Hurst and Co.

Miller, Donald E. (1997), *Reinventing American Protestantism: Christianity in the New Millenium*, Berkeley, CA: University of California Press.

Piper, John, 2020, *Coronavirus and Christ*, Wheaton, IL: Crossway.

Schwab, Klau and Thierry Malleret, 2020, *Covid-19: The Great Reset*, Geneva: World Economic Forum.

8. 봉쇄 교회론
: 강요된 '처음 표현들'의 한계와 가능성

스티브 테일러

이르시되 진실로 너희에게 이르노니 너희가 돌이켜 어린아이들과 같이 되지 아니하면 결단코 천국에 들어가지 못하리라(마 18:3)

코로나19 팬데믹의 위기는 교회 됨의 한계와 가능성에 대한 새로운 사고를 불러일으켰다. 니케아신조는 '하나의, 거룩한, 보편적이고, 사도적인 교회'에 대한 믿음을 확증한다. 수 세기 동안 지배적이고 선명한 형태의 교회는 매주 대면으로 모임을 가졌다. 하지만 전 세계적인 규모의 팬데믹은 그러한 교회의 형태에 도전했다. 정기적으로 모이는 관행은 공적 모임의 규모를 제한하는 정부의 규제로 타격을 받았다. 매주 모이는 모임 없이 교회가 교회일 수 있을까? 찬송과 같은 종교적 행위들로 인해 교회 구성원들이 '슈퍼 전파'(super-spreading)자들이 되었다는 증거가 나왔다(Wiles and Morris, 2020; Stadnytskyi et al., 2020). 기독교인은 찬양과 예배를 표현할 다른 방법을 찾아낼 수 있을까? 사회적 거리두기와 강제 봉쇄 상황에서 교회는 지극히 작은 자를 섬기고(마 25:40), 이웃을 내 몸과 같이 사랑하라(마 22:39)는 예수 그리스도의 부르심을 어떻게 구현할 수 있을까?

결과적으로 전 세계의 교회는 새로운 형태를 찾는 데 많은 공을 들였다. 디지털 테크놀로지를 사용하여 예배를 생방송으로 송출하거나 관상적이고 창의적인 기도 활동을 제공했다(예를 들어 Prayer Collective Christchurch, 2020). 몇몇 교회는 지역 주민들이 기도에 직접 동참하는 혹은 친근한 기도 제목을 담은 우편물로 기도에 동참하는 지역 기도 산책을 계획하기도 했다(e.g., Kohimarama Presbyterian, 2020).

이러한 혁신을 이론화한 한 가지는 문화적 변동의 시기에 교회적 혁신에 있어 초기 실험들을 설명하는 용어인 '처음 표현들'(first expressions)이다(Taylor, 2019, pp. 4-5). '표현들'은 영국 용어인 '참신한 표현들'(Fresh Expressions)을 참조한 것이다(Anonymous, 2004). '처음'은 교회적 혁신으로서의 신교를 보다 광범위하게 조사하고자 영국 주류 교단의 맥락에서 벗어나 교회 혁신을 분석하려는 시도를 보여 준다. 여기서 신학적으로 중요하게 영향을 준 것은 자넷 소스키시의 종말론적 인간학이었다. 소스키시에게 하나님은 존재와 행위, 내재와 경륜 속에서의 창조성, 상호성, 생성이다(2007, pp. 50-51). 교회론은 탄생과 생성 그리고 몸으로 드러나는 것과 같은 하나님의 경험적 표현으로서 교회적 실험에 있어 사랑에 주목하는 결과를 가져온다(Taylor, 2019, p. 15). 설교를 페이스북 생방송으로 송출하거나 줌으로 티타임을 갖는 것과 같은 온라인 실험은, 극한 상황에서의 실용적인 해결책이나 기술적 적응이 아니라 신적 활동이 식별될 수 있는 장소로서 존엄성을 갖추게 되었다.

이 장을 연구하는 동안 나는 화상 회의, 온라인 커뮤니티, 그리고 페이스북 그룹을 활용하여 최소 6개국과 7개 교단의 사역 실무자들이 참여하는 다양한 온라인 커뮤니티를 개발했다. 디지털 공간에서의 실험은 교회적 정

체성, 선교 그리고 리더십에 관한 이론으로 대화하게 되었다.[3]

팬데믹의 고유한 특성들 중 하나는 외부 요인들로 변화가 일어나는 방식이다. 변화를 주도하는 능동적 행위자였던 인간은 이제 보이지 않는 바이러스 때문에 그 행위를 수정해야 했다. 온라인 예배 경험과 그 결과로 생긴 디지털 교회론은 자발적인 선택으로 이루어진 것은 아니었다. 이러한 일들은 강제된 것이었다. 이 장은 이처럼 강요된 '처음'의 온라인 '표현들'이 교회론에 주는 함의들을 고찰할 것이다. 이 장에서 내세우는 주장은 팬데믹, 그리고 그에 따른 교회의 형태가 우리로 하여금 인간 됨의 한계 그리고 더 나아가 교회 됨의 한계를 성찰하도록 안내한다는 것이다. 인간 됨의 모든 방식은 한계와 가능성 모두를 지녔다. 강요된 처음의 표현들은 우리 자신을 마치 어린 아이처럼 인식하면서 우리의 체화(enfleshment)에 참여하도록 하는 초대이다. 우리가 새로운 (인터넷) 언어를 배움으로 가시적인 하나님나라를 이루려 할 때, 한계와 가능성이 다 존재한다. 이와 같은 주장을 펼치기 위해, 나는 교회의 네 가지 특징들인 하나 됨은 참여로, 거룩함은 체화로, 보편성은 연결로, 그리고 사도성은 접속 가능함으로 구성하고자 한다.

나는 참여하는 하나 됨을 믿습니다

하나님은 사랑이심이라 (요일 4:8)

하나 됨의 선언은 사랑이신 하나님의 실재에 근거한다. 신적 존재론은 삼위

---

3 특히 하이디 A. 캠벨과 소피아 오스틴(2020)의 5개의 논문들을 엮어 약간 편집한 11개의 명제들을 만들어 냈다. 나는 다양한 온라인 커뮤니티에서 이 11개의 명제들을 제시한 후 다음과 같은 질문을 받았다. 우리의 개인적 일화들과 경험들에 공감하는 것은 무엇인가? 이 명제에 도전하거나 미묘한 차이를 가져다줄 수 있는 우리의 대안적인 경험들은 무엇인가? 이 질문은 강요된 온라인 교회 실험들에 참여한 사람 사이에 행위-성찰을 활성화했다.

일체의 위격들이 영원한 사랑의 춤 속에서 상호내주하는 것으로 이해한다. 동시에 하나님은 삼위일체의 구별된 위격들에 근거하고 사랑 안에서 영원히 현존하는 유일하신 분이다. 구원자이자 말씀으로서 예수 그리스도는 사랑하는 자를 사랑하는 자로서, 객체들 가운데 주체로서 구별된 위격들 사이의 충분한 '거리'에 의해 발생하는 신적 운동의 생명을 분명하게 드러낸다(McFarland, 2019, p. 34). 신적 현존에 관한 기독교 교리는 이 실재를 명확히 하고자 한다. 사랑에는 운동이 있다.

하나님은 공간과 시간을 초월하기에, 지역적 근접성이나 대면 방식의 의사소통을 필요로 하지 않는다. 이러한 사실은 온라인 경험에 관하여 신학적으로 사유할 수 있는 방식을 제공한다. 맥팔랜드에 의하면(2019, p. 37), '피조물이 존재하게 되고 하나님과 서로 다른 차이 속에서 살아가게 되는 것은 오직 창조주가 모든 지점과 순간마다 피조물 안에 현존하기 때문이다.' 대면이든 디지털 방식이든 인간에게까지 확장된 모든 피조물의 온전함 안에서 신적 현존은 실재다. 온라인 활동을 한다고 해서 사랑 안에서 이루어지는 하나님의 운동이 감소하는 것은 아니다.

이러한 신학적 주장을 이해하는 한 가지 방법은 오세아니아의 인식론(Oceanic epistemologies)을 이해하는 것이다. 오세아니아는 보이지 않는 조상들과의 연결인 족보가 정체성을 형성하는 사회적 구성에 있어 필수적인 지식의 독특한 원천이 되는 곳이다(Anderson, Binney and Harris, 2015, p. 33). 태평양 문화의 핵심에는 사모아어 va로 알려진 관계적 영역의 개념이 있다(Koya, 2017). 인간은 관계 속에서 살아간다. 우리는 결코 단순한 개인이 아니다. 언제나 관계 영역을 공유한다. 인간의 온라인 현존은 사모아어로 teu le va이며, 이는 사이의 공간을 키워 나간다는 뜻이다(Matopo, 2020). 따라서 온라인 활동은 곤란한 상황에 쓰일 실용적인 방편이 아니라, 신적 현존에 참여하는 방식이다. 온라인 활동은 관계 공간을 키워 나가는 행위이며, 관계 공간의 중요함을 아는 존재 방식이다.

이러한 오세아니아인의 이해는 서구 문화의 변동과 상응한다. 신학자 버나드 로너간(1972)은 즉각적인 감각의 입력이 지배하는 직접성의 세계와, 사회적 대인 관계 안에서 형성된 의미에 의해 매개되는 세계를 구분했다. 만약 우리가 직접성의 세계를 통해 연구한다면, 물리적인 것이 중요하다. 직접성의 세계를 교회론에 적용한다면, 모이는 교회는 교회 됨의 가장 완벽한 구현이 된다. 그러나 사회적 대인 관계의 세계를 연구할 때, 온라인 상태는 멀리 떨어져 있는 사람 사이의 연결을 구축하는 하나의 방법이 된다. 직접성과 물질성보다 사회적 대인 관계가 더 중요하다. 연결은 직접 대면하는 현존에서만 이루어지는 것이 아니라 신적 생명의 움직임 안에서 충만해지는 우리의 관계를 통해서도 가능하다.

신적 현존의 비가시성을 인식한 일부 교회론은 성육신의 물질성과 모임의 물질성을 연결시킨다. 예수가 접촉하고 말을 했던 것처럼, 기독교인도 대면해서 보고 들어야 한다는 것이다. 그러나 이러한 교회론은 삼위일체의 두 번째 위격을 매우 환원적으로 이해한다. 시간 속에서 말씀은 언제나 시간 이전의 말씀이다. 잠언 8:22-30을 보면, 창조주는 장인(the crafter)이자 조물주(the Maker)로, 피조물 앞에서 즐거워하는 자이다. 육신이 된 말씀은 물질적인 것의 특권을 주장하는 것이 아니라, 피조물을 하나님과 분리될 수 없는 것으로 만드는 하나님의 선언이다(McFarland, 2019, pp. 8-9). 그리스도로서 하나님은 창조적이고 생성적이며 상호성이 충만한 신적 현존이다. 피조물의 신적 생명으로의 참여는 그리스도 안에 계신 하나님이 창조적이고 생성적이며 상호성이 충만한 방식으로 구원하시기에 가능하다.

이것이 온라인으로 어떻게 가능한가는 디지털 생산과 활동의 인류학을 통해 명확해진다. 데이비드 곤틀릿(2018, p. 91)은 인간 됨의 방식을 '편안하게 앉아 이야기를 듣는' 청중이 되는 것과 '생산과 활동'에서 협력자가 되는 것으로 비교한다. '인터넷을 마치 시청자를 웹사이트로 끌어당기는 방송 채널이라고 단순하게 이해하기보다, 소셜 미디어가 사용자를 놀이에 초대한다'(Gauntlett, 2018, p. 15)고 이해할 수 있다. 온라인 상태는 '창조성, 사회적 관계 그리고 개인적 성장을 위한 기회'에 참여하는 방식이다(p. 19). 온라인 활동은 창조적이고 생성적이며 상호성이 충만한 신적 활동에 참여하는 것이 된다. 온라인 활동은 극한 상황에서의 에클레시아가 아니라 하나님의 끊임없는 사랑의 흐름 안에서 우리가 발견되는 그런 관계의 가능성이다.

교회에 대한 실시간 스트리밍 접근 방식은 잠재적으로 인간을 '편안하게 앉아 이야기를 듣는' 존재로 환원시킬 수 있다. 한 사역 실무자는 이렇게 기록했다. '우리의 주일 모델은 현재로서는 여전히 방송 모드이지만, 우리는 높은 상호작용을 모색하고 있으며, 공동체와의 상호작용을 위한 여러 (다른) 공간들을 만들고 있다'(A.M., 개인적 대화). 또 다른 응답자는 '복합적 접근 방식이 필요하고, "하나의 크기에 모두가 맞는" 접근 방식은 여기서는 불가능하다는 것을 또다시 깨닫는다'고 말했다(D.F., 개인적 대화). 이렇게 어느 한 플랫폼의 한계들이 발생하게 되었다. '그렇게 실시간 그리고 비실시간으로 다양한 접근 방식들을 활용하면서 여러 온라인 플랫폼들이 구축되어야 '생산과 활동'이 가능했다(Smart, 2020). 그리고 나는 이것이 디지털 기술의 강점이라고 생각한다. 온라인으로 연결되는 방식은 여러 가지이며, 단지 한 가지 접근 방식에 국한되지 않는다(S.M., 개인적 대화). 상호성은 채팅 기능 사용, 여론 설문 조사 그리고 선호도 질문 분석을 포함한 온라인의 새로운 방식들을 통해서 경험되었다. 신적 생명은 창조적이고 생성적이며 상호성이 넘치는 방식으로 참여하는 모습을 온라인에서 볼 수 있게 되었다.

나는 거룩한 체화됨을 믿습니다

> 그들을 떠나 하늘로 올려지시니(눅 24:51)

온라인 경험은 물질성, 장소, 가시성에 대한 새로운 통찰의 가능성을 열어줄 수 있다. 이러한 통찰들은 신적 생명에 관한 기독교적 이해, 특히 예수의 승천(눅 24:50-53)에서 예수의 몸이 신적 생명 안으로 포함되는 것으로 이해하는 것과 일치한다(Taylor, 2014). 신성은 물질적인 감각으로는 비가시적일 수 있지만, 그 비가시성 안에서 승천한 인간의 육체는 은총 안으로 포함된다.

대면이든 온라인 방식이든 교회는 기술을 사용하고 있으며 물질성 안에서 체화된다. 와이파이는 마이크나 음향 시설처럼 단지 연결을 가능하게 하는 또 다른 (디지털) 매체에 불과하다. 주일 예배 좌석에서 당신 옆에 앉아 있는 체화된 몸은 그가 집에서 온라인으로 예배 실황을 보고 있을 때에도 여전히 체화된 몸이다. 줌 화상 회의 화면에 있는 모든 '아바타'는 감정을 가진, 만져지고 또 만질 수 있는 물질적인 몸이다. 봉쇄 교회(A lockdown church)는 일상 속에서, 새로운 가정에서 단지 전자와 픽셀을 통해 전달되는 성스러움을 찾는 교회적 몸이다.

온라인 교회는 교회가 물질적인 것일 뿐 아니라 가시적인 개념으로도 확대된다. 분명 물리적인 모임은 교회를 가시적으로 만든다. 수십 개의 교회가 라이브 스트림을 제공하는 페이스북 피드 역시 가시성의 표현이다. 봉쇄 기간 중 영국에 사는 줌 이용자들이 라이브 스트리밍 문제를 주일에 경험하면서 '교회가 인터넷을 망가뜨린 것 같다'(Looks like the church broke the internet)라는 농담을 던진 것은 무척 흥미로운 일이었다(Carter, 2020). '인터넷을 망가뜨린 것'은 물질성과 가시성 모두를 암시한다. 온라인의 특징은 녹화다. 한순간에 일시적으로 곧 오전 10시에 예배를 위해 한 번에 한 장소에서 일시적으로 존재하게 되는 경험은 녹화와 교회 웹사이트에 게시됨으로 고도로 가시화된다. 따라서 온라인 교회는 물질성과 가시성을 포함하는 체화의 차원이다.

물질성과 가시성을 구상하는 새로운 방법과 함께 공공 광장을 재정의하는 방법이 등장했다. 한 가지 예는 사역 실무자들 사이에서 온라인 커뮤니티가 '사람이 서로 만나고, 공유하며, 영감을 주고, 도움을 주는 합법적이고 유일한 공적 공간'으로 경험된 것이었다(P.N., 개인적 대화). 대중교통으로 장시간 매일 출퇴근하는 (시간이 부족한) 근로자들은 지역 페이스북 그룹을 근원적 공동체로 경험했다. '페이스북 그룹은 이웃이 질문을 던지고, 지역 정보를 공유하며, 새해 인사 등을 하는 장소다.' 모이는 방식에 있어서 대면 모임이 갖는 (시간이 부족한) 한계는 온라인 공간이라는 지역성을 통해 극복되어 장소-만들기(place-making)를 향상시켰다.

베처(2010)는 페미니스트 신학과 장애 신학을 활용하여 우리가 육화(enfleshment)로서의 거룩함을 신학적으로 사유하는 데 도움을 준다. 페미니스트 신학이 '몸'(body)이라는 용어를 되살려낸 반면 베처는 장애의 관점에서 육체(the flesh)로부터 사유하는 것이 몸의 정상화에 도전한다고 주장한다. 육화는 우리가 거룩함을 서로에 대한 취약성으로 이해할 수 있도록 해 준다. 한계에는 가능성이 있다. 물리적 모임은 '가능한'(able) 몸들을 특정하게 우선시할 수 있다. 이처럼 하나의 형태에 특권을 부여하는 것은 사회적 몸에 관한 기독교적 이해를 왜곡시키는 장애인 차별주의적 인간학을 가시화하는 것이다. 그러나 유한성은 인간 존재의 본질적인 차원이다. 온라인으로의 전환은 인간을 참여시키는 새로운 방식을 가능하게 만든다. 인간성의 취약함은 이 세상에 생명을 주기 위해 부서진 그리스도의 몸이라는 은총 안에서 회복 가능성을 발견할 수 있다. 승천한 몸은 육화된 몸이다. 하나 됨과 거룩함의 온라인 교회론에는 한계가 있지만 가능성 역시 늘 지니고 있다. 궁극적 사랑의 거룩함은 못 박힌 손과 창에 찔린 상처가 있으며, 은총 가운데 신적인 생명 안으로 이끌려 와, 물질적인 것과 가시적인 것의 개념을 재구성한다.

나는 '연결하는' 보편 교회를 믿습니다

> 이방인들에게도 성령 부어 주심으로(행 10:45)

모이는 교회가 폐쇄되고 개인 보호 장비를 착용하는 것과 같은 연결의 상실을 코로나19 팬데믹 시기에 많은 이가 경험했다. 플레이트(2020)는 영어에서 touch(연결)라는 단어가 사용되는 방식을 조사했다. '연락하자'(let's get in touch)와 같은 문구는 관계성과 물질성의 경험이 멀리 있는 상태에서도 공유될 수 있음을 암시한다. 와이파이와 위성 전송을 통해 우리는 심지어 물리적으로 떨어져 있어도 '연락을 유지한다.' 이처럼 연결의 개념은 우리가 인간관계를 물리적으로 모이는 방식보다 관계적 방식에서 생각할 때 새로운 방식으로 이해할 수 있다.

기독교 신학에서 성령은 교회를 보편적인 몸으로 하나 되게 하여 진 세계 교회가 연결을 유지하도록 한다. 도이츠의 루페르트(Rupert of Deutz)는 교회가 '접촉'(in touch)을 유지함에 있어 성령의 역할에 관한 몇 가지 유용한 길잡이를 제공했다. 성령에 대한 루페르트의 이해는 '그 자료들에 있어서 전통적면서, 그 혁신적 적용에 있어서는 매우 놀랍다'(Zemler-Cizewski, 2001, p. 552). 루페르트는 '사회와 문화의 모든 측면에 영향을 미치는 커다란 변화'의 시대인 12세기에 상당히 많은 글을 썼다(van Engen, 1983, p. 1). 그의 저술은 '완전히 혁신적'(p. 90)이었는데, '서양에서 성령을 분리하여 다룬'(p. 91) 최초의 내용을 담고 있다. 루페르트에 따르면

감옥에 갇히고 쇠사슬에 묶여 있어 물에는 들어가지도 못하고 박해 속에서 그리스도를 고백하는 세례를 받은 수많은 사람은 말할 것도 없이, 백부장 고넬료는 이방인들이 세례를 받는 것을 금지시키는 유대인들에 의해 가로막혀 있었기 때문에 … 베드로가 설교를 하고 있었을 때 성령이 말씀을 듣는 모든 자들에게 곧장 내려온 것처럼, 마침내 어머니와 같은 하나님의 은혜는 물이라는 둥지 너머로 날개를 뻗어 자기의 뜻을 따라 날아갔다(Rogers, 2009, p. 179).

루페르트에게 물리적 거리의 한계('감옥에 갇히고 쇠사슬에 묶여 있어')는 그리스도의 몸이 계속 연결 상태에 있도록 성령이 곧장 내려오는 가능성을 만들어 낸다. 루페르트의 방식대로 생각하자면, 강요된 온라인에서의 처음 표현들은 처음에는 한계를 암시할 수 있지만, 실제로 그것은 창조(창 1:2)와 세례(마 3:16)의 때에 물 위에서 날아다니던 새처럼 성령이 하나님의 은혜를 가시적인 것을 만들기 위해 급히 내려오는 때다. 그러므로 디지털 세계에 진입한 일부 사람이 경험하는 거리감은 오히려 성령의 활동을 위한 공간이다. 성령은 고넬료와 베드로처럼 하나님의 말씀을 듣고 있는 모든 사람을 연결하고 있다.

로저스에게 이 보이지 않는 성령은 물질과 몸의 친구가 되어 주는 자(befriender)다(2005, p. 56). 수태고지, 세례, 변모, 부활, 승천, 그리고 오순절에서, '구체적이고, 물리적이며, 사회적인 구조를 취해 거룩하게 만드는 것이 성령의 특징이다'(Rogers, 2005, p. 137). 더 나아가 '피조물이 – 물질적이면서 영속적인 것으로 – 창조될 시간과 공간을 가질 수 있는 가능성의 조건은 바로 성령이다'(Rogers, 2005, p. 179). 줌 화면에 나타나는 모든 아바타의 몸은 친구가 되게 하는 성령에 의해 연결된다. 이러한 사실은 우리가 디지털의 물질성을 이해하는 방식을 제공한다. 화면은 더 이상 우리를 분리시키지 않는다. 대신 시간과 공간을 초월해서 몸들과 친구가 되게 하는 성령은 물질적인 몸을 온라인과 결합시켜 전 세계 교회를 하나가 되게 하신다.

루페르트의 연구는 성령의 선교를 해석하고자 솔로몬의 아가서를 사용함으로 또 다른 유용한 길잡이를 제시한다. 루페르트에게 있어 성령은 양육하는 자이며, 하나님의 선교를 위한 언어 학습에 있어 더욱 그러하다(Zemler-Cizewski, 2001, p. 551). 언어 학습의 가치에 대하여 루페르트가 확신할 수 있었던 근거는 오순절 내러티브에서 언어의 역할을 해석하는 한 가지 방식에 있었다. 우리는 언어를 통해 연락을 유지한다. 그리고 '언어에 대한 지식은 전 세계에 복음을 전파하는 데 도움을 줄 것이다'(Zemler-Cizewski, 2001, p. 551). 실제로 루페르트에게 있어 삼위일체의 위격은 인간 성장 과정에서 다양한 방식으로 관여한다.[4]

'루페르트는 창조의 사역을 성부에게, 인류를 구속하는 사역을 성자에게, 그리고 하나님을 향한 이성적인 피조물들의 사랑을 "점화시키는 일"(igniting)을 성령에게 할당한다'(Cizewski, 1988, p. 49). 따라서 오순절 성령의 현존은 언어의 한계를 의사소통의 가능성으로 바꾼다.

인간 성장에 대한 이 이해는 인간 발전에서 언어의 역할을 고려하도록 이끈다. 모든 인간은 의사소통을 배우면서 성장한다. 아기들이 옹알이를 하면서 말을 배우 듯이, 모든 인간은 유희적인(창조적이고, 생성적이며, 상호적인) 실험을 통해서 학습한다. 어른이 되어서도 다른 언어를 배우는 일은 끈기를 요구한다. 이 배움의 과정은 부적절함과 노출됨과 같은 감정을 느끼는 순간들을 포함한다. 이것이 곧 육화다. 바로 취약한 몸이 한계와 동시에 그 가능성을 탐구하는 것이다. 아마도 이것은 '돌이켜 어린아이들과 같이'(마 18:3) 되라는 예수의 가르침의 한 측면일 것이다. 언어는 한계를 이야기한다. 동일하

---

4 인간 성장에 관한 이러한 이해는 우리로 하여금 즉각성의 세계와 의미의 세계를 구분한 로너간(1972)의 주장을 다시 주목하게 만든다. 새로운 사회적 인간 관계에 의해 매개되는 사회에서 성장은 하나의 과정이다. 관계는 '시간이 지남에 따라서 성숙해지고 깊어진다. 왜냐하면 관계란 대인적(interpersonal)이기 때문이다'(Ormerod and Collins, 2020, p. 215).

게, 언어는 또한 가능성을 이야기한다. 그리고 그 가능성은 특별히 모든 인간에 있어서 발전을 가져다주는 가능성이다.

이러한 언어 학습의 경험은 강요된 '처음' 온라인 '표현들'을 식별하는 흥미로운 방법을 제시한다. 언어학자 그레천 맥컬록(2019)은 인터넷상에서의 언어 사용을 조사했다. 그녀는 휴대폰 문자, 소셜 미디어 게시물과 그룹 채팅이 비공식적 글쓰기의 급증을 설명해 준다고 주장한다. 공식적 글쓰기는 이제 '편집되지 않고, 여과되지 않은 단어들의 광활한 바다로 둘러싸여 있다'(2019, p. 3). 인터넷 약어, 채팅, 이모티콘, GIFs(그래픽 인터체인지 포맷, Graphics Interchange Format: 웹상에서 사용되는 비트맵 그래픽 파일 포맷으로서 '짤' 혹은 '움짤'이라 부르기도 한다 – 역자 주)은 우리가 의사소통하는 방식을 변화시켰다. 맥컬록에 의하면, 글쓰기가 곧 기술이다. 기술이 발전함에 따라, 글쓰기도 변화할 것이다. '어떤 이미지든 어디로나 전송할 수 있는 기술을 가지게 된 후, 우리는 그것을 사용해서 우리의 몸을 우리의 글로 복원하여, 말하는 사람이 누구이며 우리가 이야기하고 있을 때 어떤 기분인지 그 감각을 표현한다'(2019, p. 14). 따라서 디지털 전환은 보다 총체적이고 육화된 의사소통의 형태를 추구하도록 만든다. 문자 언어는 이제 더욱 육화되고, 관계적이며, 정서적으로 커다란 영향을 받는다. 이제 인간에 대한 보다 완전한 표현이 가능하게 된 것이다.

정의상 교회는 육화와 관계성에 대한 온라인 가능성을 확증해야만 한다. 폴 마니어(1960)는 신약성경에 나오는 거의 100개의 교회에 관한 이미지들을 문서화했다. 그는 그중 세 가지 이미지가 지배적이라고 주장한다. 그것은 하나님의 백성, 그리스도의 몸, 하나님의 집이다. 각각 이미지들은 본질상 사회적이고 관계적이다. 디지털 교회론에 있어 유익한 내용은 맥컬록이 오늘날 언어를 묘사하는 가장 적절한 은유가 더 이상 책이 아니라 네트워크라고 주장하는 점이다(2019, pp. 267-269). 책은 고정적이며 권위적이다. 그리고 순차적이고 유한하다. 그러나 네트워크는 유연하고 사회적이다. 네트워크는 역동적으로 발전한다. '언어의 가변성은 언어가 가진 강점이다. 만약 어린아이가 말을 전달하려고 할 때 부모가 말하는 방식을 정확히 따라해야만 한다면, 말은 부실해지고 어눌해질 것이다'(p. 273). 언어는 세대를 거듭하면서 다시 만들어진다.

이것은 언어 학습을 필요로 한다. 나에게는 트위터를 가르쳐 주는 청소년기의 딸들이 있다. '아빠, 아빠는 이 사람의 트윗을 공유하지 않고 답장을 보내야 해요. 왜냐하면 아빠가 이 사람을 화나게 만들 수 있기 때문이에요'(개인적 대화). 혹은 마태복음 18:3에 나오는 예수의 말씀을 개인적으로 적용하자면, 스티브 테일러와 그 밖의 다른 어른들은 그들보다 새로운 언어를 더 잘 아는 사람으로부터 배움으로 '돌이켜 어린아이들과 같이' 되어야 한다. 천국의 역전이다. 어린이들은 스승이 되고, 어른들은 유창함에 있어 어린이들처럼 됨으로 이를 배우는 것이다. 이것은 혁신과 놀이, 창조성 그리고 개성을 위한 공간을 명확하게 보여 준다.

어린아이-같은 놀이로서의 언어 학습은 도이치의 루페르트가 밝힌 삼위일체 교리로 되돌아가서 신학적 기록을 찾을 수 있다. 루페르트는 시편 148편을 주석하면서 이렇게 말한다.

> 말하건대, 존재하기 전에 이것을 보는 것은 하나님과 그의 지혜를 찾기 위한 놀이였다. 그 놀이는 축제와 같은 놀이, 행복한 놀이, 즐거움으로 가득 찬 놀이였다. 그러나 진정으로 그런 것들을 기뻐하고, 이 모든 것을 매우 즐거운 마음으로 바라보는 것은 우리가 앞서 성령이라고 말했던 열정적인 사랑, 거룩한 사람, 곧 지혜의 사랑이다(Zemler-Cizewski, 2001, p. 552).

치제브스키는 루페르트에게 어떻게 신적 자기 인식과, 성부와 성자와 성령의 상호적인 사랑이 창조 안에서 모든 피조물들과 함께 신적 인식과 사랑으로 짜여 있는지 추적한다. 그러므로 '언어는 단순히 … 언어적 기호로만 구성되는 것이 아니라 … 가다머의 표현처럼 언어 사용자들과 함께 "노는"(play) 놀이(game)로서 잘 묘사될 수 있는 예배의 분위기라는 주된 목적 아래에서 존재했다'(1988, p. 46). 이러한 사실은 교회가 강제로 온라인화되면서 많은 이가 느꼈던 불충분함을 신학적으로 재구성하는 방법을 제공한다. 우리가 배워야 하는 것은 어린아이들이 노는 것처럼 곧 하나님과 함께하는 즐거운 놀이 곧 예배다.

물론 온라인 경험은 인터넷 언어에서 유창하지 못함을 드러낼 수 있다. 우리는 저항할 수 있고, 혹은 팬데믹 이전의 교회적 관행으로 재빨리 되돌아갈 수도 있다. 또는 하나님의 은총 안에서 하나님의 ABC와 같은 언어 학습에 참여하기로 선택할 수 있다. 이것은 우리가 온라인 알파벳을 연습하면서 성장하고 어린아이처럼 되라는 초대다. 예를 들어 이 학습은 비디오 카메라의 위치를 지정하고, 재미있는 배경화면을 준비하는 방법처럼 단순히 기술을 습득하는 것이 아니다. 그보다, 이 학습은 '예배의 분위기'에서 이루어진다. 이것은 '연결됨'을 통해 참여하려는 인간의 필요만큼이나 필수적이고, 루페르트의 성령론적 선교학만큼 신학적이다. 오순절의 교회 탄생의 표징에는 방언(language)의 은사가 포함된다. 성령은 특별히 언어 학습 가운데 현존한다. 인터넷 언어의 비공식적이고 총체적인 측면을 포함한 언어에 대한 지식은 예루살렘에서 시작해서 인터넷으로 도달할 수 있는 가장 먼 곳에 이르기까지 복음을 전파하는 일에 참여하기 위해서는 필수적이다.

나는 사도적인 접속을 믿습니다

내 증인이 되리라(행 1:8)

이것은 사도성, 곧 교회 자체를 넘어서는 교회를 보여 준다. 봉쇄 상황에서 온라인에 접속한 경험은 접속(access) 그리고 제자도 형성의 가능성과 관련된 사도적 경험이 포함된다. 접속과 관련해서, 사역 실무자들에게 강요된 처음 온라인 표현들이 가져다준 기쁨 중 하나는 이전의 구성원들이 되돌아온 것이었다. 이사 갔던 구성원들과 다시 만났다는 이야기들이 나왔다. '새로운 미디어의 본질은 그것이 상호작용을 가능하게 하고, 시간과 거리의 커다란 이중적 제약들을 해소시킨다는 것이다'(C. L., 개인적 대화). 디지털 교회론의 중요한 차원은 바로 접근의 용이함이다.

이러한 사실은 멀리 떨어져 있는 구성원이 로그온을 했을 때뿐 아니라, 소셜 미디어 포럼에 참석하고 있지만 조용히 침묵하고 있는 눈팅족(lurkers)을 인지함을 통해서도 분명해진다. 눈팅은 '주변 친밀감'(ambient intimacy: 느슨한 사회적 네트워크 내에서 서로 연결된 느낌이며, 멀리 떨어져 있는 사람과도 일정한 연락을 통해서 친밀감을 지속할 수 있는 상태를 가리키는 용어로 SNS 시대에 두드러진 현상이다 - 역자 주)의 행위이다(Leisa Reichelt, 2007). 마태복음 28:19-20에 나오는 구절처럼 가서 제자를 삼으라는 사도적 명령은 온라인 공간의 고유한 특성이 이 사도적 명령을 더욱 확대시킬 수 있게 해 줌을 시사하는 놀랍도록 긍정적인 구절이다.

이는 조앤 맥닐(2020)의 눈팅 연구에서 더욱 분명해진다. 그녀는 눈팅이 친밀감, 자기 현시, 사색, 그리고 상호성을 불러온다고 주장한다. 사실 눈팅의 본질적인 요소인 비가시성은 친밀감으로 향하는 관문이 된다. '직접 대면할 때에는 참견처럼 보일 수 있는 질문이 텍스트상으로는 환영받을 수 있고 혹은 센스 있는 내용이 될 수도 있다. 원거리적 교류의 특성은 사람 사이에 놓인 전형적인 장벽들을 해소시킨다는 것이다'(McNeil, 2020, p. 47). 비가시성과 친밀감 사이의 상호작용은 자아의 측면들이 드러나면서 성장을 가능하게 만든다. '나는 내 정체성을 통제할 수 있었고, 내가 다른 사람에게 공개할 측면들을 선택할 수 있었다. 매우 고백적이고 진술한 만남이 거기에서 나오기 시작했다'(pp. 62-63). 바라건대, 그 결과, 원할 경우에 성찰할 수 있는 기회가 주어졌다. '글[다시]쓰기는 사용자로서 나의 정체성을 위한 틀의 일부였다'(p. 62). 인터넷은 우리의 정체성에 대한 인식을 높여 주는 결과를 가져왔다(p. 71). '나의 두려움과 불안함의 보편성'(p. 63)을 공유하면, 더 큰 인간적 유대감이 쌓인다. 이것이 바로 온라인상에서 '주변 친밀감'과 인간관계의 심화가 가능한 방식이다.

맥닐은 기독교적 형성에 대한 주장을 펼치고 있는 것이 아니다. 온라인 형성의 긍정적 예시들에 비해 부정적 예시도 있다. 그녀는(p. 72) 인종차별에 특별히 주목하면서, 비록 온라인 플랫폼이 타 인종을 다르게 생각할 수 있도록 영감을 줄 수 있지만, 인종차별을 종식시키지는 않을 것이라고 주장한다. 그럼에도 불구하고 친밀감, 자기 표현, 사색과 상호성의 융성은 기독교적 형성을 위한 기회가 된다. 이러한 내용들은 온라인상에서 제자를 삼는 것을 이해할 수 있도록 하는 체계를 제시한다. 형성으로서 제자 삼는 일은 친밀감과 상호성을 키우는 것을 포함하고, 자기 현시와 사색을 제공한다.

온라인 형성은 접속에 더 용이하다. 아마도 이 접속의 용이함은 강제 폐쇄 초기에 온라인 출석이 증가했다는 점에 힘을 실어 준다. 그러나 모든 인터넷 사용자들은 테드 스트리파스(2014)가 정의한 것처럼 복잡한 수학 공식을 실행하는 컴퓨터가 이전에 사용자 자신이 소비한 것을 기반으로 하여 구매할 제품들을 제공해 주는 방식인 '알고리즘적' 문화 속에서 살고 있다. 이 세상에서는 좋아요(likes)가 좋아요를 낳는다. 우리가 사는 세계의 점증하는 부족주의에도 불구하고, '알고리즘적' 문화는 단지 사람, 장소, 사물, 아이디어가 분리되고, 분류되고, 계층화됨에 따라서 모든 문화의 작업들을 컴퓨터가 가시화하는 것에 불과하다. 실제로 마틴 루터 킹(1964)이 지적한 것처럼, 교회에 모여 있는 시간은 국가로부터 가장 분리된 시간이 될 수 있다. 사도적 접속성은 경험적인 실재라기보다 과정 중에 있는 활동이다. 교회의 물리적 경험과 온라인 경험은 모두 한계를 경험하고 있으며, 자유롭게 경계를 넘나드는 방식의 선교를 가능하게 할 성령의 가능성을 필요로 한다. 결국 이것은 사도성이 대면하고 있는 도전이다.

어떻게 하면 '알고리즘적' 좋아요의 세계에서 경계를 넘나드는 성령의 포용성이라는 급진적인 개념을 실제적으로 이해할 수 있을까? 제시할 수 있는 한 가지 대답은 배움으로 돌아가는 것, 곧 하나님나라를 위해 기꺼이 어린아이처럼 되려는 의지다. 이것은 내가 수행한 연구에서 뚜렷하게 드러나는 주제로서 지도자들에게는 도전 과제를 부여한다. 온라인 포럼은 '대화의 유기체적 특성'을 장려하고, 민주화로 전환하는 한 예이다. 내 연구 조사 대상이었던 사역자들은 특별히 사도행전 10-11장에서 자신이 본 계시에도 불구하고 갈라디아서 2:11-14에서처럼 배타적인 행위로 되돌아가는 것을 경험했던 베드로처럼 '리더십을 주로 지위적 권위, 심지어 지위적 책임에 두는 것으로 이해하는' 사람을 위해 성장 영역들을 보여 주는 사례 연구들을 제공해 주었다(A.B., 개인적 대화).

온라인을 주도하는 것은 새로운 관행을 배우는 것과 연관되어 있다. 이러한 관행에는 분명한 목적과 합의된 제한사항을 정하는 것, 갈등이 부정적일 필요가 없다는 사실을 수용하는 것, 그리고 리더십 기여의 명확성을 확보하는 것을 포함한다(A.B., 개인적 대화 요약). 이것은 온라인 공간이 눈팅 하는 사람뿐 아니라 리더를 위한 개인적 성장을 요청하고 있음을 분명하게 말해 준다. 강요된 처음 온라인 표현들은 난관에 봉착한 에클레시아가 아니라 상호회심으로의 초대이다. 그것은 모든 참여자의 회심을 개발시키고 촉진시키는 학교라 할 '회심한 자들의 공동체'(the community of the converted)로서의 교회를 디지털 방식으로 표현한 것이다(Stephen Bevans, 2018, p. 142).

결론

코로나19 팬데믹의 위기는 교회 됨의 한계와 가능성에 관한 새로운 사고를 요구한다. 나는 신학적 틀에서, 특히 교회론적 틀에서 '강요된 혁신'이 무엇인지 발견했다. 나는 교회의 네 가지 표지로 연구를 수행하여 하나 됨은 참여로, 거룩함은 체화로, 보편성은 연결로, 사도성은 접속으로 체계화했다. 강요된 처음 표현들은 우리가 새로운 (인터넷) 용어를 배울 때, 우리 자신을 어린아이처럼 인식함으로 우리의 육화에 참여하도록 초대하는 것이다. 이에 관해서는 더 많은 경험적 연구가 요구된다. 온라인 교회의 '강요된 봉쇄'에 참여했던 눈팅족들 각자는 신앙을 발견했을까? 이들이 경험한 친밀함, 사색, 상호관계성은 무엇이었을까? 이에 대한 종단적 연구가 진행 중이다 (Taylor, 2021).

이러한 일들을 하기 위해서 우리는 어린아이처럼 되어야 한다. 핵심은 바로 겸손이다. 펜이든, 책의 색인이든, 도서관 목록이든, 아니면 학습 관리 시스템이든 모든 새로운 기술은 그것을 가장 잘 활용하는 법을 배우기 위해서 시간을 요구한다. 강요된 온라인 형성의 처음 표현들을 교회의 오랜 대면 표현의 경험과 비교하는 것은 라이트 형제의 첫 비행과 오늘날 비행기 1등석을 타고 대서양을 횡단하는 것을 비교하는 것과 같다.

교회의 표지는 그리스도의 몸을 육화시킨다. 육화는 그리스도 안에 있다. 소스키시에게 그리스도는 '진통 중'에 있으며, 의도된 존재의 충만함 안에 있는 인류를 낳기 위해 수고하는 육화된 몸이다. 그리스도는 우리와 함께 수고하고(창조성), 우리와 함께 슬퍼하며(상호성), 우리와 함께 동행한다(생성성). 모든 인간은 진통을 겪어야 하며, 그리스도나 산고를 겪는 여성처럼 이러한 것들은 '해산하는 고통이자, 즐거움과 새로운 생명을 위한 애씀'이다 (Soskice, 2007, p. 151). 이러한 사실은 마태복음 18장에서 예수가 미리 내다본 변화 곧 모두가 어린이인 곳으로 우리를 안내한다. 온라인의 한계는 새로운 언어를 배우도록 우리를 초대한다.

참고 문헌

Anderson, A., J. Binney and A. Harris, 2015, *Tangata Whenua. A History*, Wellington: Bridget Williams.

Anonymous, 2004, *Mission-Shaped Church: Church Planting and Fresh Expressions of Church in a Changing Context*, London: Church House Publishing.

Betcher, S. V., 2010, 'Becoming Flesh of my Flesh: Feminist and Disability Theologies on the Edge of Posthumanist Discourse', *Journal of Feminist Studies in Religion* 26(2), pp. 107-118.

Bevans, S., 2018, *Essays in Contextual Theology*, Leiden: Brill.

Campbell, H. A. and S. Osteen, 2020, 'Research Summaries and Lessons on Doing Religion and Church Online', working paper, https://oaktrust.library.tamu.edu/handle/1969.1/187806.

Carter, H., 2020, 'Global issues. Zoom down as users report major problems', 17 May, *The Sun*, www.thesun.co.uk/news/11644154/zoom-down-report-majorproblems/.

Cizewski, W., 1988, 'A Theological Feast: The Commentary by Rupert of Deutz on Trinity Sunday', *Recherches de theologie ancienne et medievale* 55, pp. 41-52.

Gauntlett, D., 2018, *Making is Connecting: The Social Power of Creativity, from Craft and Knitting to Digital Everything* (2nd edn), Cambridge: Polity.

King, M. L., 1964, '11 A. M. Sunday Is Our Most Segregated Hour', 2 August, *The New York Times*, www.nytimes.com/1964/08/02/archives/11-a-m-sundayis-our-most-segregated-hour-in-the-light-of-the.html.

Kohimarama Presbyterian (2020), Good Friday Walk, www.kohipres.org.nz/church-online.

Koya, C. F., 2017, 'The Digital VG Negotiated Socio-spatial Relations in Cyber Places and Spaces', in Upolu LumG Vaai and Unaisi Nabobo-Baba (eds), *The relational self: Decolonising personhood in the Pacific*, University of the South Pacific Press, pp. 61-78.

Lonergan, B. J. F., 1972, *Method in Theology*, London: Darton, Longman and Todd.

Matapo, J., 2020, 'The vG that binds: a Pasifika education story during Covid-19', *The University of Auckland*, www.auckland.ac.nz/en/news/2020/05/03/va-that-binds-pasifika-education-during-covid-19.html.

McCulloch, G., 2019, *Because Internet. Understanding how Language is Changing*, London: Vintage.

McFarland, Ian A. (2019), *The Word Made Flesh: A Theology of the Incarnation*, United States, Westminster John Knox Press.

McNeil, J., 2020, *Lurking: How a Person Became a User*, MCD, Farrar, Straus, and Giroux.

Minear, P., 1960, *Images of the Church in the New Testament*, Philadelphia: Westminster.

Ormerod, N. and J. Collins, 2020, 'The Curious Case of the Priest Who Had Lost His Faculties', *The Australasian Catholic Record* 97(2), pp. 206–215.

Plate, S. B., 2020, 'Reach Out and Touch Some-thing', 21 May, *Beacon Broadside*, www.beaconbroadside.com/broadside/2020/05/reach-out-and-touch-something.html.

Prayer Collective Christchurch, 2020, 'The Graves to Gardens Project', *Prayer Collective*, www.prayercollective.nz/gravestogardens.

Reichelt, L., 2007, 'Ambient Intimacy', 1 March, *disambiguity: understanding humans*, www.disambiguity.com/ambient-intimacy/.

Rogers, E., 2005, *After the Spirit: A Constructive Pneumatology from Resources Outside the Modern West*, Grand Rapids, MI: Williams B. Eerdmans.

Rogers, E., 2009, *The Holy Spirit*, Hoboken, NJ: Wiley-Blackwell.

Smart, J., 2020, 'Survey report: online facilitation and virtual meetings', 28 April, *SessionLab*, www.sessionlab.com/blog/online-facilitation-survey-report/.

Soskice, J. M., 2007, *The Kindness of God: Metaphor, Gender and Religious Language*, Oxford: Oxford University Press.

Stadnytskyi, V., C. E. Bax, A. Bax and P. Anfinrud, 'The airborne lifetime of small speech droplets and their potential importance in SARS-CoV-2 transmission', *Proceedings of the National Academy of Sciences* (202006874), DOI: 10.1073/pnas.2006874117.

Striphas, T., 2014, 'Algorithmic culture. Culture now has two audiences: people and machines', 1 May, *Medium*, https://medium.com/futurists-views/algorithmic-culture-culture-now-has-two-audiences-people-and-machines-2bdaa404f643.

Taylor L., 2021, 'Initial reflections on how churches in New Zealand and Australia responded to covid-19', *Lynne Taylor*, http://lynnetaylor.nz/covid12monthson/.

Taylor, S., 2014, 'Embodiment and transformation in the context of e-learning' in L. Ball and J. Harrison (eds), *Learning and Teaching Theology: Some Ways Ahead*, Eugene, OR: Wipf and Stock, pp. 171–184.

Taylor, S., 2019, *First Expressions: Innovation and the Mission of God*, London: SCM Press.

Taylor, S., 2020a, '11 summative statements', https://drive.google.com/open?id=16QHVcsuqPbS9kAKp8CC9yiqoFR7PtMtM.

Taylor, S., 2020b, 'communities f practice as action-reflection tools', www.emergentkiwi. org.nz/archive/communities-of-practice-as-action-reflection-tools/.

van Engen, J. H., 1983, *Rupert of Deutz*, Berkeley, CA: University of California.

Wiles, S. and T. Morris, 2020, 'A note on noisy places and Covid-19', 18 May, *The Spinoff*, https://thespinoff.co.nz/science/18-05-2020/siouxsie-wiles-toby-morrisa-note-on-noisy-places-and-covid-19/.

Zemler-Cizewski, W., 2001, 'The Lord, the Giver of life: A reflection on the theology of the Holy Spirit in the Twelfth Century', *Anglican Theological Review* 83(3), pp. 547-556.

PART 3

➥ 미래 교회를 위한
　　　새로운 디지털 실천들

Ecclesiology for a
DIGITAL CHURCH

9. 교회 전도 활동에 있어 디지털 기술 그리고 성령을 매개하기

발라 A. 무사, 보예 - 넬슨 키아무

서론

교회는 오순절에 탄생했다. 예수는 지상 사역이 끝나갈 무렵, 곧 제자들 곁을 떠나야 하기 때문에 자신의 제자들을 준비시키는 동안, 그들에게 고아처럼 그들을 떠나지 않을 것이고 그 대신에 그들의 위로자가 될 성령을 보내줄 것이라고 약속했다. 그들이 복음을 전하는 선교 사역을 시작하기 전에 그 위로자를 예루살렘에서 기다리라고 말했다. 제자들은 그대로 시행했다. 그리고 오순절 날, 교회는 초자연적인 능력으로 탄생했다. 사도들의 초기 사역은 그들 가운데 함께한 성령의 현존을 증거하는 것이었다. 이들에게 주어진 임무는 엄청났기에, 이를 성공적으로 수행하기 위해서는 초인적인 능력이 필요했다(행 1:4-8).

제자들은 성령이 지상에서 수행할 그의 사역을 담아낼 그릇이 될 것이었다. 사역의 능력은 영적 권능에 달려 있었다. 수행된 사역은 영(pneuma)이 어느 정도 부여되었는지 반영할 것이었다. 디지털 시대가 성령의 시대를 맞이함에 따라, 성령과 기술(technique) 그리고 테크놀로지(technology) 사이의 접점을 검토할 필요가 있다.

이러한 담론은 기술과 테크놀로지 형태로 이루어지는 인간의 창조적 노력, 특히 정보와 의사소통 테크놀로지가 어떻게 복음을 전하는 선교를 위한 자산이 될 수 있는지 혹은 부채가 될 수 있는지 살펴본다. 준(Jun)은 자신이 교회 4.0이라고 부른 것의 배후에 자리한 교회론을 재검토할 것을 요구하며 다음과 같이 말한다.

> 이제 우리는 코로나19와 4차 산업혁명의 결합으로 교회 4.0 시대로 진입하면서 교회론적 개념과 그 표현에 있어서 중요한 패러다임 전환의 새로운 시작을 마주하고 있다(2020, p. 298).

새로운 교회의 시대에 관해 새롭게 드러나는 특징들은 교회의 확장과 성장에 대한 약속을 제시할 뿐 아니라 의사소통의 수단과 방식에 있어 교회의 본질을 상실할 위협 또한 제시한다.

교회의 선교에 있어서 테크놀로지

전 세계적인 코로나19 감염병 대유행이 발생한 후 많은 교회의 전통적인 예배가 중단되고 재조직되었다. 그때까지 선호해 왔던 교회의 예배 형식은 교회 울타리 안에 모이는 지역 모임이었다. 많은 사람은 매주 모임을 통해 자신의 종교적 헌신을 경험하고 그것을 모임과 연관시켰다. 따라서 교회의 활력과 생명력은 모임의 규모로 측정되었다. 회중은 자신의 교회가 초대형 교회가 되기를 열망했다. 모임은 교회의 중심적 에토스였다. 모임의 현장에서 성령은 활동했고, 사람은 기도와 예언을 받으며 구원을 경험했다. 성령은 종종 사람의 모임 가운데 활동하는 것으로 보였다. 또한 성령이 기름 부음 받은 하나님의 종(들) 안에 거하며 그들을 통해 일하는 것으로 보일 때는 더욱 그러했다.

그렇기 때문에 원격으로 예배를 드리고자 신자들이 흩어지는 것은 테크놀로지와 성령의 능력이 교차하는 지점을 이해하기 위한 도전이자 기회로 삼을 수 있다. 실제로는 둘 모두 인간의 능력을 증강하거나 보완하는 그런 동일한 기능을 수행한다. 성령의 능력과 커뮤니케이션 테크놀로지는 복음의 메시지를 증폭시키고 강화하고자 교회에서 사용할 수 있는 자원이다. 하나는 물리적이고 자연 세계와 연관된 반면에 다른 하나는 영적이고 초자연적인 것임을 감안한다면, 그 두 가지가 교회의 의제와 과정에서 수렴되고 발산되는 방식을 살펴보는 일은 중요하다.

어떤 이들은 테크놀로지와 영성 사이의 관계를 상충하는 것으로 이해한다. 이들에게 있어 테크놀로지는 인간적인 노력의 영역에 속한 것인 반면에 성령은 하나님의 주권적인 계획과 사역의 영역이다. 쾨켈버그(2010)는 이러한 주장을 내세우는 학파에게 '테크놀로지는 … 종교에 중립적인 것으로 간주되거나 … 적대적인 것으로 간주된다'고 말한다(p. 959). 그뿐만 아니라

> 그런 가정에 기초할 때, 종교가 테크놀로지의 존재를 당연하게 인정해야만 한다면, 종교가 테크놀로지를 자신의 영역으로 만드는 것이 허용되어서는 안 되며, 테크놀로지 역시 종교는 물론 그것과 연관된 삶의 형태들을 손상시키는 것이 허용되어서는 안 된다는 주장이 제기된다(p. 959).

이 학파는 테크놀로지를 초자연적 존재나 실재에 대한 믿음에서 인간을 해방시킨 것으로 여겨지는 과학 혁명과 계몽주의적인 혁명의 산물로 이해한다. 테크놀로지가 기독교와 다른 종교들의 발전에 있어 중요한 역할을 했다는 점을 감안한다면, 이러한 담론은 특정한 유형의 테크놀로지(디지털 미디어)와 신앙생활의 특정한 측면(영성) 사이의 관계의 본질에 초점을 맞출 것이다.

특히 이 담론은 성경적 교회론의 맥락 안에 있는 관계에 주목한다. 또한 역사는 테크놀로지가 종교에 기여할 수 있음을 입증해 왔다. 종교 기관은 커뮤니케이션 테크놀로지의 발전에 있어 줄곧 얼리 어답터(early adopters)이자 홍보대사였다. 따라서 문제는 종교와 테크놀로지가 양립할 수 있느냐 그리고 공존할 수 있느냐가 아니다. 이제 적합한 질문은 다음과 같다. 관계의 본성은 무엇이며 다양한 상호의존성 모델이 함의하는 바는 무엇인가?

변화하는 미디어 환경에 비추어 볼 때 이 질문은 필수적이다. 최근 들어, 교회는 이 질문을 던지는 두 가지 주요한 문화적 혼란을 경험했다. 하나는 교회를 포함한 모든 기관에 확산되어 영향을 미친 디지털 혁명이다. 다른 하나는 코로나19의 발생으로 인해 불가피해진 온라인 예배로의 갑작스럽고 비자발적인 전환이다.

이와 같은 분석은 미디어 생태학의 관점과 교회론을 결합시켜 미디어의 역할과 예배를 미디어화함에 있어 영성의 역할을 검토한다. 비록 코로나19 팬데믹이 미디어화된 예배를 새로운 규범으로 만드는 데 중요한 역할을 했지만, 교회는 신학과 새로운 교회의 에토스에 있어 주의를 기울여야만 한다.

오순절을 기계화하다

신자들은 성령의 임재가 어느 한 장소에 국한되지 않는다는 것을 알고 있다. 하나님은 어디에나 존재한다. 그러나 하나님의 임재는 다양한 방식으로 매개된다. 기술은 그 자체로는 목적이 아니더라도 하나의 도구가 될 수 있다. 사람-중심의 예배에서 미디어화된 예배로의 급격한 변화는 기술-중심적인 분위기를 조성할 가능성이 있다. 기술이 사용자의 손에서 순응적인 도구로서 그 역할을 할 때, 그것은 원하는 목표를 달성하는 데 있어 매우 유용한 도구가 된다.

여기서 우리는 교회의 영성이 기술화되거나 기계화될 때(즉, 기술적이고 기계적인 것에 의해 체계화되고 그러한 것들로 환원될 때), 교회의 수평적 연결 곧 주님의 지상명령으로 주어진 복음전도와 증인 됨을 통해 맺는 세상과의 관계에 어떤 영향을 미칠 수 있는지 검토하고자 한다. 크리스찬즈(2002)는 이러한 현상을 종교적 의사소통에 있어 목적이 기술에 종속되는 것으로 간주한다. 성경적 은유로 볼 때, 이것은 포도주통이 포도주의 모양을 제한하고, 그 형태를 만들며 정제하도록 하는 것과 같다. 그렇게 하는 가운데 우리는 수직적 연결이 언제나 기본값이어야 한다는 사실을 반복해서 되새겨야 한다. 우리는 하나님이 우리에게 내려오셔서 그분께 이끌리거나 그분에게 다가가는 것을 허용할 때만 하나님께 나아갈 수 있다. 에덴동산에서부터 시작해서 아브라함에게 찾아온 하나님, 모든 선지자들과 교회에 이르기까지 오늘날에도 이것은 하나님이 우리에게 나타나고 찾아오고 이끄는 것에서 출발한다. 그래서 일단 우리가 '하나님을 더듬어 찾을 수'(행 17:27) 있게 되면, 우리의 시선은 하나님의 위엄을 바라보기 위해 위를 향하게 되고, 그다음에는 엎드려 경배하게 될 것이다. 그때 우리는 거룩한 명령과 사명을 받게 된다.

후자로 들어가기 앞서 하나님이 우리에게 찾아오는 장소에 관해 언급해 볼 만하다. 성육신을 제외하고 하나님은 언제나 그의 영을 통해서 우리와 관계를 맺어왔다. 오순절 사선에서 우리는 하나님의 나타나심과 신자들의 반응이 모두 기술화되는 것을 보았다. 초자연적인 성령은 불의 혀와 인간의 혀라는 비인간적이면서 인간적인 매개체들을 통해 그 형태와 표현을 부여받는다. 그때까지 제자들은 그 다락방에서 수직적인 예배를 드리며 기다렸다. 그 후 그들은 표적, '기교'(technos), 혹은 방언으로, 그러나 그들을 둘러싼 주변 세계와 소통하고 증언하는 가운데 그 놀라운 일들을 말할 수 있었다. 초자연적인 것을 기술화할 때, 천상의 것과 불확정적인 것은 조직화되고 체계화되었으며, 유의미하면서 인간의 감각으로 파악할 수 있는 것이 되었다. 이러한 일에는 득과 실이 모두 포함되어 있다.

오순절은 신자들이 드리는 예배의 본질을 바꾸어 놓았다. 예배는 육체적인 형태로 표현된 영적인 행위다. 진정한 예배는 영인 하나님을 향한다는 점에서 영적 행위다. 예배는 우리가 볼 수 없는 거룩한 존재이자 전능한 하나님에게 경배하고 영광을 돌리는 것을 포함한다. 본질적으로 그것은 우리의 영이 하나님과 소통하는 것이다. 또한 그분의 명령에 대한 순종을 의미한다. '그러므로 형제들아 내가 하나님의 모든 자비하심으로 너희를 권하노니 너희 **몸**을 하나님이 기뻐하시는 거룩한 산 제물로 드리라 이는 너희가 **드릴** 영적 예배'(롬 12:1. 강조는 저자가)이다. 예배를 하나의 행위로 정의하는 것은 예배란 수행되는 그 무엇이라고 말하는 것과 같다. 예배란 단순히 수동적인 것이거나 관조하는 것이 아니다. 예배는 한 사람의 행위로 표현되는 것이다. 시편은 예배의 행위와 표현에 관한 묘사로 가득 차 있다. 여기에는 절하는 것, 무릎을 꿇는 것, 바닥에 엎드리는 것, 두 팔을 드는 것, 손을 흔드는 것, 손뼉을 치는 것 등이 포함된다. 이 모든 것은 예배가 영적인 것임과 동시에 육체적인 것으로 이루어짐을 의미한다. 또한 예배는 봉사로 구체화된다는 점에서 실용적이다. 킹제임스 성경은 그것을 '너희가 드릴 합당한 봉사'로 번역한다. 여기에는 영, 바람, '루아흐'(ruah), '기술'(technos), 소리, 그리고 불의 혀가 연관되어 있다.

디지털 교회론은 특별히 예배와 봉사와 관련하여 신자들 사이에서 역사하는 하나님의 영과 기술의 영역 혹은 '하나님의 운행'을 기술화하는 것 사이의 관계에 대한 적절한 개념을 찾고자 씨름해 왔다. 여기서 우리는 사이버네틱(cybernetic: 인공두뇌학의 - 역자 주) 관점과 기호학적 관점, 이 두 가지 모두에서 프뉴마(pnuuma) 혹은 영의 디지털 교회론을 명확히 설명하고자 한다. 성령이 온 목적은 두 가지로, 우리를 하나님에게 이끄는 것과 우리를 세상으로 내보내는 것이다. 성령은 예수의 제자들을 부르고 이들을 세상에 내보낼 수 있었다. 루아흐 곧 하나님의 영은 인간의 영인 프뉴마와 연결될 수 있으며 우리가 하나님과 친밀한 관계를 맺게 할 수 있다. 인간의 몸 안에서 하나님의 영을 매개하는 것과 기술적 창조성으로 인간의 영을 표현하는 것은 서로 결합하여 성령이 부여하는 능력으로 이루어지는 봉사를 만들어 내야 한다.

우리는 테크놀로지가 그 자체로 문화와 사회의 하위 구조에 속한다는 미디어 (디지털) 생태계의 기본적인 전제를 인식할 필요가 있다. 이 전제는 역사가 형성되는 방식에 있어 헤겔적인 정신의 변증법적 원리와 마르크스주의적인 물질의 변증법적 원리 모두에서 출발한다. 이 전제는 역사가 생산 양식이 아니라 의사소통 방식에 의해서 형성된다는 신념이다(Griffin, Ledbetter and Sparks, 2019). 기술이 하부 구조적 힘이라는 개념은 구전과 인쇄 시대의 인간과 디지털 시대의 인간이 존재론적으로 다르다는 것을 의미한다. 로스(2013)는 아날로그 문화에 속한 사람은 전통을 중시하는 반면 디지털 사회에 속한 사람은 경험을 중시한다는 것을 한 가지 차이점으로 지적한다. 이러한 이유 때문에 단순히 메시지만 중요한 것이 아니라 그 메시지를 전달하는 방식 역시 중요한 것이다.

만약 우리가 예배란 순전히 영적인 행위라 믿는다면, 육체적 표현이 어떤 매체와 형태를 취하더라도 문제가 되지 않는다. 마찬가지로 만약 우리가 테크놀로지를 중립적인 것으로 본다면, 그것의 사용 여부는 우리의 예배 경험에 어떤 영향도 미치지 않을 것이다. 그러나 오순절 하나님의 임재가 인간의 영을 활성화시킬 때, 매클루언(1964)의 '인간의 확장'(원문 그대로의 표현) 개념은 그때 제자들의 변화와 교회의 폭발적인 성장을 설명해 주는 새로운 의미를 갖게 된다.

테크놀로지가 유대교와 기독교 예배에 있어 늘 없어서는 안 될 중요한 요소였다는 것을 재차 강조할 필요가 있다. 대략적으로 예배 안에서 테크놀로지의 역할을 검토하자는 것이 아니다. 초점은 특히 교회 안에서의 디지털 기술과 성령의 활동에 있다. 검토할 문제는 이것이다. 성령의 사역과 (디지털) 테크놀로지 사이의 접점은 무엇인가? 물론 이 질문은 기술이 인간의 목적/의제를 위한 것인지, 아니면 기술이 인간의 목적과 의제에 유해로운 것인지에 대한 오랜 논쟁을 불러일으켰다. 하지만 우리는 이 논쟁 때문에 샛길로 빠지지는 않을 것이다. 다만 디지털 환경 속에서 오순절이 의미하는 바가 무엇인지 주의를 기울일 것이다.

유대교의 오순절 절기는 예수 그리스도가 부활한 다음 하늘로 승천한 후 이 특정한 날 성령이 강림함으로 기독교 교회력에 있어 새로운 의미를 갖게 되었다. 디지털 교회론이라는 맥락에서 오순절이 차지하는 의미를 이해하기 위해서는, 디지털 문화의 속성을 이해하는 것이 필수적이다. 아티케는 디지털 혁명의 본질을 우리가 의사소통하는 방식이나 내용이 아닌 폭발적이고 잠재력이 있는 '역량'과 '규모'에 있다고 보았다(2013, p. 23). 그의 관점에서 볼 때, '인터넷을 미디어 테크놀로지로 만든 것은 이러한 역량-강화이지 당신이 인터넷을 사용해서 나의 생일을 축하해 주거나 뉴스를 온라인으로 읽을 수 있다는 사실이 아니다'(p. 23). 디지털 혁명 이전에도 사람들은 말하고, 쓰고, 정보를 공유하는 등의 활동을 할 수 있었다. 마셜 매클루언이 지적한 것처럼, 테크놀로지의 목적은 인간 감각의 확장이었다. 디지털 테크놀로지는 우리가 할 수 있는 역량과 규모를 가속화함으로 의사소통의 양상을 변화시켰다. 그렇게 함으로, 디지털 테크놀로지는 우리와 메시지와 맺는 관계 그리고 우리가 서로와 맺는 관계를 바꾸어 버렸다.

무엇보다도 오순절은 역량에 관한 것이다. 예수는 제자들에게 '오직 성령이 너희에게 임하시면 너희가 권능을 받고 예루살렘과 온 유대와 사마리아와 땅 끝까지 이르러 내 증인이 되리라'고 명령했다(행 1:8). 예수가 승천한 후 교회의 사명은 복음을 전하는 것이었다. 그러므로 그 사명을 완수하기 위한 역량 혹은 능력이 필요했다. 오순절이 없었다면 제자들은 그리스도의 확장이라 할 기독교인이 되지 못했을 것이다. 예수는 제자들에게, 만약 그가(그리스도가) 떠나지 않는다면 성령이 오지 않을 것이라고 말했다. 성령은 보혜사로 왔다(요 16:7). 성령은 육신의 눈으로는 볼 수 없으나, 그의 사역과 영향력 그리고 파급력을 통해서 볼 수 있다.

기호에 관한 학문인 기호학은 우리가 관계에 관한 개념, 재현, 그리고 기술을 이해할 수 있도록 도와준다(Leeds-Hurwitz, 1993). 오순절 날, 성령은 '급하고 강한 바람 같은 소리가 있어 … 마치 불의 혀처럼 갈라지는 것들이 그들에게 보여 각 사람 위에 하나씩' 임했다(행 2:2-3). 오순절은 내적이고 외적인 폭발을 가져온 성령의 기술화다. 이러한 동시적인 내적이고 외적인 폭발은 이전의 기술 시대와 디지털 혁명을 구분하게 했다. 매클루언과 파워스(1989)는 재부족화와 세계화의 관점에서 그 두 가지를 설명했다. 신자들 안에 거하는 성령은 우리가 그의 소유라는 것을 표시하는 양자 됨의 증표다. '각 사람이 난 곳 방언'(행 2:8)으로 모든 사람과 의사소통을 할 수 있는 능력은 우리가 가진 사명의 지평을 확장시킨다. 오순절 사건에서 우리는 표적 곧 기의(자신들이 전에 배운 적이 없는 여러 가지 언어로 말하는 사람)를 통해서 나타난 기표(방언)로 구체화된 성령의 능력(역량)을 볼 수 있다.

오순절 1.0에서 오순절 4.0으로

미디어생태학자들은 커뮤니케이션 진화에서 다섯 가지 중요한 시대가 부족 시대, 문자 시대, 인쇄 시대, 전자 시대, 그리고 디지털 시대라고 파악한다(Griffin, Ledbetter and Sparks, 2019). 교회사가들은 여러 가지 변수들을 활용하여 성령의 활동과 개입을 갱신, 부흥, 계시 그리고 변혁으로 식별한다(Maraschin, 2000). 그 외에 성령의 개입은 개인적, 공동체적, 세대적, 세계적일 수 있다. 준은 교회를 변화시킨 네 가지 전환점이 되는 사건들을 파악했는데, 그중 마지막 사건이 코로나19와 제4차 산업혁명(FIR: the Fourth

Industrial Revolution)의 결합이다. 마찬가지로 성령의 주요한 개입들은 여러 시대들로 추적해 볼 수 있다. 그런 의미에서 오순절 1.0은 가장 초기에 사도들에게 주어진 성령과 그의 활동을 가리킨다. 기독교가 로마의 지배적인 종교가 된 때인 교회(성령)의 시대가 2.0, 16세기 종교개혁 시대에서 시작되는 때가 3.0이다. 준은 디지털 교회의 전 세계적인 출현을 세계화 시대에 교회를 위해 하나님이 정한 전환점으로서 교회 4.0으로 이해한다. 이러한 주장은 영적 운동들을 사도적 운동, 부흥 운동, 갱신 운동으로 간주하는 입장과 유사하다(Bialecki, 2016).

교회가 예수 그리스도의 재림을 기대할 때, 루아흐와 테크노스에 의해 강화된 프뉴마의 시대인 교회 시대를 그리스도의 대위임령(the Great Commission)의 관점에서 검토해 보는 것이 중요하다. 만약 오순절이 성령의 기술화라고 한다면, 그 사이에 있는 중간기는 매개, 이 경우에 있어서는 성령이 역사하는 그리스도의 몸의 완성이었다. 디지털 테크놀로지는 오순절의 효과들 중 일부를 모방한다. 이러한 효과들은 인적 자원과 역량의 확장, 경계 부수기, 지평 확장, 그리고 결과의 증폭을 포함한다.

교회가 그 실천에 있어 더 많이 디지털 테크놀로지를 도입할수록, 교회는 자신의 사명을 완수하는 데 도움을 줄 성령의 능력과 현대의 기술을 활용할 수 있는 기회를 더 갖게 된다. 문제는 하나님이 우리와 만나기 위해 영적인 것을 기술화하는 동안 우리는 하나님과 만나기 위해 기술을 영적인 것으로 만들어야 한다는 것이다. 이것이 교회가 직면한 위기이자 위험이다. 오순절은 교회가 문화적으로 힘과 영향력을 갖추기 위해 성령을 의지해야 함을 뜻한다. 새로운 미디어 기술은 초기 사도들이 세상에 복음을 전하고자 발로 걷고, 말 혹은 배를 타고 여행할 때 가능했던 것보다 더 빠르게 사역을 세상에 펼치도록 만들어 준다.

이중성과 수렴

기술은 내적이고 외적인 영성과, 영적인 실재에 대한 표현인 종교를 이어 주는 다리를 놓는 수단이다. 아이젠버그는 십계명, 다윗의 수금, 그리고 하나님의 메시지를 전달하는 여러 경로들을 인간적인 것과 영적인 것을 매개하는 테크놀로지로 간주한다. 아이젠버그의 관점에서 볼 때

> 영성은 계시, 깨달음, 하나님의 임재를 감각하는 데 있어 우리의 역량을 일깨워 준다. 종교는 우리가 고양되지 않고 힘도 없는 상태에서 하나님의 임재가 보이지 않을 때, 우리를 음침한 골짜기를 헤쳐나갈 수 있도록 해 주는 것이다.
> 영성은 우리의 공통점을 존중한다. … 종교는 우리의 차이점들을 존중한다. 종교는 성령을 전달하는 다양한 도구들, 언어들을 필요로 함을 인정한다. 하나님은 어디에나 계시고 한 분이시며 동일하지만 우리는 그렇지 않다(2019, p. 22).

성령을 매개하는 것은 개인과 집단의 특수한 경험에 맞추어 기독교 메시지를 상황화하는 방법이다. 영성은 시대에 따라서 다양한 형태를 취한다. 디지털 시대에서 영성은 스크린 세대(Gen S, screen)와 줌 세대(Gen Z, Zoom)의 언어로 말해야 한다. 기술은 개인과 공동체 모두에 적합하도록 영성을 포장하는 과정이다. 하나님은 영원하고 변함이 없지만, 여러 방식으로 사람에게 자신을 드러내고 소통한다. 히브리서의 저자는 이렇게 기록한다. '옛적에 선지자들을 통하여 여러 부분과 여러 모양으로 우리 조상들에게 말씀하신 하나님이'(히 1:1). 아티케가 지적한 것처럼, 디지털 시대에 '사회적 세계가 재구성되고 있다'(2013, p. 17). 그는 통신매체가 디지털화, 연결성, 노드(nodes: 네트워크에 연결되어 있는 각각의 컴퓨터들 - 역자 주), 흐름, 권력, 공간 문화를 포함하기 위해 재구성되는 방식을 규명한다. 포스트 팬데믹 시대는 이 모든 특성들을 반영하는 방식으로 종교적이고 영적인 영역들을 재구성해 왔다. 이러한 요

소들은 하나님의 활동과 하나님의 나라가 디지털 공간에서 매개되는 방식과 관련이 있다.

인간이 초자연적인 것을 매개할 때, 그 도구는 메시지에 영향을 준다. 따라서 성경은 다음과 같이 말한다. '그러므로 누구든지 이런 것에서 자기를 깨끗하게 하면 귀히 쓰는 그릇이 되어 거룩하고 주인의 쓰심에 합당하며 모든 선한 일에 준비함이 되리라'(딤후 2:21). 사도 바울은 '하나님의 말씀처럼 말하고' 받아들이는 능력이 성별함의 수준과 비례하는 것임을 암시하고 있는 것이다.

사역자가 사람에게 성령을 전달하는 매개체가 될 때, 효과적으로 사역하고자 신적 본질을 활용해야 하는 압박이 있다. 하나님의 역사하심은 사역자에게 주어진 하나님의 은혜와 사역자의 신앙과 비례하는 것으로 간주될 것이다. 그러나 사역자에게 진짜 사람이든 혹은 로봇이든 예배하는 사람의 정서적이고 영적인 상태와 필요가 무엇인지 알려 주는 컴퓨터 알고리즘에 의해 예배 혹은 전도 사역의 영적인 분위기가 조정될 때, 사역은 그러한 필요를 충족시킬 수 있게 선별되고 맞춰질 수 있다.

디지털 시대에 예배자는 소비자이며, 교회가 지닌 혹은 가질 수 있는 무제한적인 데이터의 출처다. 교회의, 사역자의 혹은 교회 구성원들의 페이스북, 인스타그램, 트위터, 링크드인, 왓츠앱 혹은 페이팔 플랫폼은 예배자의 경험, 선호, 라이프스타일, 성취와 고민들에 관한 풍부한 데이터를 채굴할 수 있도록 해 준다. 비록 예배자들이 교회의 디지털 플랫폼에 연결되어 있지 않더라도, 이러한 플랫폼들을 애용하는 한, 이들에 대한 정보는 이해 관계자들에 의해 수집 가능하다. 과거에는 사역자들이 이러한 정보를 교인들이나 지인들이 공유한 내용이나 성령이 그들에게 알려주신 내용들을 통해서만 알 수 있었지만, 오늘날 그러한 정보는 테크놀로지를 통해서 접근이 가능하다. 인간 사역자(혹은 어떤 경우는 AI 기반 목사 I-Robot)는 신자가 경건한 생활을 하는지 안 하는지, 자기 훈련을 하는지 안 하는지, 남에게 자선을 베푸는지 그렇지 않은지, 그리고 심지어 이들에게 범죄 기록이 있는지 그렇지 않은지까지도 알려 주는 데이터의 내용에 기초해서 교구에 소속된 신자의 실상을 알 수 있다. 사역자는 비록 개인정보는 아니지만 공동체의 평균적인 구성원의 일반적인 실상을 알려줄 수 있는 그들의 쇼핑 기록을 바탕으로 구성원의 어려움을 놓고 기도할 수 있다.

디지털 미디어는 교회와 대중을 돕는 좀 더 효과적인 브랜드 간 대화(brandversation) 기법(즉, 기업의 정체성에 대한 대화를 촉진시키는 것)을 가능하게 한다(Musa and Ahmadu, 2012; Kiamu and Musa, 2021). 영성의 상호작용적이고 참여적인 매개는 예배자들이 자신들의 영적 참여를 주도할 수 있도록 만든다. 성령은 하나지만, 사이버 교회는 그 스타일과 사역을 다양한 문화적 분야들에 맞게 변형시킬 수 있다. 사이버 영성은 디지털화된다. 그것은 다층적 정체성으로서 가톨릭, 복음주의, 오순절주의는 한 사람의 영적 정체성, 교리 그리고 실천의 한 부분만 전달한다. 개인은 교파적이고 종교적인 전통들보다 영성에 더 초점을 두는 경향이 있다. 어떤 이들은 스스로를 종교적이라기보다 영적이라고 보는 것을 더 선호한다. 사람은 예배 공동체와 기회들을 찾기 위해 채널을 돌리듯 탐색하면서, 더욱 독립적이고, 비교파적이며, 소속함이 없는 쪽으로의 움직임이 가속화되었다(Klentos, 2016; Dimitropoulos, 2017).

이와 정반대의 관점은 영성이 더 기술화되면서 그리고 기술이 더 영성화되면서 폐기되고 있다. 과학자들이 종교적 헌신과 영성의 본성을 이해하려 함에 따라, 테크놀로지는 점점 더 영적인 영역 안으로 들어오고 있다. 영적인 영역은 인간이 외부에 있는 우주를 탐험하려는 것과 같은 방식으로 이해되고 계발되어야 할 필요가 있는 인간 노력과 실존이 가진 또 다른 영역으로서 다루어지고 있는 것이다.

영적인 영역에서 테크놀로지로 이동하는 사람에게 있어 관심은 어떻게 테크놀로지가 종교의 목적에 기여할 수 있는가 하는 것이다. 테크놀로지가 교회 지도자들이 교회 성도들의 필요를 이해하고 돌볼 수 있도록 도와줄 수 있는 것처럼, 교회 지도자들 역시 교회가 그들의 지역 사회에서 교회에 다니지 않는 사람을 찾아내고, 이들이 신앙에 이르지 못하게 방해하는 장애물들이 무엇인지 이해하도록 도와줌으로 그리고 이들에게 복음을 더 잘 전할 수 있도록 하는 방법을 결정하도록 함으로 교회의 전도 활동을 도울 수 있다. 그러므로 복음을 듣지 못한 사람에게 다가가는 일에 있어 성령의 능력은 데이터 분석 능력과 결합되어 추수 때의 무르익은 곡식과 아직 더 기경과 경작이 필요한 돌밭 사이를 식별하고 구분한다. 따라서 디지털 테크놀로지는 초대 교회가 갖지 못한 복음 전도의 또 다른 도구다.

디지털 테크놀로지는 거리, 인지도(공적 관계들), 언어 장벽 등을 포함하여 초대 교회가 직면했던 몇몇 문제들을 극복하는 데 효과적일 수 있다. 여기에는 디지털 기술이 가진 장점과 취약성이 있다(Horsfield and Teusner, 2007). 과연 테크놀로지는 신자들이 하나님과 연결되는 분위기를 조성할 수 있을까? 아니면 오히려 그 장애물로 작용하게 될까? 기술을 영성화하는 방식은 그 기능을 혼동하지 않도록 신중을 기해야 한다.

사이버네틱스의 관점에서 볼 때, 기술은 성령의 음성을 듣는 인간의 역량을 향상시켜야 하지 성령의 음성을 가로막아서는 안 된다. 디지털 기술이 자유로운 생각들의 시장에서 의견들의 규모와 불협화음을 증가시킨 것처럼, 그것은 또한 신자들의 관심을 끄는 의견들과 생각들을 증가시켜 왔다. 하나님의 음성을 우리 주변의 소음으로부터 분리시키는 것이 중요하다. 정보의 흐름(Information load, 정보 부하: 주어진 시간에 처리할 수 있는 정보의 양 - 역자 주)이 반드시 구속적 의사소통인 것만은 아니다. 교회는 자신이 주고받는 것에 있어서 높은 수준의 신실함을 유지하는 법을 배워야만 한다. 교회는 문화에서 오는 거센 바람 소리와 오순절에 임한 진정한 거센 바람 소리를 구분해야 한다. 만약 그것이 혼란과 혼돈 그리고 갈등을 불러일으킨다면, 성령의 역사라 말할 수 없다.

오순절 1.0처럼, 오순절 4.0의 진짜 시험은 그것이 장벽을 넘어 더 큰 이해를 가져다주고, 사람들에게 그들의 언어로 다가가며, 사람들을 연합시키고, 하나님께 영광을 돌리는가 하는 것이다. 오순절 표적의 목적과 결과는 각자의 언어로 '하나님의 큰일을 말함'을 들었다는 것이다(행 2:11). 하나님이 아닌 다른 것이나 혹은 기술 그 자체에 더 관심을 끌게 하는 기술은 복음을 전하는 일에 장애물이 된다. 마라쉰(2000)은 '예전의 영적 특성'을 통한 기술의 변혁을 옹호한다. 교회는 산만함과 이탈을 피하고자 사역에서 뉴미디어를 사용하는 것과 그 동기를 지속적으로 재검토해야 한다. 또한 새로운 미디어의 사용은 문화적으로 그리고 그 맥락에 있어서도 연관성이 있고 적절성이 있어야 한다(Musa, 2020; Olali, Dasylva and Imaledo, 2014).

코로나19로 인한 사회적 거리두기라는 도전은 현대 문화와 디지털 환경과 관련된 성령론에 대한 필요를 부각시켰다. 코로나19는 기술 시대에 성령이 이끄는 교회가 된다는 것이 무엇을 의미하는지 교회로 하여금 상상하도록 격려했다(Yong, 2009, p. 181). 이 시기가 지나간 후 교회는 전에 하던 대로 되돌아갈 수 없다. 오순절 1.0이 초대 교회를 자신의 역할에 대한 새로운 이해로 몰아간 것과 같은 방식으로, 이번 팬데믹은 교회로 하여금 교회가 된다는 것의 의미에 대한 몇 가지 입장들을 재평가하도록 촉구했다.

교회가 예배 때 기술을 사용하는 것을 비판하는 시각도 고려해 보아야 한다. 고렐(2019)은 이와 같은 '새로운 미디어 환경에서 – 부정적이지도, 반성 없이 열광적이지도, 추측도 아닌 성령의 인도함에 대한 관심'을 나타내는 흥미로운 대화라는 개념을 제안했다(pp. 34-35). 오순절은 교회가 과거에는 의사소통의 장벽들로 인해 소통을 할 수 없었던 집단들과의 대화 가능성을 열어 놓았다. 오늘날 그것은 효과적인 의사소통을 방해하는 장벽이거나 그것들의 세대적, 사회적, 문화적, 경제적인 것일 수 있으며, 젠더나 종교적 장벽이 될 수 있는데, 이 장벽을 식별하고 기술화된 성령의 능력과 영성화된 기술의 능력을 활용하여 그 격차를 해소하고 이러한 장애물을 극복해야만 한다.

디지털 교회론은 지금까지 기술적 대화의 방관자였던 교회를 그 대화에 나서도록 요구한다. 꼭 예배와 복음전도에 있어 무비판적으로 기술을 채택하자고 요구한다는 뜻이 아니다. 오히려 교회의 기술 사용에 분명한 입장을 발전시켜 가는 것이다. 기술 사용을 이미 적극적으로 활용하고 있는 교회의 경우, 이번 팬데믹 기간은 특정한 미디어 플랫폼을 포함시키거나 혹은 기피해야 하는 이유를 신중하게 고려해 보아야 한다.

기술은 다양한 문화와 개성을 가진 사람에게 그들의 모국어로 대화할 수 있도록 교차 문화적 맥락 안에 적절히 배치되어야 한다. 디지털 기술은 성령의 능력 아래 적절하게 사용될 때, 교회가 대위 임령을 완수하고 수많은 불확실성들로 가득한 시대에 적합하게 남아 있을 수 있도록 큰 도움을 줄 것이다. 그리고 역사가 미래를 향해 나아가는 데 믿을 만한 안내자가 된다면, 교회가 영적인 것을 미디어화하는 것과 미디어를 영성화하는 것은 성령으로 충만하라는 그 부르심에 적절하고 충실하게 남을 훌륭한 기회를 제공할 것이다.

결론

우리가 정보화 시대를 살아간다고 말할 때 그것은 인간이 하는 모든 노력이 정보나 데이터를 수집하고 분석하며 분류하고 전송하는 과정과 기술에 의해 좌우된다는 것을 의미한다. 오늘날 모든 사회적 기관을 이해하는 방식은 해당 기관을 형성함에 있어 커뮤니케이션 기술의 역할을 식별하는 것이다. 이것은 정치, 비즈니스, 교육, 엔터테인먼트, 가족 그리고 물론 종교에도 해당된다. 코로나19 팬데믹으로 인해 사이버 교회는 하룻밤 사이에 예외적인 것 혹은 특수한 것이 아닌 표준이 되어 버렸다. 이제 질문은 더 이상 기술이 예배와 영성에 영향을 미치느냐 마느냐에 관한 것이 아니다. 오히려 종교적인 삶에 있어 새로운 미디어 기술의 완전한 통합으로 인해 교회는 어떤 방식(들)으로 영향을 받고 있는지에 관한 것이어야 한다.

영적인 것과 물질적인 것이 수렴되는 가운데, 과연 어떤 것이 우위를 점하고 있는 것일까? 종교 생활을 주도하는 것은 헤겔적인 정신의 변증법인가 아니면 마르크스적인 물질의 변증법인가? 교회는 변화하고 있는 기술-문화적 환경을 쫓아가기 위해 파우스트적인 거래를 강요당하고 있는 것인가, 아니면 디지털 혁명은 물이 바다를 덮음같이 하나님의 영광을 아는 지식으로 온 세상이 충만하게 되는 하나님의 창조 계획의 일부인 것인가?

교회가 새로운 미디어 환경을 탐색해 감에 따라 디지털 교회론이 맞이하는 도전은 성령의 역사와 영향을 기술 혹은 테크놀로지의 통제에 종속시키지 않고 사이버 공간을 탐색하는 방법을 성령의 현실성에 포함시키는 것이다.

참고 문헌

Athique, A., 2013, *Digital Media and Society: An Introduction*, Cambridge: Polity.
Bialecki, J., 2016, 'Apostolic Networks in the Third Wave of the Spirit: John Wimber and the Vineyard,' *Pneuma* 38, pp. 23-32.
Christians, C. G., 2002, 'Religious Perspectives on Communication Technology', *Journal of Media and Religion*, 1(1), pp. 37-47.
Coeckelbergh, M., 2010, 'The Spirit in the Network: Models for Spirituality in a Technological Culture', *Zygon: Journal of Religion & Science* 45(4), pp. 957-978.
Dimitropoulos, S., 2017, 'Trying to Lose My Religion', *Discover* 38(7), pp. 26-28.
Eisenberg, S. S., 2019, 'The Strings on David's Harp: Religious Ritual as a Container for Spirituality', *International Journal of Children's Spirituality* 24(1), pp. 21-28.
Gorrell, A., 2019, *Always On: Practicing Faith in a New Media landscape*, Grand Rapids, MI: Baker Academic.
Griffin, E., A. Ledbetter and G. Sparks, 2019, *A First Look at Communication Theory*, New York: McGraw-Hill.
Horsfield, P. G. and P. Teusner, 2007, 'A Mediated Religion: Historical Perspectives on Christianity and the Internet', *Studies in World Christianity* 13(3), pp. 278-295.
Jun, G., 2020, 'Virtual Reality Church as a New Mission Frontier in the Metaverse: Exploring Theological Controversies and Missional Potential of Virtual Reality Church', *Transformation* 37(4), pp. 297-305.
Kiamu, N. and B. A. Musa, 2021, 'Theorizing the communication of digital religion as popular culture in Africa: The case for alternative epistemological models', *Howard Journal of Communications*, www.tandfonline.com/doi/full/10.1080/10646175.2021. 1871871?src=.
Klentos, J., 2016, 'Reorienting Tradition: Spirituality and Liturgy for a Future Generation', *Greek Orthodox Theological Review* 61(1/2), pp. 125-139.
Leeds-Hurwitz, W., 1993, *Semiotics and Communication: Sign, Codes and Cultures*, Hillsdale, NJ: Lawrence Erlbaum.
Lose, D. J., 2013, *Preaching at the Crossroads: How the World - and Our Preaching - Is Changing*, Minneapolis, MN: Fortress Press.
Maraschin, J., 2000, 'Culture, Spirit and Worship', *Anglican Theological Review* 82(1), https://search.ebscohost.com/lgin.aspx?direct=true&AuthType =sso&db=aph&AN=2913144&site=ehost-live&scope=site.
McLuhan, M., 1964, *Understanding Media: The Extensions of Man*, New York: McGraw-Hill.

McLuhan, M. and B. R. Powers, 1989, *The Global Village*, New York: Oxford University Press.

Musa, B. A., 2020, 'Africa at development policy and practice crossroads in the digital era: Navigating decolonization and glocalization', in K. Langmia and A. L. Lando (eds), *Digital Communication at Crossroads in Africa: A Decolonial Approach*, Cham, Switzerland: Palgrave-Macmillan, pp. 71-92.

Musa, B. A. and I. M. Ahmadu, 2012, 'New media, Wikifaith and church brandversation: A media ecology perspective', in P. H. Cheong, P. Fischer-Nielsen, S. Gelfgren and C. Ess (eds), *Digital Religion, Social Media and Culture: Perspectives, Practices and Futures*, New York: Peter Lang.

Olali, D., G. Dasylva and S. F. Imelado, 2014, 'Scriptures, social media and social power', in B. A. Musa and J. Willis (eds), *From Twitter to Tahrir Square: Ethics in Social and New Media Communication*, Santa Barbara, CA: Praeger, pp. 301-318.

Yong, A., 2009, 'In the Days of Caesar: Pentecostalism and Political Theology - The Cadbury Lectures 2009 by Amos Yong', *Sacra Doctrina: Christian Theology for a Postmodern Age Series*, Grand Rapids, MI: William B. Eerdmans Publishing Company.

10. 설득 테크놀로지로서의 예전
: 온라인 예배의 예전 관행 탐구

조나스 컬버그

디지털 방식으로 미디어화된 예배로의 전환은 전 세계의 수많은 교회에 갑작스럽고 예기치 않게 발생했다. 코로나19 팬데믹의 여파에 따른 종교 모임의 제한으로 교회가 폐쇄될 위협에 처하자, 이전 디지털 플랫폼에 무지하고 무관심했거나 이에 대한 입장을 표현하지 않았던 교회는 공동 예배를 이어가기 위해서 디지털 플랫폼으로 급격하게 전환했다. 대부분의 교회는 팬데믹 이전에 최소한 웹사이트 내지 소셜 미디어 계정으로 이미 디지털 방식에 참여하고 있었지만, 온라인 예배는 다른 차원이었다. 많은 교회가 새로운 형식을 받아들이고, 광대역 속도(broadband speeds)로 업그레이드하고, 적합한 장비와 노하우를 습득하고, 카메라를 여러 각도로 실험해 보고, 개인 정보 보호와 접근성 문제를 해결하기 위한 쟁탈전 내지 초고속 학습을 경험하는 듯했다. 대부분의 교회는 단순히 온라인 플랫폼에 오프라인 예배를 반복하는 식으로 시작했지만, 몇 주 그리고 몇 개월이 지남에 따라 경험이 쌓이면서 새로운 예배의 패턴이 등장하기 시작했다(사역자들의 온라인 예배에 관한 성찰들은 Campbell, 2020을 참조하라). 만약 예전이 공동 예배의 형식과 순서에 관한 것이라면(Gordon-Taylor, 2013, pp. 13-14), 이와 같은 고려 사항들도 디지털 예전 관행을 만드는 일의 일부다.

종종 예전은 수 세기에 걸친 관행에 뿌리를 두지만, 정적인 것은 아니다. 예전의 변화는 예배의 장소를 과감하게 변화시킨 스위스의 종교개혁자들의 성상 파괴 운동(iconoclasm)과 같은 신학적 발전의 결과로 발생한다. 또한 이 변화는 교회가 종종 새로운 성경 번역에 대응하여 자신들의 기도서를 예전적으로 갱신하는 지난한 과정에 착수할 때에도 나타난다. 아래에서 설명하겠지만, 기술적 혁신 역시 예전 관행에 영향을 준다(White, 1994). 루터교 예배학자인 고든 래스롭은 '진정한 연속성을 유지하는 것은 책임 있는 변화를 필요로' 하듯이 예전의 효력을 생명력 있게 유지시키려면 이러한 혁신들이 필요하다고 주장한다(Lathrop, 1998, p. 5). 그렇다면 오늘날의 질문은 온라인 예배 시대에 예전의 고유성을 유지하고자 어떤 책임 있는 변화가 요구되는지에 관한 것이다. 이는 미디어 기술의 형성 능력, 디지털 인공물(digital artefacts)의 신성, 그리고 온라인 환경에서 모임, 체화, 공간의 의미 등 많은 문제들을 제기한다.

이러한 내용들을 염두에 두고, 이 장에서는 하나의 개념적 틀을 제안하고자 한다. 몇몇 학자들은 예전에는 기술이 내재되어 있어 본질적으로 매개된 예배라는 사실을 전부터 지적해 왔으며, 디지털상으로 미디어화된 예전과 의식을 광범위하게 탐구해 왔다(Horsfield, 2015, pp. 4-8; Berger, 2018, pp. 7-8). 여기서 내가 주장하고자 하는 바는 예전이 공동체를 역동적이고 형성적인 신앙 경험으로 끌어들이는 설득 테크놀로지(persuasive technology: 컴퓨터 시스템을 통한 상호작용을 통해 사용자의 태도와 행동을 변화시키는 기술 - 역자 주)의 한 형태로 간주될 수 있다는 것이다. 나는 설득 테크놀로지로서 예전을 이해하는 틀이 교회로 하여금 디지털화의 예전적 영향과 그 함의들에 대한 깊이 있는 성찰로 안내한다고 주장하는 바이다.

미디어화된 예배로서 예전

가장 일반적으로 예전이란 예배자의 관심을 하나님에게로 이끄는 역할을 하는 공동 예배의 형식, 상징, 의식, 구조를 말한다. 예전은 우리가 체화된 존재이기 때문에 우리가 예배할 때, 형식 - 그것이 몸이든, 목소리든, 문자든, 이미지든, 음향이든, 혹은 공간이든 상관없이 - 이 중요하다는 것을 가정한다. 따라서 예배에는 필연적으로 매개가 필요하다. 왜냐하면 '미디어 테크놀로지'는 그것이 교회 건물이든, 찬송가든, 스테인드글라스 창문이든, 오르간이든, 음향 장비든, 비디오 프로젝터든, 심지어 어떤 언어이든지 간에 예배의 필수적인 부분이기 때문이다. 대부분의 경우, 그러한 테크놀로지는 더 이상 테크놀로지로 인식되지 않을 만큼 뒷배경으로 사라져 갔다. 예를 들면 앤디 바이어스는 다음과 같은 용어들로 성찬을 이야기한다: 성찬은 '하나님을 대신하는 가장 급진적인 커뮤니케이션으로 촉각적, 후각적, 시각적, 미각적, 구강적, 물질적 거행을 수반하는 다감각 멀티미디어 경험'이다(Byers, 2014, p. 183). 예전의 사물들, 심지어 성례전의 요소들조차도 인간을 신과의 만남으로 안내하는 것으로 칭하는 그런 미디어 테크놀로지다.

예전적 사물들이 의미를 전달한다는 사실은 '매체가 곧 메시지다'라고 했던 마샬 매클루언의 경구와 일치한다. 그는 '어떤 매체나 테크놀로지의 "메시지"는 그것이 인간사에 도입되어 일으키는 규모나 속도 혹은 패턴의 변화'라고 말한다(McLuhan, 2001 [1964], p. 8). 즉, 기술적 인공물은 인간 행위를 변화시키고 안내하는 의미를 전달한다. 예를 들어 TV가 중산층 가정에 도입되면서 거실의 가구가 재배치되었듯이, 성소의 십자가는 예배자의 자세를 바꿀 수 있다. 이는 테크놀로지가 도입되고 발전하는 방식에는 사용자가 작용하는 수준이 있기 때문에 절대적인 의미에서의 결정론이 될 수는 없다. 스테인드글라스 창에 아무리 신학적 의미와 미학적 아름다움이 풍부하다 해도, 만든 이의 의도가 무엇이었든지 간에 모든 사람에게 동일한 반응을 불러일으키지는 않을 것이다(Aune, 1996, p. 163). 따라서 테크놀로지가 예전적 의식을 구성하는 한 그러한 것들은 사회 심리학적 '창조력'이 있기에 (Schiefelbein, 2016, p. 33), 비록 예측 가능한 방식으로 늘 그런 것은 아니지만, 사회적이고 종교적인 관행에 변화를 가져다준다.

만약 예전이 매개적 실천들이라면, 테레사 버거가 올바르게 주장하는 것처럼 디지털적으로 미디어화된 예배는 예전적 전통에 있어서 또 다른 발전을 가리키는 것일 뿐이다(Berger, 2018, p. 8). 예전적 관점에서 온라인 예배에 접근하는 것은 여러 가지 형태의 디지털방식으로 미디어화된 예배, 그리고 이러한 다양한 예배가 어떻게 예배 그 자체와 예배자의 경험을 형성하는지 성찰하도록 한다. 그렇다면 디지털 매체의 의미는 무엇이며, 이러한 매체들은 디지털 방송 예배와 이에 대한 개인의 참여에 어떤 방식으로 영향을 주는가?

감시 자본주의 아래에서 설득 테크놀로지의 힘

나는 예전이 매개된 행위이고 예전적인 사물이 미디어 테크놀로지임을 제시하면서, 여기서는 예전이 설득 테크놀로지의 한 형태로 이해될 수 있다는 전제를 탐구하고자 한다. 설득 테크놀로지는 개인의 행동과 생각에 영향을 미치려고 하는 디자인 메커니즘으로서 기술 분야에서 광범위하게 사용되고 있다. B. J. 포그의 설득 테크놀로지는 그러한 목적들을 위한 도구가 될 수 있는 디지털 테크놀로지의 잠재력을 사용하거나 이해하고자 즐겨 찾는 교과서가 되었다. 포그는 설득 테크놀로지가 디지털 시대보다 앞서 생겨났지만, – 예를 들어 도로 표지판을 생각해 보라 – 특히 디지털 미디어의 상호작용으로 인해, 개인의 행동에 영향을 미칠 수 있는 가능성은 전례가 없는 수준으로 높아졌음을 지적한다(Fogg, 2003, pp. 7-11). 오늘날 설득 테크놀로지는 의료 분야에서부터 시작해서 교육, 안전, 환경보호, 자기 동기부여, 정치에 이르기까지 광범위한 분야에서 사용된다. 예를 들어 설득 테크놀로지는 선거에서 투표하도록 장려하고, 친구의 생일을 축하하도록 상기시켜 주며, 당뇨병 환자가 다음 차례에 인슐린을 투여할 수 있도록 유도한다.

설득 테크놀로지는 마케팅에서 가장 일반적으로 사용된다. 실리콘 벨리의 데이터 중심 경제에서, 우리의 시간과 데이터는 쇼사나 주보프가 '감시 자본주의'(surveillance capitalism)라고 부르는 체제 안에서 상품화된다(2019). 우리의 시간은 마케팅 담당자들에게 우리의 관심을 끌어 주기로 약속한 플랫폼을 통해서 상품화된다. 그러나 더욱 중요한 것은, 우리가 어떤 플랫폼에 더 많은 시간을 소비할수록, 더 많은 데이터가 필요하게 될 것이라는 사실이다. 이 데이터는 상품과 관련된 소비자를 목표로 삼을 수 있는 광고주에게 다시 판매된다. 따라서 인터넷은 주도면밀하게 사람의 참여를 유지시키는 '후크'(hooks: 낚싯바늘처럼, 목적이 되는 대상의 관심과 흥미를 유발시키는 장치들 - 역자 주)가 넘쳐난다. 여기서 단순한 심리적 기제가 인터넷 사용자들로 하여금 그들이 좀 더 연결 상태를 유지하고, 더 오랫동안 스크롤하며, 좀 더 길게 참여하고, 나중에 다시 접속하도록 조작하기 위해 사용된다. 행동주의에서 나온 통찰은 인간 정서에 손쉽게 응용된다(Eyal, 2014). 응용의 예를 외로움에 대한 인간의 두려움을 기반으로 한 페이스북 활동에서 찾아볼 수 있는데, 페이스북 사용자가 자신의 계정을 삭제하려 할 때, 페이스북은 친구들과의 연결고리를 잃게 될 것이라고 경고한다. 소셜 미디어의 알고리즘은 사용자의 참여를 유지하고자 분노, 웃음, 온정을 유발하는 매우 감동적인 콘텐츠를 전송한다. 리서치게이트(ResearchGate: 과학자와 학문연구자를 위한 소셜 네트워킹 플랫폼 - 역자 주)는 나와 같은 학문연구자의 허영심을 자극하여 내 출판물이 얼마나 많이 읽혔는지 알려 주는 최근 통계치를 확인하고자 웹사이트를 방문하도록 매주 초대장을 발송한다. 새로운 메시지나 알림이 왔다고 스마트폰의 앱 아이콘에 나타나는 자그마한 빨간색 원은 우리의 호기심과 주목받고자 하는 욕망을 유발하도록 정교하게 설계된 것이다. 감시 자본주의 아래에서 구글과 페이스북 같은 기업의 데이터 수집은 마케터가 섬뜩할 정도로 정확하게 마이크로 타깃 광고(micro-target ads)를 개인을 상대로 할 수 있다는 것을 의미한다. 수없이 많은 데이터 포인트를 자기 마음대로 사용할 수 있는 이 플랫폼의 알고리즘은 개인의 취향, 필요, 욕구에 호소함으로 이들을 표적으로 삼을 수 있으며, 이들이 원하는 것이 무엇인지 예측하는 것이 점점 수월하게 될 것이다. 바로 여기에 디지털 마케팅의 힘이 자리하고 있고, 결과적으로 그것은 설득 테크놀로지가 온라인에서 왜 그토록 널리 퍼져있는지 설명해 주는 중요한 근거가 된다.

설득 테크놀로지로서 예전

설득 테크놀로지를 직접적으로 언급하지 않지만, 제임스 K. A. 스미스의 예전에 관한 개념은 내가 주장하고자 하는 바를 전개시켜 나가는 데 있어 중요한 구성 요소이다. 스미스는 인간은 본질적으로 '욕망하는 존재'로서 근본적인 차원에서 사랑하고 예배하려는 갈망에 의해 움직여진다고 본다. 우리는 예배하는 피조물이며, 우리가 욕망하는 대상을 예배한다. 욕망은 고정된 것이 아니라 형성하는 습관에 따라 다른 목적을 향해 정향되고 재정향될 수 있다. 스미스는 넓은 의미에서 습관과 육체적 행위는 '궁극적 관심의 의례'인 한에서 개인에게 암묵적으로 작동하여 정체성과 욕망의 텔로스(telos: 목적 - 역자 주)를 형성하는 예전적 행위들이라고 주장한다(Smith, 2009, pp. 85-87). 예배학자인 로널드 그라임스 역시 비슷하게 '예전은 사람이 사물이 존재하는 방식에 맞추어져 가는 방식이다'라고 주장한다(Grimes, 1995, p. 51).

만약 예전이 욕망을 예배의 대상으로 바꾸는 것을 목적으로 한다면, 예배는 꼭 종교적 영역으로만 제한되지 않는다. 스미스는 소비주의가 쇼핑몰이 성전을 상징하는 세속적인 예배의 한 형태라고 지적한다. 쇼핑몰 건축물은 방문자들의 욕망이 진열되어 있는 상품들로 향하도록 의도적으로 설계되어 있다. 단순히 상투적인 소비 습관을 독려하는 것 그 이상으로, 쇼핑몰은 온전함, 목적, 성취라는 구원의 약속과 함께 좋은 삶에 대한 특정한 비전을 담은 상징이다(Smith, 2009, pp. 93-101). 쇼핑몰과 대성당 사이의 예전적 유사성은 명백해 보인다. 광대한 공간의 웅장함은 방문객을 각각 소비주의 정신과 기독교의 하나님에 대한 예배로 향하도록 하는 취지의 경외감을 불러일으킨다.

다시 디지털 설득 테크놀로지로 화제를 돌리자면, 마케터 혹은 정치 이론가들이 이 테크놀로지를 적용할 때, 우리의 욕망에 매우 효과적으로 호소하고, 우리의 욕망을 자신의 목표로 삼을 수 있기에 매우 강력한 힘을 발휘한다. 스미스의 관점에서 이러한 것들은 우리의 욕망에 호소하고 그와 농시에 좋은 삶에 대한 다른 목적과 비전으로 그 욕망을 형성한다는 점 모두에 있어 예전적이다. 좋은 예로, 데이터 분석과 마이크로 타겟팅을 통해 전 세계적으로 민주적 선거의 결과에 영향을 미치는 것으로 악명이 높았지만, 현재는 사라져 버리고 없는 회사인 케임브리지 에널리티카(Cambridge Analytica)를 들 수 있다. 2018년 3월에 영국의 채널 4 뉴스(Channel 4 News)에서 공개한 잠입 비디오 기록에서, 전무이사인 마크 턴불은 기업이 어떻게 데이터 분석을 통해서 사람 안에 깊이 잠재해 있는 무의식적인 '희망과 두려움'을 파악할 수 있는지, 그리고 그다음으로 정서적 반응을 자극하여 다른 여러 목적으로 조작할 수 있도록 콘텐츠로 희망과 두려움을 공략할 수 있는지 설명했다. 케임브리지 에널리티카의 활동과 선거 결과 사이에 정확한 인과관계를 규명할 수는 없지만, 소셜 미디어 플랫폼이 예전적이라 분류할 수 있는 일종의 습관적 조건화를 만들어낸다는 것은 분명해 보인다.

이 다양한 관점들을 종합해 볼 때, 나의 주장은 다음과 같다. 모든 설득 테크놀로지가 예전적이지는 않지만 - 즉, 그것이 항상 궁극적인 목적을 향하도록 된 것은 아니지만 – 스미스의 개념에 따라 그와 같이 궁극적인 것으로 설명될 수 있는, 깊게 뿌리내린 희망과 욕망들을 목표로 하여 적용시키는 것은 있다는 것이다. 반대로 어떤 의미에서 모든 예전적 인공물은 예배자를 궁극적인 목적을 향하도록 만드는 설득 테크놀로지의 여러 형태이다. 기독교 예전은 넓은 의미에서 예배자를 하나님에게로 정향시키기 위해 미디어 테크놀로지를 사용하는, 효과적인 매개 행위이다. 이와 같이 예전적 대상은 그들이 개인 혹은 집단을 특정한 방식으로 행동하고 사유하도록 만들기를 추구한다는 점에서 설득 테크놀로지로 간주될 수 있다. 분명 설득 테크놀로지의 디지털 적용은 그것이 정서적 계기들을 통해서 개인을 신중하게 그리고 반복적으로 형성하도록 기계적 학습을 활용하기 때문에 예전적 형성에 특별히 강력한 효과를 갖는다.

예배에 설득 테크놀로지를 사용하는 것을 후기 자본주의 사회의 소비주의 정신에 영합하고 감시 자본주의를 교묘하게 조작하는 마케팅 전략에 굴복하는 것으로 일축시켜 버리고픈 유혹이 생길 수 있다. 그러나 만약 성당의 설득 건축물(persuasive architecture)이 예배자를 하나님에게 향하도록 할 수 있다면, 소프트웨어의 설계 역시 비슷한 목적을 위해 사용될 수 있지 않을까? 이와 같이 만약 그 동기가 예배자를 하나님과의 만남으로 이끄는 것이라면, 디지털 설득 테크놀로지를 전유할 수 있는 여지가 있는 것은 아닐까?

기독교에서 디지털 설득 테크놀로지를 적용한 사례는 이미 오래전부터 있어왔다. 이러한 적용 중 하나는 독일 복음주의 루터교회(the Lutheran Evangelical Church in Germany)가 만든 XRCS 앱이다. 그 앱은 사용자를 영적 성찰로 초대하고, 십자가를 쥐는 고대의 기술과 비슷한 방식으로 그 기능을 수행한다. 아마도 더 좋은 예로는 대중적으로 인기 있는 성경 앱인 YouVersion을 들 수 있을 것이다. 앱의 사용자가 디지털 성경을 읽을 때 '완성 주간'(perfect weeks)과 '포인트'(points)를 얻는 '연속'(streak) 기능은 중독성 있는 습관을 유도하여 사용자가 계속해서 참여토록 한다(보다 자세한 내용은 Hutchings, 2017를 참조하라). 이와 같은 적용은 그 앱들이 사용자의 행동을 영적으로 만든다는 점에서 예전적이지만, 공동 예배를 주된 목적으로 준비한 것은 아니다. 교회가 이러한 매개체의 논리에 익숙해짐에 따라 교회는 예배자들이 온라인 예배에 계속 참여하도록 어떠한 도구를 사용해야 함을 이해하기 시작했다. 설득 테크놀로지로서 예전을 이해하는 것은 당면한 문제를 구체적으로 보게 해 주는 렌즈와 같다. 그것은 지금 우리가 참여하고 있는 것에 관한 것이다.

설득 테크놀로지와 온라인 예배

예전을 설득 테크놀로지로 구성하는 것은 디지털 테크놀로지의 예전적 잠재력에 대한 통찰력 있는 평가를 가능하게 해 준다. 이것은 그러한 구성작업이 제기하는 신학적이고 윤리적인 질문에 모르쇠로 일관하면서 디지털적으로 미디어화된 예배를 무비판적으로 수용하는 것을 뜻하지 않는다. 대신 우리가 과거와 현재의 예전과 그 목적을 재고할 뿐 아니라 테크놀로지가 지닌 형성적이고 예전적인 힘을 진지하게 받아들이도록 촉구한다. 이러한 개념적 틀에서 디지털 예전을 이해하는 것은 많은 이에게 아직까지도 생소한 영역인 온라인 예배를 교회가 탐구해 나갈 때, 이들을 돕는 도구가 된다.

설득 테크놀로지로서 예전의 일차적인 장점은 지역의 예배 장소에서 디지털 애플리케이션 사용뿐 아니라 온라인 예배 공간에서의 예전적 실천과 디자인의 창조에 대한 탐구로 안내한다는 것이다. 그러한 예전적 혁신의 진정성과 완전성은 기독교 전통, 상징, 그리고 의례와의 연속성이 가진 유사성에 달려 있다. 이 사안은 많은 질문을 제기한다. 2020년 봄, 정부가 코로나19의 확산을 막고자 종교 모임을 제한한 초기 몇 주간, 실시간 동영상 스트리밍 예배의 대다수는 교회가 디지털 플래폼에서 오프라인 예배를 영상으로 송출하는 것이었다. 이것은 어려운 시기에 규칙적으로 교회에 나가는 사람에게는 친숙한 느낌을 줄 수 있지만, 형편없는 복제일 뿐 아니라 디지털 미디어의 예전적 잠재력을 활용하지 않는 것이다. 예전에 대한 감각적 경험 중 일부가 온라인상에서 손실되어 그 결과 참여하기보다 수동적 소비로 귀결될 수 있기 때문에 더욱 그러하다. 실제로 안토니오 스파라도는 그래서 웹을 통한 예전은 결코 현실화될 수 없다고 주장한다. 이러한 예전들은 예전 거행의 '지금, 여기'(hic et nunc)가 결핍된 인쇄본 예술작품처럼 된다(Spadaro, 2014, pp. 77-80). 그럼에도 불구하고 지금까지 오프라인 예배의 모든 감각적 미디어가 온라인 환경에서 재현될 수는 없지만, 몇 가지 선택지는 있다. 화면상의 이미지를 통해 성당 안으로 들어갈 때, 그가 느끼는 경외감을 모방하는 것은 어렵지만, 근접 촬영으로 성당의 친밀함과 같은 감각적 경험을 창출해 내는 것은 가능하다. 스테인드글라스 창문에 그려진 성경적 모티브들이 태양빛으로 가득 찬 성당 안에서 우리의 육체에 투영될 때, VR 고글을 통해 경험되는 성경 내러티브의 몰입형 창작물은 우리로 하여금 새로운 방식으로 이 이야기들을 부분적으로 느낄 수 있게 해 줄까? 게임에 사용되는 진동 피드백 기술은 우리가 신적 현존에 의해 감동을 받을 수 있게끔 할 수 있을까? 밈의 상징과 이미지 표현은 이콘의 방식을 통해 (iconically) 우리를 삼위일체 하나님과 신앙의 신비로 안내할 수 있을까? 교회가 방역 통제, 심지어 봉쇄의 상황 아래에서 두 번째 부활절을 준비함에 따라 이와 같은 디지털 예전 창작물의 예가 많이 늘어났다. 재의 수요일을 위해 바티칸과 성공회는 인스타그램 필터를 만들어 신자들이 이마에 십자가를 디지털 방식으로 증강시킨 이미지를 자신의 소셜 미디어 피드에 게시할 수 있도록 해 주었다. 또 다른 예는 참신한 방식의 부활절 이야기로 아이들의 관심을 사로잡기 위한 미셔널 제너레이션(Missional Generation)의 증강 현실 경험 창작물이다.

누군가는 디지털 인공물을 신앙의 신비를 전달하기에는 부적합한 피상적인 대중 문화의 산물 정도로 평가 절하할 수 있다. 그럼에도 불구하고 우리가 사물에 부여하는 의미는 우연적이다. 초대 교회가 두루마리를 제작하고자 필사본 방식을 채택했을 때, 그때까지도 그것은 많은 이에게 하나의 책자로 중요한 문자적 텍스트를 담기에 부적합한 것으로 간주되었다 (Gamble, 1995, pp. 65-66). 사본 방식을 채택하는 것은 아마도 주로 실용적인 이유 때문일 것이지만, 시간이 지남에 따라 사본 성경은 그 디자인과 기교 그리고 재료에 있어 미화시키는 작업을 통해 신성한 것으로 여겨지게 되었다. 래스롭이 지적한 것처럼, 성물은 빵과 포도주처럼 신성화되고, 의미가 부여된 평범한 사물이다(Lathrop, 1998, p. 10). 디지털 인공물은 우리의 일상 생활의 사물이면서도 동시에 경외와 놀라움의 사물이기도 하다. 스마트폰은 단순히 말해 상상을 초월하는 테크놀로지의 단편일 뿐이다. 그렇다면 이 모티콘이 종교적 의미를 풍부하게 담아낼 수 없다고 말할 근거는 무엇인가? 전 세계의 성경 번역본에 접속할 수 있는 스마트폰의 디지털 성경이 거룩한 것이 될 수 없다고 말할 근거는 또 무엇인가? 또는 실제로 하나님이 디지털 환경 속에서 광자(photons)와 픽셀(pixels)을 통해서 자신의 은총을 매개하지 못할 것이라 말할 근거는 무엇인가?

주목해야 할 또 다른 문제는 예전은 공동(corporate) 예배에 관한 것이고, 디지털 공간은 예전의 공동체적 측면을 약화시킬 것이라는 널리 퍼진 의구심이다. 반면에 온라인 예전이 가진 주요한 질문은 공동체 형성 의식을 가장 잘 재현하는 방법이 무엇인가이다. 많은 교회는 예배 참여 장치로 대부분 비디오 스트리밍 플랫폼이 제공하는 대화창 기능을 이미 활용하고 있다. 여기서 각 사람은 서로 인사를 나누고, 기도와 찬송의 가사로 화답하고, 설교에 대한 지지를 표현하는 이모티콘을 공유한다. 기도를 사전에 녹화할 수 있음은 평소에 대중 앞에서 말하는 것을 꺼리는 교회 구성원이 기도하는 것에 참여할 수 있도록 해 준다. 이러한 예시는 참여와 공동의 정체성이 현장에서 이루어지는 모임에서는 어려운 방식이 온라인상에서는 가능할 수 있다는 것을 보여 준다.

설득 테크놀로지로서 예전의 두 번째 이점은 미디어화된 예배의 형성적 능력을 명확히 보여 준다는 것이다. 자크 엘륄은 현대의 프로파간다(propaganda: 선전 - 역자 주)에 관한 탁월한 설명을 통해서 (대중) 매체의 사용은 기독교를 또 다른 이데올로기로 만들어, 교회를 단순히 '사회학적 기관(sociological organization)으로 환원시키고, 교회의 영적 자율성을 위협하기에 이를 직접적으로 경고한다(Ellul, 1973, pp. 228-232). 엘륄은 미디어 테크놀로지가 사용자를 자신의 논리에 따라서 통제하고, 이들을 자신의 영향력 아래에 복속시킨다는 것을 정확히 인식했다. 이러한 사실은 미디어학자 스티그 햐르바드의 '미디어화'(mediatization) 이론에서도 명확히 설명되는데, 이 이론은 후기 현대 사회에서 우리가 처한 현실성을 포착해 낸다(2008). 미디어는 종교 기관을 포함한 다른 모든 기관이 순응해야 하고 그렇지 않을 경우 미디어와의 적합성을 상실하는 위험을 감수해야 하는 지배적인 기관이 되었다. 그러나 위에서 제시한 이유로 인해, 미디어 테크놀로지는 불가피하게 예배의 본질적인 부분이 된다. 엘륄과는 반대로 미디어가 중요한 이유는 교회 역시 하나의 사회학적 제도이기 때문이다. 이를 확인시켜 주는 것이 인간은 체화된다는 것과 우리가 예배할 때 물질적 대상들이나 미디어가 중요하다는 것을 인식하는 것이다. 그러므로 설득 테크놀로지로서 예전이 어떻게 테크놀로지가 우리에게 예전적으로 작용하게 하고 또 어떤 결과를 가져오는지 탐구하고자 한다. 스미스에 대한 비판은 그가 제시한 세속적 예전과 기독교 예전 사이의 이분법적 구분이 너무 선명하다는 것이다. 실제로 문화화되지 않은 순수한 기독교란 존재하지 않는 것과 마찬가지로 예배자를 삼위일체 하나님에게로 이끄는 역할만 하는 순수한 예전도 없다. 성당의 웅장한 건축물은 예배자를 거룩한 하나님에게로 인도할 수 있지만, 또한 인간의 열망과 힘이 담긴 기념물이기도 하다. 제국의 상징으로서 성당은 또한 기독교 예배의 목적과는 다른 목적을 위해 봉사하는 선전의 도구이다. 이와 같은 긴장은 디지털 테크놀로지의 예전적 적용에서도 예측된다. 예를 들면 내가 전에 가르친 학생이었던 린튼 워렌은 석사 논문에서, YouVersion에서 설득 테크놀로지가 성경을 읽게 만들기보다 오히려 그 앱에 중독되게끔 한다는 것을 조사했다.

마지막으로, 예전이 중요한 윤리적 질문을 제기하는 이유는 바로 예전이 강력하기 때문이다. 이러한 숙고는 새로운 것이 아니다. 예를 들어 교회의 역사 속에서 발생했던, 누가 성찬을 집례하고 축성할 수 있는지에 대한 논쟁들을 지적할 수 있을 것이다. 이러한 논쟁들의 배후에는 의심할 여지없이 신학적인 문제들이 있었지만, 그럼에도 불구하고 이 문제들은 권력과 통제에도 연관되어 있었다. 그라임스가 진술한 것처럼, 예전은 문화적 과정(여기서 우리는 기술적 발전을 추가할 수 있다) 속에 깊이 뿌리박혀 있기 때문에, '오류를 범할 수' 있을 뿐 아니라 '억압적인 구조를 구현할 수 있고 그렇게 하고 있다'(1993, p. 47). 따라서 만약 우리가 예전이 설득 테크놀로지로 간주될 수 있다는 점에 동의한다면, 예전은 틀림없이 권력 역학과 암묵적 조작을 늘 포함하고 있거나, 최소한 그럴 위험을 내포하고 있을 것이다. 디지털 테크놀로지의 효율성 때문에, 우리는 마땅히 예배 안에서 설득 테크놀로지의 한계와 그것의 사용을 논의할 필요가 있다.

소셜 미디어 플랫폼에서 심리적 기제의 광범위한 사용과 그에 따른 결과에 대한 논쟁은 현재 공적 영역에서 활발하게 일어나고 있다. 서구 사회의 민주적 구조를 위협하는 중독, 정신 건강, 그리고 양극화(예시들을 확인하려면 humanetech.com 웹사이트에 있는 'Who We are' 페이지를 참조하라) 문제에 기술 산업 안팎에서 심각한 우려가 제기되고 있다. 페이스북 초기의 투자자인 로저

맥나미는 빅 테크 회사들이 '의존과 행위적 중독을 만들어 내기 위해 인간 심리의 가장 취약한 연결고리들을 이용하고 있으며 … 만약 우리가 민주주의를 제대로 작동시키고자 한다면, 현재와 같은 상황이 계속되도록 방치할 수 없다'고 주장한다(McNamee, 2019, p. 268). 마찬가지로 이미 언급했던 책인 The Age of Surveillance Capitalism(『감시 자본주의 시대』)에서 쇼샤나 주보프는 데이터 중심의 실리콘 벨리 경제가 인간의 자율성과 자유 민주주의를 위협하면서 뒤따르는 암울한 미래를 예측했다(Shoshana, 2019, p. 21). 이 견해 중 일부는 빈약한 경험적 증거로 뒷받침된 기술적 결정론으로 변질되는 경향이 있다. 지금까지의 경험적 연구는 어떤 결론을 내리지 않고 있다. 예를 들어 팀 황은 대다수의 사람이 단순히 온라인 광고를 보거나 참여만 하지 않는다는 것을 보여 주는 통계를 제시하면서, 마이크로 타겟팅의 효과가 과장되어 있다는 의견을 제시한다(2020). 그럼에도 불구하고 기술 회사들의 설득 테크놀로지 사용 효과의 수준과 관계없이 이들은 묵과하기에는 너무 중요한 연관성이 있는 질문을 제기한다. 사용자가 계속해서 자신의 시간과 데이터를 소비하도록 하는 조작 방법을 점점 더 요구하는 비즈니스 모델과 마찬가지로 소셜 미디어 그 자체에 문제가 있는 것은 아니다. 예배를 온라인으로 방송하는 교회가 다루어야 할 한 가지 문제는 접근성, 비용 효율성과 범위를 위해 데이터 중심 경제에 계속해서 기여하고 있어야 하는지, 아니면 많이 제공되고 있는 대안적인 디지털 플랫폼을 찾아야 하는지에 관한 것이다.

주목해야 할 또 다른 문제는 데이터 분석 사용에 관한 것이다. 많은 교회는 디지털 플랫폼에서 제공하는 분석 도구들을 이미 알고 있으며, 유튜브에는 교회가 온라인 예배에서 데이터를 최대한 활용하는 법을 가르치는 수많은 교육자료가 있다. 이 도구를 올바르게 사용하는 법은 무엇일까? 만약 일부 예배자(시청자)가 단 몇 분간만 예배를 시청하고 다음으로 넘어간다면, 당신은 이들의 관심을 붙잡아 두기 위한 방식으로 소통할 것인가? 만약 시청자가 특정한 인구 통계에 속한다는 사실을 발견한다면, 이것은 당신이 예배를 진행하는 방식을 바꿀 수 있을까? 이것이 영적 학대 및 조작 그리고 통제로 바뀌는 시점은 언제일까? 이러한 내용들은 답하기 쉬운 질문이 아니며, 이에 대한 의견 역시 다 다를 것이다. 그러나 나의 주장은 이러하다. 설득 테크놀로지로서 예전은 이러한 윤리적인 문제를 그냥 지나치지 않고 오히려 이를 전면에 내세운다는 것이다. 최소한 교회는 자신들이 사용하고 있는 몇몇 테크놀로지의 함의를 인식해야 하고, 이를 어떻게 사용하고 있는지 투명하게 공개해야 한다는 것이다.

결론

나는 디지털 예전을 설득 테크놀로지로 접근하는 것이 이 문제에 대한 성찰을 돕는 개념적 틀을 제공한다는 점을 주장했다. 이러한 접근은 테크놀로지가 어떻게 작동하고 우리에게 어떤 영향을 주는지에 대한 탐구를 장려한다. 그리고 이 접근 방식은 기술적 인공물이 우리가 마음대로 사용할 수 있는 도구들이라는 단순한 시각을 넘어서서 그것이 가진 예전적 본성을 보다 깊게 이해하는 것을 가능하게 만들어 준다. 또한 이러한 틀은 우리가 디지털 테크놀로지의 한계와 그것이 예전적 전통을 어느 정도까지 전달할 수 있는지 생각하도록 이끈다. 마지막으로 설득 테크놀로지로서 예전은 작동하고 있는 권력 역학을 이해하는 우리의 관점을 날카롭게 만들면서 윤리적으로 중요한 대화를 촉발시킨다.

그러나 매개된 예전적 실천들은 수 세기에 걸쳐서 발전해 왔지만, 코로나19의 여파로 발생한 온라인 예배 형식은 상대적으로 짧은 시기에 형성되었다. 봉쇄 기간에 공동 예배를 지속시키기 위해 도입된 디지털 테크놀로지의 새로움은 곧 사라질 것이며, 그 기술은 예배의 자연스러운 요소가 될 것이다. 하지만 알버트 보그만이 말할 것처럼 현재의 상황에서 디지털 테크놀로지는 '우리 안에서 새로운 순종의 능력(potentia oboedientialis), 곧 하나님의 말씀을 듣는 새로운 가능성을 일깨우기에' 충분할 만큼 여전히 강력하다(Borgmann, 2003, p. 82). 온라인 예배는 분명 교회가 자신들의 예전적 실천을 새롭게 이해하도록 강요함으로 이와 같은 방식으로 작동한다. 이 세상이 포스트 코로나19 시대를 향해 나아가면서, 교회는 팬데믹 기간에 개발된 디지털 방식으로 미디어화된 새로운 예배의 형태 중 어떤 것을 유지해 나갈지를 포함한 새로운 예전에 관한 선택과 마주해야만 할 것이다. 코로나19 팬데믹 후의 교회에 대한 대화가 이미 진행되고 있는 상황에서(e.g., Phillips, 2020), 우리는 예전적 효력을 생명력 있게 유지하는 과제가 계속해서 남아 있을 것임을 상기해야 한다. 예배의 미래가 어떻게 될지는 모르지만, 테크놀로지는 여전히 그 미래의 중심에 있게 될 것이다.

* 감사인사

나는 샘 하그리브스, 니나 컬버그, 프리다 매너펠트, 카일 쉬펠바인 게레로, 린턴 워렌, 그리고 이 장의 주장을 뒷받침해 주는 날카로운 논평과 제언을 해준 편집자들에게 감사의 마음을 전한다.

참고 문헌

Aune, Michael B., 1996, 'The Subject of Ritual: Ideology and Experience in Action', in Michael B. Aune and Valerie M. DeMarinis (eds), *Religious and Social Ritual: Interdisciplinary Explorations*, Albany: State University of New York Press, pp. 147-173.

Berger, Teresa, 2018, *@Worship: Liturgical Practices in Digital Worlds*, London and New York: Routledge.

Borgmann, Albert, 2003, *Power Failure: Christianity in the Culture of Technology*, Grand Rapids, MI: Brazos Press.

Byers, Andy, 2014, *TheoMedia: The Media of God and the Digital Age*, Cambridge: Lutterworth Press.

Campbell, Heidi (ed.), 2020, *The Distanced Church: Doing Church Online*, Digital Religion Publications.

Ellul, Jacques, 1973, *Propaganda: The Formation of Men's Attitudes*, New York: Vintage Books.

Eyal, N., 2014, *Hooked: How to Build Habit-Forming Products*, Penguin: London.

Fogg, B. J., 2003, *Persuasive Technology: Using Computers to Change What We Think and Do*, San Francisco, CA: Morgan Kaufmann Publishers.

Gamble, H. Y., 1995, *Books and Readers in the Early Church: A History of Early Christian Texts*, New Haven, CT: Yale University Press.

Gordon-Taylor, Benjamin, 2013, 'Liturgy', in Juliette Day and Benjamin Gordon-Taylor (eds), *The Study of Liturgy and Worship: An Alcuin Guide*, London: SPCK, pp. 12-20.

Grimes, Ronald L., 1993, *Reading, Writing and Ritualizing: Ritual in Fictive, Liturgical, and Public Places*, Washington DC: The Pastoral Press.

Grimes, Ronald L., 1995, *Beginnings in Ritual Studies*, Columbia: South Carolina University Press.

Hjarvard, Stig, 2008, 'The Mediatization of Religion: A Theory of the Media as Agents of Religious Change', *Northern Lights* 6(1), pp. 1-21.

Horsfield, Peter, 2015, *From Jesus to the Internet: A History of Christianity and Media*, Chichester: Wiley Blackwell.

Hutchings, Tim, 2017, 'Design and the Digital Bible: Persuasive Technology and Religious Reading', *Journal of Contemporary Religion* 32(2), pp. 205-219.

Hwang, Tim, 2020, *Subprime Attention Crisis: Advertising and the Time Bomb at the Heart of the Internet*, New York: FSG Originals.

Lathrop, G. W., 1998, *Holy Things: A Liturgical Theology*, Minneapolis, MN: Fortress Press.

McLuhan, Marshall, 2001 [1964], *Understanding Media: The Extension of Man*, Abingdon: Routledge.

McNamee, Roger, 2019, *Zucked: Waking Up to the Facebook Catastrophe*, HarperCollins: London.

Phillips, Peter, 2020, *Hybrid Church: Blending Online and Offline Community*, Cambridge: Grove Books.

Schiefelbein, Kyle K., 2016, 'Liturgy as Creation: How Rituals Communicate, Situate and Order Meaning', *CrossAccent* 24(1), pp. 26-34.

Smith, James K. A., 2009, *Desiring the Kingdom*, Grand Rapids, MI: Baker Academic.

Spadaro, Antonio, 2014, *Cybertheology: Thinking Christianity in the Era of the Internet*, New York: Fordham University Press.

White, Susan J., 1994, *Christian Worship and Theological Change*, Nashville, TN: Abingdon Press.

Zuboff, Shoshana, 2019, *The Age of Surveillance Capitalism: The Fight for a Human Future at the New Frontier of Power*, London: Profile Books.

11. '금하지 말라' 교회론
: 어린이, 창의성, 연결성

케이트 오트

1990년대 후반, 평신도 신학자이자 활동가인 에드위나 게이틀리는 어린이를 위한 글과 그림책인 *God Goes to Church*(『하나님, 교회 가다』, 1999)를 출판했다. 이 책은 젠더퀴어(genderqueer: 남성과 여성이라는 이분법적 성별구분을 벗어난 성 정체성을 가진 사람을 일컫는 용어 - 역자 주) 하나님이 구름 위에 앉아서 인간이 쓴 책인 성경을 읽는 장면으로 시작한다. 하나님은 사람이 안식일을 지키는 것을 발견하고는 어떻게 기도하고 예배하는지 살펴보려고 천사인 스타드롭과 함께 지구를 여행하기로 결심한다. 게이틀리는 하나님의 탐험을 기독교인의 예배에만 초점을 둔다. 각각의 장소에서 하나님, 스타드롭, 그리고 지구에서 이들을 안내한, 교회에 사는 쥐(mouse) 체스터는 예배에 참여하는 주된 형태와 더불어 여기에 무엇이 빠져있는지 언급한다. 예를 들면 이들은 찬송을 많이 부르는 교회에 가는데, 거기서 하나님은 인간이 '마음속에 있는 음악을 들을 수 있을까?' 하고 궁금해한다(p. 11). 또 다른 교회는 흥겹고 환영하는 분위기인 것처럼 보이지만, 성찬식을 할 때, 하나님은 묻는다. '왜 다들 즐거워하지 않지?'(p. 15). 하나님은 9군데 예배에 참여해서 젠더, 인종, 장애인차별, 그리고 죄, 창조, 은총과 같은 신학적 개념들과 관련된 질문을 던진다. 게이틀리는 교파를 나누고, 누구를 참여시키고 누구를 배제할지에 관한 범주를 만들어 온 기독교 예배와 관련된 의미심장하고 역사적이며 교회론적인 질문을 창의적으로 다룬다. 이 책은 마지막 장면에서 결국 동네 공원으로 가기로 결정한 하나님, 스타드롭, 체스터의 모습을 묘사한다. 각 연령대의 사람들이 공원에서 그들에게 어울리는 방식으로 함께 즐기고 있다. 어린이는 장난치고, 노인은 벤치에 앉아 있고, 커플은 이곳저곳을 서성거리고, 동물은 뛰어놀고, 그렇게 모든 젠더, 인종, 재능을 가진 사람들이 어우러져 이곳에서 소풍을 즐긴다. 하나님은 이렇게 속삭인다. '바로 이거야', '이거야말로 세상에서 가장 멋진 교회지'(p. 28).

이 책은 코로나19 팬데믹이 발생하기 훨씬 전에 쓰였지만, 팬데믹과 관련된 보건 제한의 상황을 고려할 때, '과연 교회는 어떻게 해야 하는가'(how to do church)라는 질문에 대한 하나의 해답을 제시한다. 물론 마지막 공동 소풍은 약간 바뀌어야 하는데, 모든 참여자들이 마스크를 착용해야 한다는 것이다. 나는 우리 모두가 야외 예배 방식을 도입해야 한다고 주장하고자 이 책을 소개하는 것이 아니다. 다만 게이틀리의 흥미로운 접근 방식은 기독교의 전통적 교회론 전반에 걸쳐 나타난 배제의 지점들을 가리킨다. 특히 그 책의 형식(동화책이라는 매체)이야말로 교회론이 배제해 온 가장 중요한 집단 중 하나가 바로 어린이라는 것을 알려 준다. 그러나 게이틀리는 이에 대한 대응으로 '어린이 교회'를 제안하지 않는다. 오히려 그녀는 독자들이 모든 사람, 심지어 자연까지도 광범위하게 포함시키는 교회적 실천(doing church)의 형태와 방식이 무엇인지 생각하도록 초대한다.

공원과 유사한 포용성을 줄 수 있는 다른 공간으로 무엇이 있을까? 나는 공원과 같은 공간이 디지털 교회, 곧 네트워크화된 종교적 경험이라고 제안하는 바다. 디지털 교회는 어린이를 배제하는 많은 형태의 획일적이고 배타적이며 억압적인 교회론의 행태를 전복시킨다. 디지털 테크놀로지라는 매개체는 정서적인 참여에 있어 어린이들의 친밀감과 교차함으로 교회론의 비판적이고 포괄적이며 구체화된 가능성을 재구상하도록 도와준다. 가장 먼저 우리는 복음서, 특별히 마가복음에 초점을 맞추어 예수와 어린이들의 상호작용에서 입증된 어린이의 관점에서 본 예수의 신학을 재검토할 것이다. 이 세상에서 하나님의 사역을 위한 신학적 실천과 비전의 한가운데에 어린이를 두었던 예수의 선례를 따라, 나는 독자들이 어떻게 해방주의 교회론(liberationist ecclesiologies)이 어린이를 포함시킬 수 있는지 마음속으로 그려보도록 권하는 바다. 새로운 교회론적 접근은 대부분의 전통적인 대면 예배에는 없는, 어린이들이 소란스럽고 구체적으로 창의적인 표현을 하는 공간이 필요하다. 디지털 예배는 이 어린이들의 표현들을 허용해 줄 뿐 아니라, 이를 환영하고 예배에 참여하는 모든 사람을 위해 이를 극대화하는 공간이다.

어린이와 예수

> 사람이 예수께서 만져 주심을 바라고 어린아이들을 데리고 오매 제자들이 꾸짖거늘 예수께서 보시고 노하시어 이르시되 어린아이들이 내게 오는 것을 용납하고 금하지 말라 하나님의 나라가 이런 자의 것이니라 내가 진실로 너희에게 이르노니 누구든지 하나님의 나라를 어린아이와 같이 받들지 않는 자는 결단코 그곳에 들어가지 못하리라 하시고 그 어린아이들을 안고 그들 위에 안수하시고 축복하시니라(막 10:13-16, 개역개정)

누가복음과 마태복음에도 나오는, 어린이를 환영하는 이 유명한 마가복음의 본문은 종종 '어린이' 또는 '어린이들'을 신학적으로 순진하고 단순한 사람으로 비유할 때 사용된다. 지금 우리는 예수가 어린이들을 환영하고, 어른들에게는 어린이들처럼 하나님나라를 받아들이라고 훈계하는 내용을 읽었다. 이제는 어린이들의 온전한 참여를 배제하고, 비하하고, 제한하는 교회론적 관습들을 다루어 보고자 한다. 여기서 나는 '가정에 관한 사도적 성찰들 속에서 나타난 더 평범한(그렇다고 중요하지 않은 것은 아니지만!) 측면들'보다 '하나님의 통치와 제자도에 관한 예수의 가르침 속에서 그리고 예수의 치유와 축귀 사역 속에서 나타난 신약성경 자료의 더욱 심오하고 놀라운 측면들'을 더 부각하고자 한다(Gundry-Volf, 2001, p. 29).

위의 구절에 나오는 어린이들은 정장 코트와 화려한 드레스를 입고 꼼지락거리는 그런 주일학교 사진에나 잘 어울릴 법한 잘 차려입은 부유한 백인 어린이들이 아니다. 이들은 전 세계 어린이들이 손에 손을 잡고서 어떤 포부로 가득 차 있는 다문화적이고 다인종적인 분위기 속에서 묘사되는 그런 어린이들도 아니다. 예수에게 데려온 이 어린이들은 가난하고, 제대로 씻지 못하고, 가사 노동을 해야 하는 그런 어린이들이었을 것이다. 이 어린이들은 사회적으로 지위가 매우 '낮은'데, 이것은 '예수 주위의 성인 남성 제자들이 추구했던 누구나 바라는 명예와 권력이라는 지위와 극명한 대조'를 이룬다(Mercer, 2009, p. 44; see also Gundry-Volf, 2001).

조이스 머서(2009)는 교회 회중 안에서 어린이들의 역할을 재고찰하는 가운데 마가복음의 어린이와 관련된 다양한 텍스트는 어린이들이 예수의 사역에 참여하는 것에 관한 중요한 통찰을 가르쳐 준다고 지적한다. 첫째, 어린이들은 목적을 지녔다. 어린이들은 그냥 주어진 선물이나 재생산적 미래주의(reproductive futurism)를 위한 비유가 아니다(Edelman, 2007; Mercer, 2009, p. 66). 우리는 어린이들의 소란스러움과 복잡함을 현재 있는 모습 그대로 소중히 여겨야 한다. 예수가 제자들에게 본받으라고 이야기한 어린이들은 매일 사회적 차별과 불평등을 경험하고 있다. 둘째, 예수는 '지극히 작은'(least) 자들을 우선순위로 두었는데, 어린이들이야말로 논쟁할 여지도 없이 '지극히 작음'(least-ness)을 대표한다(Mercer, 2009, p. 67). 출신에 상관없이 어린이들은 자신의 권리를 인정받기 위해 어른들에게 의존해야만 하며, 일부 역사적 사례로 볼 때, 그들은 나이와 성별에 따른 완전한 가족 구성원이 아닌 재산일 뿐이었다(Miller-McLemore, 2012). 셋째, 어린이들은 이미 예수의 사역에 동참하고 있다. 그들은 예수를 따르는 자가 되기 위해 어른이 될 때까지 기다리거나 그때에야 그렇게 되는 것이 아니다(p. 67). 예수는 너희가 어른이 되고 나서 다시 어린이로 돌아가야 하나님나라에 들어갈 수 있다고 말하지 않았다. 예수는 어린이들을 있는 모습으로 그대로 부르고, 그들이 지금 어떻게 하나님나라를 받아들이는지에 초점을 맞추었다. 마지막으로 해방에 관한 예수의 모범은 모든 사람을 고양시킨다. 어린이는 여성보다 높거나 대립하지 않고, 어린이는 어른들보다 높거나 대립하지 않으며, 심지어 일부 어린이들이 다른 어린이들보다 높지 않다(pp. 67-68). 이를 뒷받침하고자, 머서는 예수가 여성과 여러 어린이들을 치유하는 마가복음의 내러티브들을 주목한다. 주디스 건드리는 예수가 '자신을 영접하는 하나의 방식으로서 그리고 더 나아가 그것이 암묵적으로는 자기를 보낸 분을 영접하는 방식으로서 어린이를 섬기는 것에 궁극적인 의미를 부여한다'(Gundry-Volf, 2001, p. 36)고 덧붙인다.

머서는 이와 같이 어린이들을 향한 예수의 반응에 관한 핵심적인 통찰을 활용하여 교회 사역의 관행들이 이에 얼마나 잘 부합하는지 평가하고자 어린이와 아동기의 신학을 구축했다. 머서는 교회의 관행들과 그 기반이 되는 신학에 대한 광범위한 검토를 통해 어린이 설교, 별도의 가정 예배, 혹은 어린이 교회와 같은 어린이들에 대한 현재의 교회론적 반응에 있어 소비문화와 신자유주의의 영향이 얼마나 만연해 있는지 보여 준다(pp. 187-188). 이러한 것들은 그 자체로는 어린이들에게 부정적인 경험은 아니지만, '예전적 차별'(liturgical apartheid)이라는 더 큰 움직임을 부추긴다(p. 187). 각각은 예수가 그랬던 것처럼 어린이들을 종교적 경험의 중심에 두기보다 어른 중심 공동체 안에 어린이들을 위한 공간을 제공하는 것에 그치고 만다. 머서는 많은 교회가 정의에 기초한 어린이들의 신앙 형성을 계획하지만 서구 개인주의, 시장 중심적 대응과 소비를 반영하는 관행을 영속화한다고 주장한다(p. 73). 머서는 이렇게 말한다. '실제로 어린이들을 온전히 환영하는 교회를 본 사람은 아무도 없다 … 따라서 어린이들(그리고 어른들)이 특정한 교회에 참여함으로 형성되는 신앙 정체성은 기껏해야 일시적이고 부분적이다'(p. 176).

우리는 예수가 제자들에게 전하고자 했던 것과 같은 메시지로 계속 씨름하고 있다. 실제로 복음서에서 예수의 사역은 어른들에게 어린이들과 관계를 맺는 새로운 방식을 보여 준다. 무엇보다, '예수는 단지 어떻게 하면 어린이들을 위해 어른들의 세상을 좀 더 친절하고 정의롭게 만들 수 있는지를 가르친 것만이 아니다. 예수의 가르침 중 일부는 어린이들을 중심으로 정의되고 조직된 사회적 세계의 도래에 관한 것이었다'(Gundry-Volf, 2001, p. 60). 교회 사역 관행들이 어린이들을 중심으로 정의되고 조직된다면 과연 어떤 모습일까? 우리는 현재 형태의 어른 중심의 교회론을 급진적으로 변화시키기 위해 인격, 리더십의 형태, 예전적 실천에 대한 신학적 이해를 적극적으로 활용할 필요가 있다. 나는 다음 부분에서 디지털 테크놀로지에 대한 지지를 설명하기 이전에 이러한 변화와 신학적 토대를 살펴보고자 한다.

해방주의 교회론

게이틀리와 머서의 말에 따르면, 우리에게 새로운 교회론이 반드시 필요한 것은 아니지만, '혼란스러운 "타자"(other)인 사람을 환영하는 모호함'을 포함하는 실제적인 실천들을 발견하기 위한 더욱 강한 헌신이 필요하다(Mercer, 2009, p. 256). 말하자면 오래된 교회론에 대한 새로운 해석 방식과 이를 실천으로 옮기려는 의지가 필요한 것이다.

기독교 교파 전반에 걸친 교회론의 표현은 공통적으로 수많은 배제를 포함하고 있다. 교회를 이루는 대부분의 실천은 어른 중심적이고, 인종적으로 구분하며, 신체적으로 불편함이 없는 사람을 선호하는 경향이 짙다. 예배는 신체적 참여를 엄격하게 규제하고, 많은 경우 여성, 어린이, 그리고 LGBTQIA(다양한 성적 지향과 성 정체성을 가리키는 용어로 Lesbian, Gay, Transgender, Queer, Intersex, Asexual의 약어이다 - 역자 주)와 같은 사람을 리더십에서 배제시킨다. 머서는 반제국주의적 입장을 가진 마가복음을 주목하는데, 그 이유는 마가복음은 그때와 유사하게 오늘날 교회론적 실천들에서 명백히 나타나는 인종, 민족, 젠더, 계급, 장애, 보건상의 이유로 인한 분리를 반영하고 있으며, 건드리 볼프는 복음서 내러티브 전체에 걸쳐 나오는 어린이들에 대한 예수의 일관적인 반응을 강조한다. 게이틀리와 머서는 신학과 신앙의 실천은 사회-역사적 맥락을 반영하고, 그에 영향을 받는다고 가정하는 해방주의 교회론을 제시한다.

해방주의 교회론의 주요한 특징은 종교적 리더십의 민주화, 존재 방식으로의 관계성에 대한 초점, 성스러움과 세속 사이의 구분 해체, 하나님의 부르심에 함께하는 참여적이고 공동 창조적인 활동이다. 수많은 초기 해방주의 전통은 비판을 받았고, 후에 계급, 인종, 젠더, 성적 지향성, 언어, 신체적 능력 등의 복잡한 관계를 설명하는 억압에 대한 상호교차적 이해를 향하는 방향으로 수정되었다. 그러나 많은 사람은 아직도 어린 시절을 해방적인 응답을 요구하는 '지극히 작음'(least-ness)의 정체성으로 보지 않는다. 따라서 게이틀리의 교회론적 비판의 매체와 머서의 어린이 신학은 배제하기보다 해방시키는 데 사용되는 권력 구조에 주목하는 관계성의 이해에 기초한 다양성과 개방성을 허용하는 교회론적 공간의 필요성을 일깨워 준다. 종교 리더십에 관련해서 어린이들은 종종 특별한 경우에 '특집 공연'으로 배정되어 회중 앞에서 행진한다. 어린이들은 동등한 종교적 리더십으로서 예배 안으로 받아들여지거나 통합되는 경우가 거의 없다. 어린이들도 기도할 수 있고, 성경을 해석할 수도 있으며, 찬송을 부르는 등의 일들을 할 수 있다. 오직 변화에 대한 우리 어른들의 불편함과 프레젠테이션, 문해력, 훈련에 있어 완벽하지 않다는 그 부적절한 감정 때문에 어린이들을 종교적 리더십에서 배제시키는 것이다(Ott, 2019b). 머서가 지적한 대로, 현재의 예배 형태는 한 사람 혹은 적은 무리의 리더들이 예배를 인도하게 함으로 교인들이 예배를 소비하도록 만들어 주는 개인주의와 소비를 선호한다. 하나님, 자아, 타자 그리고 세계와 관계를 맺는 인간 창조에 대한 신학적 이해는 일방적인 예배 수용이라는 목적하에 그 본래적 의미를 잃게 되었다. 예배 안에서 온전히 관계적이 되려면 그 출발점으로 많은 예배 공간이 재설계되어야 하며, 가장 중요하게는 모든 사람과 이 지구 사이에서 발견되는 신성한 연결을 증거하는 실천들이 필요하다. 이웃에게 관심을 기울이는 것, 휘청거리는 어린아이의 손을 붙잡아 주는 것, 혹은 내 발로 밟고 있는 잔디를 느끼며 기도하는 것은 가만히 서서 눈을 감고 누군가의 뒤통수를 바라보고 있는 것보다, 내가 하나님과 그리고 피조물과 맺는 관계성을 더욱 공고하게 해 줄 것이다. 그러므로 이러한 진환에서 중요한 점은 거룩하고 세속적인 모든 것들 속에서 하나님을 경험하는 것 혹은 이 둘을 분리시켜 버리는 잘못을 끝내 버리는 것이다. 어린이를 예전적 실천의 중심으로 삼는 것은 어른들을 배제시키는 것이 아니다. 오히려 어른들을 더욱 참여적이고 덜 규제하며, 공동 창조적이고, 덜 위계적인 하나님과 함께하는 참여로 되돌리는 것이다.

    어린이들과 관련한 이러한 특징은 복음서에 나오는, 어린이들에게 반응하시는 예수님의 모습에 들어 있는 핵심적인 통찰을 반영함은 물론 이로써 적어도 '부분적으로는 어린이들에 의해 정의되고, 어린이들을 중심으로 조직되는 사회적 세계'라는 교회적 맥락에서 우리를 더 가깝게 만든다(Gundry-Volf, 2001, p. 60). 만약 우리가 어린이들을 배제하는 교회의 관행이 근본적으로 포용적인 교회라는 교회론적 열망을 충족시키지 못한다는 것에 동의한다면, 우리는 어린이를 신학적으로 어떻게 사유해야 할지 재고찰해야만 한다. 어린이들을 완전히 포용하는 방향으로 나아가고자 한다면 교회 됨의 새로운 관행들이 요구된다. 현재 어른 중심의 제도는 어린이들의 주체성을 지우거나 제한하는 경우가 많다. 한나 다이어는 *The Queer Aesthetics of Childhood*(『어린이 퀴어 미학』, 2020)에서 어떻게 '식민지 트라우마의 유산, 동성애 혐오적인 사회 질서가 가져다주는 제약, 학교 교육에 있어 계급적 차원'이 광범위하게는 사회뿐 아니라 교회 안에서도 어떻게 나타나는지 고려해 볼 것을 요청한다. 이러한 것들은 어린이들 안에 있는 어떤 퀴어성(queerness)을 뿌리째 제거해 버리는데, 이는 '"성장"하기 위해서는 반드시 버려야 하는 것으로 간주된다'(pp. 4, 7). 우리는 어린이들의 정서적인 퀴어성 또는 사회적이고 정서적인 비규범성 안에서 억압적인 사회 체계를 더 강화시키는 훈육적이고 규범적인 어른 중심의 존재 방식에 도전하는 표현과 행동을 발견할 수 있다. 예수는 어른들에게 '…금하지 말라'고 질책한 뒤 어린이들을 허용한다. 이 구절과 다른 구절에 나타난 예수의 어린이 포용은 새로운 사회 질서를 발전시키도록 해 준다.

보다 평등주의적인 지도력, 관계 중심성, 다양한 형태에 깃든 신성함에 대한 개방성, 그리고 참여적인 개입으로 갱신된 교회론으로의 전환은 혼란스럽고(messy) 구체화된 경험을 만들어 낼 것이다. 게이틀리의 이미지를 사용해 보자면, 교회가 된다는 것은 공원의 무계획성과 더 가까워 보이고, 교제는 소풍과 좀 더 가깝게 보일 것이다. 아니면 그것은 코로나19 팬데믹 기간에 실험적으로 시도된 것처럼 여러 가지 예배들이 다양한 장소와 시간들 안에서 촬영된 후, 예배자가 시간과 공간에 제약받지 않고 자유롭게 참여하는 공유된 경험의 콜라주 안으로 모이는 온라인 예배 경험처럼 보일 것이다. 예배 참여자들은 댓글을 달 수 있고, 특정 부분만 선택해서 예배를 재가공할 수 있으며, 예배를 공유하여 새로운 맥락과 참여적인 관계를 새롭게 만들어 낼 수 있는 것이다. 이러한 형태의 해방주의 교회론은 예수가 그때 비판했었고 지금도 계속 유지되고 있는 사회 질서를 교란시키는 다양한 경험들을 허용한다.

디지털 테크놀로지와 혼란스러움

어떤 사람에게는 놀랍겠지만, 디지털 테크놀로지에 관한 학문적 연구는 해방주의와 관련된 중심적인 신학적 이해와 상당 부분 중첩된다(Campbell and Garner, 2016; Ott, 2019a). 하이디 캠벨과 스티븐 가너는 '네트워크된 종교는 현재의 종교적 내러티브들, 실천들, 구조들이 온라인 중심적이고 정보 중심적이며 기술 중심적인 사회 안에서 어떻게 점진적으로 더 유연하고 전환적이며 초국가적으로 될 수 있는지 보여 준다'고 주장한다(p. 78). 따라서 디지털 종교 관행 역시 '혼란스럽고, "타자인" 사람을 환대하는 모호함'을 끌어들이는 방식을 추구하는 하나의 장소가 될 수 있을 것이다(Mercer, 2009, p. 256).

이제 우리는 그 어느 때보다 더 디지털 테크놀로지의 광범위한 수용과 통합으로 이루어진 네트워크화된 사회를 경험하고 있다. 우리들 대부분은 팬데믹 기간에 집에 있을 때조차도 하드웨어와 소프트웨어로 연결되어 있다. 우리는 사회적으로 떨어져 있는 것이 아니라 물리적으로만 떨어져 있는 것이다. 가상 경험은 체화되지 않은 것도 아니고 물질적인 삶에서 분리된 것도 아니다. 우리는 하드웨어로 상호작용하고, 디지털 연결망의 다른 쪽 끝에 있는 사람이나 아끼는 사람에게 체화된 방식으로 반응하는 물질적 존재이다. 동일하게 디지털 종교 경험과 실천도 마찬가지이다. 이러한 것들은 개방성과 다양성에 기여할 뿐 아니라 과거의 전통적이고 권위적인 교회론적 형태를 폭로하고 전복시킬 수 있는 관계성을 증진시킨다. 디지털 테크놀로지는 해방주의 신학 그리고 어린이 신학과 마찬가지로 사회와 인간 상호작용을 관계적이고 참여적인 것으로 이해하고 강화한다.

키스 앤더슨은 디지털 교회론을 위한 하나의 제안인 THE DiGiTAL CATHEDRAL(『디지털 성당』, 2015)에서 '사역을 디지털 모임 장소 및 지역 모임 장소 두 가지 모두로 확장시키고, 일상의 삶에서 신성함을 인식하며, 디지털 시대를 위한 사역 리더십에 있어 네트워크화되고, 관계적이며, 성육신적 접근 방식을 구현하는' 공간을 상상해 낸다(p. 5). 그는 '경험, 발견, 참여'에 기초한 형성을 우선시하는 하이브리드 커뮤니티 공간과 비교해 보았을 때, 사역에 있어 기존의 '구텐베르크' 방식 혹은 아날로그 방식은 일방향적이고, 위계적이며, 정보 주입에 의존한다고 설명한다(pp. 154, 169). 앤더슨은 이와 같은 대조를 설명하고자 '학습자의 호기심과 주체성을 중요하게 여기는' 형성적 실천의 한 예로서 Godly Play(『경건한 놀이』, Berryman, 2018)와 같은 어린이들을 위한 커리큘럼에 주목한다. 그는 이와 유사한 참여가 온라인과 오프라인의 경험을 연결시키는 디지털 신앙 실천을 통해서 어린이들과 어른들에게도 일어난다고 주장한다.

특별히 그러한 경험과 커리큘럼은 종교적 형성 모델을 위로부터 아래로의 하향식 교육에서 종교 리더십을 민주화하고 공동의 창의적 접근 방식을 요청하고 공유하는 방식의 창조적 참여로 전환시킬 것이다. 앤더슨의 관점에서 보면, 디지털 방식이 적용된 교회는 획일적인 표현 방식을 요구하기보다 혼란스러움과 복잡함을 더 선호한다. 창조적인 기독교적 형성을 위한 실천으로서 '경건한 놀이'와 마찬가지로 디지털 종교 경험은 과거의 참여 표준을 재가공하여 다양한 사람의 참여, 특별히 어린이들의 참여를 위한 기회를 더욱 확장시키길 요청한다(Ott, 2019a). 어린이들의 주체성은 디지털 테크놀로지의 네트워크화되고, 다양하며, 공감하는 특성을 반영하는 것으로서 이 세계에서 창조적이고, 관계적이며, 상호의존적인 존재 방식에 대한 필요성을 더욱 강조한다. 다이어(2020)는 '어린이들의 창의적인 표현들 안에는 그들이 태어난 더 큰 사회정치적 환경을 재창조하고 재배치하는 인식론적이고 사회적 가능성이 내재되어 있다'(p. 4)고 주장한다. 다이어 및 다른 이들이 예수가 포용한 어린이들의 정서적 퀴어성을 어른들이 더 잘 이해할 수 있다고 제안한 영역이 있는데 그것은 바로 예술과 놀이다. 사회적 힘에 대한 창의적 반응을 포함하여 어린이들이 주변 사람을 향해 갖는 윤리적 반응은 견고하고 포괄적인 공동체 구축을 위해 필요한 도덕적 성장과 참여를 보여 준다(Ott, 2019a; Wall, 2010). 예를 들면 보리떡 5개와 물고기 2마리를 가진 그 소년을 생각해 보라. 그는 군중을 먹이라는 예수의 요청에 응답하였다. 자신의 창의적이고 윤리적인 반응이 공유 경제로 파장을 일으키게 되리라는 믿음이 있었는지는 모르겠지만 말이다. 우리는 플랫폼 협동조합(platform cooperativism)과 청소년들의 사회적 행동 캠페인과 같이 그와 유사한 움직임을 디지털 테크놀로지에서 볼 수 있다(Ott, 2019b; Scholz and Schneider, 2017).

캠벨과 가너(2016)는 디지털 영성 '역시 네트워크화된 사회 안에서 종교가 온라인 세계와 오프라인 세계 사이, 디지털 세계와 체화된 세계 사이의 교차점에서 존재하는지, 그리고 어떤 종교적 관섬과 실천을 장려하는 문화적 가치들을 통해 알려지는지 성찰하도록 만드는 틀을 제공해 준다'(p. 78)고 주장한다. 이와 같은 가치와 실천은 해방주의 교회론과 공명한다. 캠벨과 가너는 '공적 신학은 기술과 미디어에 대한 우리의 이해가 더욱 포용적인 사회, 특히 악과 폭력을 억제하고 화해의 공동체를 세우는 일을 촉진시키는 데 도움이 되는 방식으로 사회를 풍요롭게 해 주는 독특하고 건설적인 방식을 제공해 준다'고 주장한다(p. 116). 우리가 어린이들의 경험을 신학, 특히 교회론에 접근하는 하나의 중심적 방법으로 위치시킬 때, 우리는 가난한 공동체, 젠더와 성적 불평등, 혹은 인종차별주의와 식민주의의 역사적이고 현재적인 현실성을 중심으로 삼는 과거의 해방 전통을 기반으로 하고 있는 셈이다. 우리는 '어른들의 문제'로 간주되는 억압과 불의에 관한 문제를 빠뜨리지 않을 것이다. 캠벨과 가너가 지적한 것처럼, 공적 신학과 어린이들을 우선시한다면 사람은 사회적 억압이 다양한 맥락에 걸쳐서 어린이들을 어떻게 규정하고, 제한하며, 해를 끼치는지 반드시 성찰할 수밖에 없다. 디지털 테크놀로지의 어포던스(affordance)를 활용하는 어린이 중심 교회론의 핵심은 기술 격차와 차별적인 설계 관행에 대한 충분한 정보에 입각한 날카로운 비판에 있다(Ott, 2019a; Ott 2019b).

앤더슨도, 캠벨과 가너도 네트워크화되고, 관계적이며, 성육신적인 것으로서의 디지털 교회 혹은 민주적인 리더십과 다양한 종교 정체성, 그리고 공동체 형성의 새로운 길을 갖춘 네트워크화된 종교가 해방이나 사회적 정의로 곧장 이어진다고 주장하지는 않는다. 말하자면 디지털 교회와 네트워크화된 종교가 해방적 교회론의 경험에 공헌하는 것 못지않게 디지털 사회에서는 여전히 소외와 관련된 문제들이 존재한다. 거기에는 소비주의적 또는 권위주의적인 정치적 목적, 디지털 연결, 소프트웨어와 하드웨어에 대한 접근에 있어 상당한 격차가 있으며, 알고리즘의 기술적 설계값이 인종적 선호를 생성하는 경우도 있다(Campbell and Garner, p. 128; Ott, 2019a). 다른 교회론적 공간이나 미디어와 마찬가지로 디지털 교회론의 포용성에도 한계가 있다. 그러나 게이틀리의 공원과 마찬가지로 디지털 네트워크는 차이를 넘어서 포용과 참여 그리고 공동체 구축을 위해 필요한 새로운 기회를 제공한다.

'금하지 말라'의 교회론

코로나19 팬데믹 기간에 기술적으로 미디어화된 가정 교회에 대한 경험은 포괄적이고 다양한 신앙적 실천을 통해 우리가 '어린아이들이 오게 하는 것'에 더욱 근접하도록 하는 미디어 형태를 극대화함으로 점점 더 해방적인 교회론의 모델이 되고 있다. 내가 주장하는 바는 '좋아, 이제부터 어린이들이 원하는 것은 뭐든지 할 수 있어'라고 말하는 무조건적 수용주의자가 되자는 것이 아니다. 더욱 다양한 어른들을 받아들이는 포용적인 실천을 만들어 내고, 예수가 모델로 삼은 사회적 질서에 더욱 근접하게 살아가며, 디지털 테크놀로지에 의해서 가능해지거나 최소한 강화될 수 있는 어린이 중심의 교회론처럼 건설적으로 되어야 한다는 것이다. '금하지 말라'의 교회론은 많은 어른들이 배타적인 형태의 예전을 지속시키는 역할을 하고 있음과 이에 능동적인 변화와 새로운 실천이 필요하다는 것을 인식하게 한다. 디지털 종교 참여는 많은 오프라인 종교 공간들에서는 불가능하거나 혹은 환영받지 못하지만 더 큰 포용성을 낳는 최소 세 가지 특정한 참여의 형태들을 제공한다. 디지털 종교 참여는 시간과 지리적 위치의 제약을 없애고, 신체적이고 인지적인 능력의 차이를 수용할 수 있는 여지를 제공하며, 처음부터 '예배'를 주도하는 권위적 인물이라는 매개 없이 청각, 텍스트, 시각의 의사소통을 통한 관계성을 만들어 낸다. 다른 것들과 더불어 이 세 가지 어포던스는 존재와 앎에 있어 더욱 다양한 체화 방식을 포용하는 창의적이고, 민주적이며, 관계적인 선택지를 제공해 준다.

하나님이 가고 싶은 교회에 대한 게이틀리의 창의적인 바음은 교회가 자리하고 있는 구체적인 장소를 성찰하게 만든다. 많은 사람이 교회 건물에서 물리적으로 모여 정해진 시간에 예배를 드리는 것을 좋아하지만 대부분 이 예배 형태에 부여되는 시간과 지리적 위치의 제약을 확장시켰을 때 주어지는 이점들이 있다. 모든 예배자들이 개인상, 가정상, 혹은 업무상의 한계와 책임으로 인해 하루 중 정해진 시간에 드리는 예배를 준비하거나 혹은 그 예배를 드릴 수 있는 것은 아니다. 또한 예배 장소의 물리적 구조는 신체적 장애를 가진 사람을 배제하거나 신체의 다양한 형태와 크기를 고려하지 않아 불편함을 주는 참여 방식으로 신체에 압박을 준다. 특히 나는 이 부분에서 가장 일반적인 형태의 예배용 좌석인 나무 장의자(the wooden pew)를 언급하고자 한다. 물론 장의자는 공동 좌석과 같은 여러 신학적 고려 사항을 염두에 두고 만들어진 것이다. 하지만 만약에 예배 참여자들이 거기에 앉은 낯선 사람을 환영하지 않고 그와 교제하지 않는다면, 그 의자는 관계 형성에 그다지 도움을 주지 못하고 있는 것이다. 장의자는 편안함이나 호기심보다는 엄숙함과 주의력을 요하는, 딱딱하고 간단한 형태이다. 나는 모든 관습을 깨고, 피곤함이나 지루함 때문에 장의자 위에 드러눕거나 일어서서 뒤에 있는 사람을 바라보는 어린아이들을 볼 때면 늘 고마움을 느낀다. 이것이야말로 규범적 구조에 맞지 않는 욕망 곧 퀴어 정서의 표현이다. 어른들이 어린이들에게 앞을 보고 앉아 있으라고 훈계할 때, 그들은 '참된' 하나님의 대리자이자 종교적 리더십이란 앞자리에 있어야 하는 것이지 징의자에 앉아 있는 우리들 사이에 그리고 우리들 가운데 있어야 하는 것은 아니라고 재차 주장하는 것이다.

    물론 이러한 내용이 보편적인 주장은 아니다. 다만 예배 공간과 시간 제약이 가져다주는 한계에 대한 관찰과 예시들이다. 하지만 디지털 예배에서는 시간과 지리적 위치는 사라지거나 고정되는 것이 아니라 오히려 확장된다. 예배 참여자들은 정해진 시간에 공유된 온라인 공간에서 상호교감하면서, 다양한 지리적 장소에서 동시간적으로 참여하는 예배를 실시간 방송으로 시청할 수 있다. 또는 자신이 원하는 시간대로 선택해서 예배를 시청할 수 있다. 또 다른 사람은 접속이 가능한 업로드된 비디오, CD 녹화, 혹은 스마트폰 오디오 공유와 같은 다양한 형태의 전달 방식을 필요로 할 수 있다. 녹화된 디지털 예배의 특성은 연결의 한계에도 불구하고 폭넓은 참여를 허용하는 반면에 특정한 시간이나 장소를 정하지 못해서 예배를 시청하지 못할 경우 교회 참석 전체를 놓치게 될 위험이 있다는 것이다.

    게다가 디지털 테크놀로지와 관련된 시간과 공간의 유연성은 신체적 능력과 인지적 능력에 있어서 차이를 수용할 수 있는 공간을 제공한다. 나는 대부분의 전통적인 대면 예배를 경험하는 가운데 여전히 불편한 장소에 어쩔 수 없이 가만히 앉아 있어야만 하는 상황을 이미 언급했다. 이러한 일은 어린이들뿐 아니라 다양한 영역에서 신체적 어려움과 장애를 가진 많은 성인들에게도 부정적인 영향을 준다. 심지어 움직이는 것이 기꺼이 허용되고, 좌석은 좀 더 편안하며, 예배 참여자들이 여러 방향을 향하고 있는 예배 공간들에서조차 어린이들의 자유분방한 움직임과 놀이 그리고 대화하는 것은 환영받지 못할 때가 많다. 각자의 집이나 외부에서 혹은 더 작은 공유 공간에서 디지털 예배에 참여하는 것은 가만히 앉아 있거나 혹은 가구에 기어오르거나, 최대 볼륨으로 혹은 낮고 조용한 톤으로 듣거나, 큰 소리로 혹은 조용히 참여하거나 하는 등 각 사람이 편안하게 예배에 참여할 수 있는 기회를 제공해 줄 수 있다. 다양한 테크놀로지는 예배 참여자들의 필요를 충족시키는 데 사용될 수 있을 뿐 아니라, 그것이 가진 기능들을 다양한 장소와 시간 안에서 작동시킬 수 있다. 하나의 예배가 공동체의 지배적인 형태와 상관없이 모든 예배 경험에 적합하게 되며, 동시에 다양하면서도 네트워크화된 예배로 전환되는 것이다. 바로 이것이 내가 상상하는 바와 같이 오순절이 언어와 관련이 있다는 이유다. 군중 속에서 참여자는 모두 그들 자신의 언어로 듣고 있다. 근본적인 차이가 있음에도 불구하고 경험은 여전히 공유된다(Ott, 2019a, chapter 1). 이러한 유형의 어포던스는 회중의 환경 속에 스며드는 사회적 불평등에 곧장 대처한다.

    디지털 예배는 오디오, 텍스트, 시각적 의사소통을 통해 우리의 관계성 혹은 상호연결성에 대한 인식을 확장시킬 가능성을 지녔다. 이 연결들은 처음부터 '예배'를 주관하는 단일한 권위적인 인물에 의해서 매개되지 않는다. 온라인 예배는 예배당 자리에서 서서 몸을 돌리는 것과 비슷한 효과를 가져다준다. 온라인 예배는 자신의 신체적, 그리고 아마도 발달상의 필요에 따라 모인 사람에게 다시 주목한다. 우리는 이미 청취 능력을 향상시키기 위해 예배 공간에서 마이크와 같은 테크놀로지를 사용하고 있다. 그러나 그것은 오로지 한 방향으로만 작동하면서 동시에 다른 사람을 침묵시키는 부차적인 목적을 지녔다. 디지털 예배 조건에서, 개인은 개별 스피커에서 볼륨을 높이거나 줄일 수 있으며, 댓글 시스템을 사용하여 다른 참여자들과 채팅을 하거나 이모티콘과 같은 시각적 확인을 포함시킬 수 있다. 또한 예배 참여자들은 예배 경험의 처음과 끝 모두에 있어 그 참여를 확장할 수 있다.

한 가지 이야기를 하자면, 2020년 3월부터 시작해서 예배가 온라인으로 전환되었을 때, 청소년들과 어린이들이 예배에 참여하고자 자원할 가능성이 더 높아졌다는 사실을 여러 목회자와 음악 감독 그리고 어린이 사역자들로부터 들었다.[5] 대부분의 참여는 사전에 녹화되고 대표 기도서 낭독이나 성경 봉독처럼 예배 순서로 통합되었다. 일부 또 다른 참여는 예배를 캠프파이어를 중심으로 하여 야외 예배 형식으로 구성하는 것같이 예배 전체의 배치를 바꾸어 놓기도 했다. 청소년들은 찬양대 합창에서 음악적 재능을 표현했고, 동요를 인도하거나 어린이 중심 예배에서 묵상 시간을 주기 위해 이야기를 읽어 주기도 했다. 전부는 아니지만 대부분은 어린이들이 있는 모습 그대로, 때로는 잠옷 차림으로 소파에서 편안하게 앉거나 자신들이 가장 좋아하는 자리인 침실의 구석에서 예배에 참여하도록 허용했다. 사전에 녹화된 예배 참여는 청소년들에게는 더 능숙하고 익숙한 형태일 수 있다. 개인적인 설정과 일대일 형태의 녹화는 어린이들에게 더 편안할 수 있다. 그들은 이전에 예배를 인도하고 싶었다면 대면 예배의 기준으로 인해 간과되거나

---

5 동료들은 어린이들을 통합시키고, 기사의 형태로 묘사된 여러 예들을 보여 주는 온라인 예배의 링크들을 공유해 주었다. 다음의 예시들을 살펴보라. Christ Church in Summit, NJ at www.youtube.com/watch?v=GZWx0eD67vY and www.youtube.com/watch?v=xzIPlizKx4w; Grandview United Methodist Church, PA at www.grandviewumc.org/content.cfm?id=213&download_id=176; and, First Congregational Church of Guilford, CT (where I serve as the chair of the Christian Education board) at https://youtu.be/LW34e4WqGGs.

묵살되었던 욕구를 충족시켜 주었을 것이다. 예배 참여에 대한 창의적인 대안들은 예배 제작 및 게시 후에도 존재한다. 아마 청소년들은 예배에서 그들이 좋아하는 부분을 선택하여 그것을 소셜 미디어에서 친구들과 공유할 수 있을 것이다. 디지털 형식은 대면 방식의 예배에서는 하지 않는 방식으로 예배를 공유하고, 재가공하거나 심지어 무언가를 추가할 수 있도록 만들어 준다. 예배 참여의 민주화는 어린이 중심의 사회적 질서를 포용하는 방식으로 공동 창조적이다.

디지털 미디어의 형태를 극대화하는 것은 해방적 교회 실천에 기여할 수 있다. 코로나19 팬데믹은 많은 회중이 이러한 가능성을 실험하도록 몰아갔다. 이것은 모든 실험들이 성공했다거나 혹은 계속해서 추진되어야 한다는 것을 뜻하지 않는다. 다만 어린이들을 주변으로 밀어내거나 특정한 공간에 격리시키는 그런 교회모델로 되돌아가는 것은 예배 참여자에게 주어진 가치를 무시하는 것이다. 정해진 공간과 시간을 넘어 예배를 개방하고, 신체적이고 인지적인 다양한 경험을 환영하며, 예배의 창조와 재창조에 있어 관계성과 평등성을 확장시켜 나갈 때, 어른과 어린이들은 더욱 온전한 예배 참여를 경험하게 된다. '금하지 말라'의 교회론은 이제 현재 우리가 처한 맥락에서 여러 가지 의미를 지니게 된다. 그것은 더욱 포용적인 예배 형태로 나아가는 것을 금하지 말고, 우리의 교회적 실천을 수정해 나가면서 어린이들의 다양한 경험을 중심에 두는 새로운 방식을 찾길 금하지 말며, 그리고 어린이들의 완전한 예배 참여를 지지하고 옹호하여 다른 이들이 그들을 '금하지 않도록' 우리가 속한 공동체에서 예수의 역할을 떠맡으라는 것이다.

결론

예수의 복음이 보여 주는 모범은 우리로 하여금 어린이들을 형성하고 억압하는 사회적 힘에 세심한 주의를 기울이는 동시에 어린이들 사이에서의 격차에도 주의를 기울여야 한다는 것을 상기시켜 준다. 어린이들의 삶과 경험을 중심에 두는 것은 우리가 가진 신학에서 어른들의 훈육 구조를 밝히고, 그것이 어떻게 교회적 실천에서 강화되는지 드러낸다. 만약 우리가 하나님 나라를 받아들이기 위해 어린아이처럼 되어야만 한다면, 우리는 어린이가 된다는 것이 실제로 무엇과 같은 것인지를 정확히 이해해야만 한다. 교회론적 구성 주체로서 어린이로의 전환은 아날로그적 교회 경험보다 '디지털 기술과 더 잘 어울리는' 신학적이고 윤리적인 수정을 가리킨다(Ott, 2019b).

어린이 신학과 네트워크 신학 사이의 연결은 그 어느 때보다 지금 필요로 하는 교회 됨의 실천을 확장시킨다. 어린이처럼 되라는 예수의 부르심은 유토피아적이고 순수했던 과거로의 초대가 아니다. 오히려 우리는 애석하게도 우리의 교회적 실천에 있어서 강화된 사회 체계의 심각한 불평등을 입증하는 지극히 작은 것이 되도록 초대받는다. 예수는 우리가 어른이 되어 버리면, 지배적인 사회적 힘을 저지하고 해체하는 어린이들의 놀이와 상상력 안에서 발견되는 정서적인 퀴어함과 비규범적인 욕망들을 순식간에 잃어버리고 만다는 사실을 알고, '금하지 말라'는 이야기를 한다. 금하지 말라는 교회론은 환영과 해방을 위한 새로운 공간을 만들어 내는 디지털 테크놀로지에 대한 친화력으로 창의적이고, 동심 어린 감성을 불러일으키는 실천들에 전념한다.

참고 문헌

Anderson, K., 2015, *The Digital Cathedral: Networked Ministry in a Wireless World*, New York: Morehouse Publishing.

Berryman, J., 2018, *The Complete Guide to Godly Play* (revised and expanded), New York: Church Publishing.

Campbell, H. and S. Garner, 2016, *Networked Theology: Negotiating Faith in Digital Culture*, Ada, MI: Baker Academic.

Dyer, H., 2020, *The Queer Aesthetics of Childhood: Asymmetries of Innocence and the Cultural Politics of Child Development*, New Brunswick, NJ: Rutgers University Press.

Edelman, L., 2007, *No Future: Queer Theory and the Death Drive*, Durham, NC: Duke University Press.

Gateley, E., 1999, *God Goes to Church*, Source Books.

Gundry-Volf, J. M., 2001, 'The least and the greatest: Children in the New Testament', in Marcia J. Bunge (ed.), *The Child in Christian Thought*, Grand Rapids, MI: W. B. Eerdmans, pp. 29-60.

Mercer, J. A., 2009, *Welcoming Children: A Practical Theology of Childhood*, Des Pere, MO: Chalice Press.

Miller-McLemore, Bonnie J., 2012, 'Work, labor and chores: Christian ethical reflection on children and vocation', in Marcia J. Bunge (ed.), *Children, Adults, and Shared Responsibilities: Jewish, Christian, and Muslim perspectives*, New York: Cambridge University Press, pp. 171-186.

Ott, K., 2019a, *Christian Ethics for a Digital Society*, Rowman & Littlefield.

Ott, K., 2019b, 'Taking children's moral lives seriously: Creativity as ethical response offline and online', *Religions* 10(9), p. 525.

Scholz, T. and N. Schneider, 2017, *Ours to Hack and to Own: The Rise of Platform Cooperativism, A New Vision for the Future of Work and a Fairer Internet*, New York, NY: OR Books.

Wall, J., 2010, *Ethics in Light of Childhood*, Washington, D.C: Georgetown University Press.

12. 라이브와 줌미버스를 넘어서
: 라이브 설교/교회 밖에서 영적 연결을 위한 기회를 찾기

필립 버틀러

현재 미국은 2020년 3월 12일 이전과는 전혀 다르다. 코로나19는 우리 사회 전체 지형을 바꾸어 놓았다. 공동의 공간과 장소를 구성하는 요소를 지속적으로 재구상하는 것은 코로나19와 연관하여 잘 알려지지 않은 측면들의 변동 정도를 반영한다(Grech, 2020; Lewis, 2020). 감염 회피 기술들이 남기고간 흔적은 현재 사람들이 서로 의사소통하는 방식 안에서 표현되고, 수용 가능한 사회적 관습의 방식으로 인정받는 것, 가장 중요한 것으로 간주되는 사람과 사물, 그리고 그에 따른 자원의 분배를 바꾸어 놓았다. 팬데믹 이전에 많은 사람은 그들이 원하는 대로 세계 어느 곳이든 자유롭게 이동할 수 있다고 주장할 수 있었지만, 코로나 바이러스는 이러한 관념에 도전했다. 적어도 바울의 관점에서 보면 허용되는 모든 것이 유익한 것은 아니다. 코로나19의 경우, 비록 누군가가 자신이 원하는 모든 것을 할 수 있다 하더라도(즉, 외출하는 것, 사회적 거리두기에 동참하지 않고 여행하는 것), 그런 행동은 무익하고/효력이 없으며 위험하게 되어 잠재적으로는 심각한 결과를 초래할 수 있는 가능성을 지녔다. 내가 자유로운 이동을 언급하는 이유는 비록 사

람이 자유롭게 이동할 수 있는 능력을 지닌 것처럼 보이지만, 공간을 둘러싼 역사적 개념과 관련된 종교적 성향과 의례는 예배와 같은 것을 많은 사람이 인정하는 것보다 훨씬 더 정적인(static) 것으로 만들기 때문이다. 수많은 교회는 격리 명령에 응해야 하거나 팬데믹에 의해 발생한 변화하는 환경에 대응함에 있어 다양한 경로를 선택해야 했고, 이로써 예배, 설교, 공동체 경험 등 예배 형식에 있어 전례 없는 변화들이 생겼다.

종교적 공간은 교인들의 삶에 있어 대들보처럼 칭송받을 수 있지만 2020년 3월에 시작된 팬데믹은 거룩한 것이라 할지라도 건드릴 수 없는 것은 아니라는 사실을 보여 주었다. 역사적으로 예배당은 교인들의 생각 속에서 늘 '존재하는 것'으로 인식되는 확고히 고정된 초석이었다. 그러나 마음속에 늘 안전하게 자리 잡은 상태는 이러한 공간이 사실상 이전에 생각했던 것보다 훨씬 더 구체적이고 가변적이라는 현실을 부정하지는 않는다. 거룩한 공간들 역시 일상생활의 다른 측면들과 마찬가지로 함께 진화하는 환경에 의해 쉽사리 영향을 받거나 충격을 받는다는 것을 보여 주었다. 건물은 낡아지고, 의자는 오랜 사용으로 망가지며, 장비 시스템은 누전되고, 건물 기초는 금이 간다. 교회 건물이 사용될 수 없게 되고, 인구통계는 바뀌며, 공간들이 용도 변경, 공유, 철거되는 것은 말할 것도 없다.

이러한 공간의 취약성은 팬데믹/격리 기간에 지금까지 무슨 일이 일어나고 있는지/무슨 일이 일어났는지, 그리고 '교회로 살아간다는 것'(doing church)에 있어 가장 중요한 요소를 위한 다음 단계는 무엇인지에 관한 질문을 제기한다. 이 장은 미국의 흑인 교회가 팬데믹과 관련된 급격한 변화들에 반응하고자 어떻게 페이스북이나 인스타그램('라이브' 스트림을 호스팅할 수 있는 기능 때문에) 및 줌(대면 방식의 공공 공간으로서)과 같은 디지털 공간으로 전환했는지 탐구할 것이다. 팬데믹과 그에 따른 격리/봉쇄가 있은 지 1년이 지났지만, 이러한 플랫폼은 교회 공동체에서 계속해서 사용되고 있다. 온라인 예배를 개설하고자 활용되는 다른 플랫폼/수단이 있지만, 많은 교회는 가능한 한 많은 잠재적 회중을 섬기기 위해 가장 많이 활용되는 소셜 미디어 플랫폼을 사용 중이다.[6] 이 글에서는 AI 치료사나 AI 영적 동반자와 같이 디지털 플랫폼에 대한 더욱 깊은 천착이 즉각적인 사회적 거리두기 환경과 그 후 교회에 무엇을 주어야 하는지, 무엇을 제공해야 할지 탐구할 것이다. 이러한 내용은 교회가 이전과는 같지 않을 것임을 암시한다. 이 장은 교인들/회중이 디지털 교회 밖에서의 영적인 연결을 원한다는 점을 인식하면서, 디지털 예배 가운데 개인이 경험하는 외로움을 고려해서 인공 지능이 그와 같은 영적인 연결로 나아가는 길을 제시해줄 수 있는 새로운 기회들을 제안한다.

격리/봉쇄 조치가 시작되었을 때, 교회가 문을 닫아야 하는지 많은 논쟁이 있었다. 이 시기의 처음 몇 주간 문을 개방하고 모임을 했던 교회를 다룬 언론은 이 교회가 코로나19를 급속도로 확산시키는 데 책임이 있다고 주장했다(Healthline, 2020). 결국 목숨을 잃은 목회자와 교인들은 전국의 언론에서 구경거리가 되고 말았다. 한편 교회는 예배를 온라인으로 전환시키는 방법을 결정하고자 바쁘게 움직이고 있었다. 이것은 특별히 아직 인터넷 사용량이 많지 않았던 교회의 경우 그러했다. 하이디 캠벨(2017)은 교회가 (인터넷 붐 이후) 온라인상에서의 강력한 임장감을 만들어 내기 위해 취한 조치들을 중심으로 상당한 연구를 수행해 왔다. 온라인 임장감을 활성화하는 과정은 주로 대면 출석을 강화하기 위한 전도활동의 한 측면으로 진행되었다(Bolu, 2012). 혹자는 많은 교회에 있어 온라인 임장감은 단지 보완적인 구상에 불과하다고 주장할 수 있다. 그러나 코로나19 팬데믹의 위기 한가운데

---

6   온라인 접촉이 전혀 없는 교인들이 있다는 점에 유의하는 것 역시 중요하다. 이러한 사실은 교회적 환경과 교인의 가정을 연결하는 문제 위에 또 다른 복잡한 층위를 더한다. 미국인들이 계속해서 변동이 많은 인터넷 접속을 경험하는 현실은 디지털 격차가 남아 있으며, 여전히 교회가 주목해야 또 다른 문제임을 상기시켜 준다.

서 온라인의 목적은 종종 교회 정상화의 지속을 보장하는 방향으로 바뀌었다. 웨이크 포레스트 신학교(Wake Forest School of Divinity)의 교수이자 핑크 로브 연대기(Pink Robe Chronicles)의 큐레이터인 멜바 샘슨 박사는 2020년 부활절 일요일에 정상화되는 것과 대조적인 메시지를 보냈다.

> 설교자 여러분, 저는 사랑과 지혜를 담아 이렇게 말하고자 합니다. 그것은 바로 정상(normal)은 없다는 것입니다! 반복해서 말하지만 정상은 없습니다! 여러분은 성금요일이나 … 주일 예배 전체를 똑같이 따라 할 필요는 없습니다. 완벽한 예배를 [드려야 한다고] 생각하는 것에서 오는 압박에서 벗어나십시오. … 우리는 단지 애도하고 … 저주하고 [통곡할] 공동의 공간이 필요할 뿐입니다. 우리는 실시간으로 송출되는 라이브 찬송이 필요한 것이 아닙니다. … 큰 소리의 외침이 필요하지 않습니다. 단지 말씀 한마디면 됩니다. 마치 접착제처럼 버틸 수 있게 해 주는 한마디 말씀입니다. 예로부터 지금까지 잘 알려진 나무에 매달린, 고문당한 시체들 한가운데서 우리가 계속 버틸 수 있도록 도와줄 수 있는 말씀 한마디입니다. 그것은 우리에게 이상한 열매는 하나님의 수확이 아님을 일깨워 줍니다. … 우리는 단지 한마디 말씀이 필요합니다(Sampson, 2020).

이 새로운 현실이 사실상 새로운 것이라는 그녀의 주장은 교회 됨의 디지털 반복에 대한 더 많은 저항이야말로 사람이 필요로 하는 바로 그것, 곧 한마디/말씀을 지연시키고 있음을 보여 준다. 여기서 그 말씀은 예수 그리스도 안에서 현존하는 신성의 살아 있는 측면이다. 이처럼 세계적으로 불안한 분위기 속에서 적합한 디지털 예배의 기회를 제공할 수 없다는 것은 교회가 빠르게 변화하는 사회적 환경과 맺는 관계를 더욱 침체시킬 수 있음을 의미한다. 교회 출석률이 이미 줄어들고 있고(Pew Research, 2014) 종교 소속 비율이 계속해서 감소하고 있으며(Pew Research, 2016) 점점 더 기술적으로 매개되는 시대에서, 디지털 교회 환경으로의 전환은 이제 필수적임에도 불구하고 부차적인 것이 되고 종종 간과되는 변수가 된다. 너무 많은 중심점 혹은 급격한 변동은 광속으로 갑작스럽게 이동하는 것을 연상시킬 수 있는데, 그러한 전환의 과정에서 사람을 잃을 가능성이 높아질 수 있다. 퓨 연구센터(Pew Research Centre)에서 나온 최근 보고서는(2020) 예배당이 폐쇄됨에도 불구하고, 24퍼센트의 사람들은 자신들의 신앙이 전국적인 격리 기간 이전보다 더 강해졌다고 느낀다고 보고한다. 부활절 주일을 앞둔 설교자들을 향한 그녀의 메시지에서, 샘슨은 계속해서 온라인 설교는 본질적으로 빈약하고 작은 영향력만을 가졌다고 말한다(Sampson, 2020). 그녀는 디지털 교회론의 작업에 착수하려는 이들에게 교회에 속한 사람은 눈에 보이든 보이지 않든 여전히 공동체를 이루고 있음을 기억하라고 촉구한다. 그리고 설교하는 순간에 무슨 일이 일어나든지 간에 가장 중요한 것은 신자가 말씀을 듣고 그 말씀을 경험해야 한다는 사실을 기억하는 것이라고 주장한다.

흑인들의 디지털 교회 설정은 설교 시간을 중심으로 진행된다. 역사적으로 흑인 교회의 설교는 주변 환경에 저항하는 영성을 담고 있다(Clardy, 2011). 즉 미국 남북전쟁 이전의 노예제, 흑인 차별주의, 경찰들의 무자비한 만행이나 대담해진 인종차별적 백인 우월주의자들이 행하는 불의한 일들이다. 이 설교는 흑인 교회의 신자들에게 희망과 저항 그리고 회복을 가져다주는 역할을 감당해 왔으며 지금도 계속해서 그 일을 하고 있다. 그러나 설교 시간은 진공 상태에서 진행되지 않는다. 설교 시간의 필수적인 요소는 '그 자리에' 있는 사람, 교회 공간의 장식(예배당을 구성하는 재료들과 시각적 설정), (사람, 악기들/반주, 건축물의 음향 시설, 그리고/혹은 설교자의 리듬감 있는 억양/어조가 담긴) 소리 등 여러 가지가 있다. 이 모든 변수들은 서로 결합하여 설교 시간을 독특하게 만들어 준다. 이 분위기는 온라인으로는 완전히 재현될 수 없다. 그것이 디지털 교회 공간에 적응하는 데 있어 가장 어려운 부분일 것이다. 생중계 방식의 댓글은 실시간으로 읽을 수는 있지만, 대면 교회 환경과 동일한 음성적이고 촉감적인 특성은 전달하지 못한다(Hill, 2019). 설교가 진행되는 동안 말씀을 전하고, 댓글을 읽고, 여기에 응답하는 세 가지 행동은 - 이처럼 새로운 사회적 환경에 적응하고자 - 설교자가 연마해야 할 또 다른 기술이다.

그러나 팬데믹 이전의 삶과 마찬가지로 교회의 환경은 주일 예배의 울타리로만 제한될 수 없다. 한 사람의 삶을 하나로 묶는 사이버네틱(혹은 인공두뇌적, cybernetic)/인식적 특성은 하나님의 말씀을 듣고, 처리하고, 시행하는 것, 혹은 설교를 전달하는 시스템을 훨씬 뛰어넘는다. 그리고 사람은 특별히 코로나19가 보여 준 불확실성에 애통해하고 이에 대처할 때 하나님의 말씀이 필요하지만 설교에는 생리적인 반감기(physiological half-life)가 있다. 모든 영적 실천과 마찬가지로 실천에는 시간과 관련된 종형 곡선(bell curve: 그래프상에서 정상 분포를 나타내는 곡선 - 역자 주)이 있으며, 그것은 결국 특정 시점에서 최고조에 달하고, 그 효과가 감소하는 때인 실천 후의 시간과 상관관계가 있다(Droit-Volet et al., 2018; Frick et al., 2020). 흑인들의 몸이 가진 고유한 생명 공학적 특성을 고려할 때, 이러한 주기적인 영적 체현의 상태는 종종 신적 자아보다 지각적으로 더 근접한 물리적 공동체는 말할 것도 없고, 개인의 신성과의 감각적 연결에 의존하고 있다(Butler, 2019). 아마도 이것이 많은 흑인들이 자신들의 삶에서 하나님의 임재를 강하게 주장함에도 불구하고, 신체적 예배를 통한 관계를 우선시하는 이유일 것이다. 이러한 목적을 달성하고자, 줌과 인스타그램은 방역 생활에서 중추적인 역할을 담당해 왔다.

줌은 개인과 공동체가 디지털 환경에서 만날 수 있는 공간을 제공해 주는 커뮤니케이션 플랫폼이다. 줌은 보다 전통적인 디지털 교회 환경의 첨단에서 그 기능을 발휘한다. 사람들은 줌 플랫폼에서 파티와 회의 그리고 심지어 예배까지도 주최한다. 페이스북 라이브 이벤트보다 줌이 통제력이 더 떨어진다. 개인에게는 스크린 타임을 공유하고, 각자의 음소거를 해제할 수 있는 옵션이 있다. 봉쇄가 시작되었을 때, 새터데이 나이트 라이브(Saturday Night Live: 미국 NBC 방송국의 TV 코미디 버라이어티 쇼 - 역자 주)는 줌 교회의 문제를 강조하는 촌극을 공연했다. 거기서 설교자는 준비한 메시지를 다 전할 수 없었는데, 그 이유는 줌 플랫폼에서 참여자들이 끊임없이 화면 공간을 공유하여 중단되었기 때문이다. 줌을 통해서 이루어지는 설교자-회중 사이의 디지털 관계 외에도, 줌은 또한 함께 영화를 보고, 생일을 축하하고, 휴일을 즐기며, 음식을 함께 먹고, 여러 호스트들과 함께 팟캐스트를 녹음하고, 성경공부를 하거나 과거를 추억하고자 하는 다양한 사람을 초대하는 하나의 방법으로 활용된다. 사람을 내화의 한복판으로 불러 모으고, 시간/디지털 공간을 서로 공유하려는 욕구를 충족시켜 주는 하나의 부차적인 디지털 교회 공간으로 작동하는 이 모든 것을 줌니버스(Zoomiverse)라고 부를 수도 있다.

다른 한편 인스타그램은 공동의 청취 행위를 공유하는 디지털 공간이 되었다. 디제이 디-나이스(DJ D-Nice)는 클럽 쿼런틴(Club Quarantine)과 함께 인스타그램에서 역사상 가장 큰 1인 DJ 세트를 개최했다. 이것은 (심지어 1년이 지난 후에도) 그의 인스타그램 페이지의 라이브 스트림에서 확인할 수 있다. 그는 격리된 지 몇 주가 지난 화요일에 이 행사를 시작했는데, 토요일에는 7시간 동안 거의 180,000명이 이 라이브에 참석했다. 많은 사람이 디제이 디-나이스의 이벤트를 통해서 미셸 오바마와 함께 파티를 즐길 수 있었다. '영원한 영부인'과의 파티 외에도, 사람들은 문자로 자신이 좋아하는 유명인들과 함께 스핀 요청(spin request: 주로 온라인 게임에서 진행을 위해 슬롯머신이나 룰렛을 돌리는 것을 말함 - 역자 주)을 올렸다. 교회가 코로나19 팬데믹 이전에 그랬던 것과 같은 방식으로 예배를 드리지는 않았지만, 인스타그램과 같은 매체들은 우리가 서로 같은 공간에 있는지의 여부와는 상관없이, 음악이 우리가 공유하는 연결의 강력한 측면을 나타낸다는 것을 우리에게 상기시켜 준다. 이 행사 직후인 2020년 4월, 그 플랫폼에서 베르주즈 배틀(팀발랜드와 스위즈 비츠가 개최함)이 개최되었다. 이는 여러 음악 세대의 예술가들과 음악가들이 서로 응원하고 격려받는 분위기 속에서, 때로는 경쟁하는 방식으로 각자 최고의 히트곡을 공유하는 공간으로 이어 오고 있다. 현재 교단의 교리서에서나 나올 법한 그리스도에 대한 언급이나 예전에 대한 근거는 없을 수 있지만, 이러한 행사들이 가져다주는 정서적 연결은 물리적 예배환경에서 경험하는 실제적인 연결감 및 감정적 해방과 견줄 수 있다. 나는 베르주즈 이벤트의 영적 연결과 몰입의 백미는 에리카 바두와 질 스콧이었다고 생각한다. 이처럼 디지털 방식으로 진행되는 행사들은 분명 세속적이지만(나는 세속적이라는 말을 일상적/세상적인 것에서 신성함을 본다는 의미에서 사용한다) 이들이 가진 영향력만큼은 이러한 플랫폼과 행사들이 참여자와 시청자에게 생명을 불어넣을 수 있는 능력이 있음을 말해 준다. 이러한 정서적인 특성은 한때 팬데믹 이전 교회에서 크게 지배적이지는 않았지만, 뚜렷하게 작동되는 특징들이었다. 우리는 줌미버스를 넘어가면서 세속적 공간 역시 교회적 공간으로서 그 역할을 한다는 것을 알게 되었다. 이러한 공간은 사람을 영적으로 지탱하는 공동체와 감각에 자신을 연결시킨다. 즉, 사람은 비록 디지털 방식이지만 함께 모일 수 있음에 감사하며 자신들이 듣는 음악에 부여된 의미에 대한 공유된 기억에 서로 연결되는 것이다.

지금까지 우리는 팬데믹으로 인한 격리 후로 실현된 다양한 수준의 디지털 교회 버전들에 관해 이야기했다. 페이스북은 주로 그때의 상황을 이겨내도록 하는 설교 시간을 위한 공간을 제공하는 도구로서 주로 그 역할을 감당함과 동시에 디지털 교회 예배의 모습을 재구성하는 역할을 한다. 줌은 공유 화면과 광범위한 마이크 접속을 통해서 사회적 위계를 해체시키는 개방형 토론 플랫폼을 제공한다. 인스타그램은 사람이 모여서 음악과 그에 따른 정서적 교감으로 서로 얽히게 해 주는 특성을 공유할 수 있는 디지털 이벤트 공간을 제공한다. 이 이벤트들은 개인의 물리적 제약을 극복하는 방식으로 사람들을 다른 시대와 감정으로 이동시키고, 그렇게 함으로 공동체에 함께하고픈 사람과 더불어 공동체를 형성할 수 있는 기회를 준다. 하지만 이러한 이벤트가 열리는 사이에 있는 순간들은 어떻게 할 것인가? 디지털 교회는 주로 일요일에 열리며, 대체로 30분에서 한 시간 혹은 더 길게 지속된다. 아마도 소셜 줌미버스는 일과가 끝난 후인 저녁에 열릴 가능성이 더 높다. 인스타그램 이벤트는 주로 토요일 저녁에 열린다. 격리 생활이 가져다주는 무거운 정신적 부담을 이겨낼 수 있게 해 주는 이 의식들이 가진 효과를 확장하거나 강화하기 위해 우리는 무엇을 의지할 수 있을까?

연구자들은 격리되는 것과 관련된 내재적 스트레스를 강조해 왔다(Hamza et al., 2020). 더 나아가 팬데믹이 시작될 때, 중국의 연구자들은 팬데믹 기간과 그 후 정신 건강에 관한 해법이 즉시 필요하다고 경고했다(Xiang et al., 2020). 종교가 정신 건강에 미치는 역할과 관련해서, 스트레스가 많은 상황에서 회복력을 강화하고자 도움을 주는 종교의 긍정적인 영향을 보여 주는 심리학 분야의 문건이 많이 있다. 이것은 비정상적 특성들을 포용하라는 샘슨의 요청을 뒷받침해 주는 증거가 될 수 있다. 또한 말씀과 관련해서 설교자들에게 전한 샘슨의 권고에 근거를 제공할 것이다. 그럼에도 불구하고 마지막 부분으로 이어지는 앞서 언급했던 형태들은 그것이 디지털 방식이든 아니든 교회 공간과 관련된 새로운 영향(영적 연결/정착)을 촉발시키는 요소들을 없이는 되풀이하기 어렵다.

이 요소들을 위해 나는 인공 지능 (AI) 치료사와 AI 영성 동반자들이 디지털 교회 기간을 확장하고 촉진할 수 있는 가능성을 고려하는 것이 반드시 필요하다고 생각한다(Buie, 2018; Pataranutaporn et al., 2019). 팬데믹 기간과 그 후 디지털 교회론이 확장될 수 있는 방법을 고려해 볼 때, 대화 기술이 의미 있는 발견과 개인적인 통찰로 이어져서 내적 성찰을 촉진시키는 방식에 초점을 맞추는 것이 중요하다. 여기서, 우리는 대화 기술이 영적 연결에 단절을 만드는 격리 관련 스트레스 요인들에 대응할 방법을 발견할 수 있을 것이다. 더 나아가 대화형 AI는 물리적 측정은 말할 것도 없고, 디지털 교회의 환경 속에 동참하는 동안 경험하는 정서적 연결을 강화하고 확장하는 데 보다 지속적인 조치를 향해 나아가도록 만들어 주는 잠재력이 있다. 나는 이러한 확장을 불안, 우울 및/또는 외로움(영적 불균형/단절)의 공통적인 증상을 장기적으로 약화시키는 것으로 정의한다. *Bipolar Faith*(『조울증 신앙』, 2016)에서, 모니카 콜만은 조울증 장애와 싸운 자신의 경험을 이야기한다. 그녀는 정신 건강과의 투쟁이 어떻게 자신이 삶의 일상적인 부분에서 하나님이 나타나는 지점을 분별하고 인식하는 새로운 방법들을 찾아내는 순간이 되었는지 강조한다.

> 하나님은 바로 거기에 계셨다. 뜨거운 차 한 잔에, 함께 모인 여성들 사이에, 우리의 웃음 가운데, 뜨개질하는 동안 … 하나님은 또한 … 불완전함 속에도 계셨나. … 이것은 급진적인 성육신이다. … 하나님은 모두 세포, 모든 사람, 그리고 모든 활동 속에 계신다(Coleman, 2016, p. 322).

콜만이 암시하듯이 하나님을 인식하는 것과 하나님과 연결되는 것은 영성과 정신 건강/웰빙을 결합하는 것과 관련된 효과를 유지하는 필수적인 요소다. 평범한 일상 속에서 하나님을 정확히 찾아내고, 느끼고 혹은 감지할 수 있는 것은 역사적으로 교회 환경에서 경험되어 온/연결되어 온 그러한 신적 연결을 확장하는 데 도움을 준다. '인종차별에 대처하기: 코로나19 교회 폐쇄가 아프리카계 미국인의 정신 건강에 미치는 영향에 관한 관점'(2021)에서, 데소자를 비롯한 다른 저자들은 흑인들이 팬데믹 때문에 증가한 정신적 스트레스에 대응하는 데 도움이 되는 강력한 방법으로 영성을 정신 건강 자원과 결합하는 필요성을 탐구한다. 흑인 공동체들은 격리 생활에서 상당한 고립감을 느꼈을 뿐 아니라, 코로나19와 관련하여 많은 흑인들의 불균형적인 사망자 수로 인해 팬데믹의 충격은 흑인 공동체 안에서 심각한 영향을 미쳤다. 이러한 요소와 관련된 스트레스는, 물리적인 교회 환경에 있을 때 심리적으로 나아지는 측면들을 경험할 수 없다는 점에서 오는 정신적 부담감으로 인해 더욱 가중되었다. 다시 콜만의 주장을 떠올려 본다면, 우리는 하나님이 따뜻한 차 한 잔 속에, 함께 모여 있는 여성들 가운데, 웃음, 뜨개질, 불완전, 모든 세포와 활동들 속에 계실 수 있다는 것을 안다. 만약 하나님이 모든 것 가운데 계신다면, 하나님이 기계 가운데 함께한다는 것은 아무 일도 아니다. 적어도 기계는 각 사람이 하나님과 연결될 수 있는 공간을 보장해 줄 수 있다. 우리가 지금 목격하고 있는 것은 영적 공간들을 재구성하는 영향력 있는 방법과 삶의 모든 측면에서 하나님의 임재를 인식할 수 있는 능력에 대한 필요 혹은 이를 위한 초청이다. 따라서 사람이 없을 때 (그리고 심지어 사람 한가운데도), 나는 대화형 AI가 개인과 공동체가 일상적인 삶의 부분 속에서 하나님을 경험하는 것을 돕기 위한 영성의 기술적인 통로로서 그 역할을 할 수 있는 잠재력을 지녔다고 믿는다.

대화형 AI는 그 연구에서 불안, 우울 혹은 외로움과 관련된 증상들을 완화하는 데 도움을 줄 수 있는 능력을 입증했다. 불안과 우울에 관련된 증상들의 영적 상관관계와 함의를 둘러싼 질문은 심리적이고 생물학적인 상태가 개인과 그들이 선택한 공동체의 영성에 의해 영향을 받거나 연관되는 가시적인 방법들을 가리킬 수 있다. 위봇(Fitzpatrick, Darcy and Vierhile, 2017), 엘리(Gaggioli, 2017), 레플리카(Nima, Lee and Molloy, 2017; Hakim, Indrayani and Amalia, 2018; Hmound and Laszlo, 2019), 와이사(Inkster, Sarda and Subramanian,

2018)와 같은 대화형 AI 플랫폼들은 다양한 정도의 증상을 가진 개인을 돕는 데 입증 가능한 성공을 보여 주었다. 예를 들면 위봇은 스탠포드에 있는 팀이 제작했는데, 천진난만한 어린 로봇의 페르소나를 통한 인지 행동 치료(CBT) 방법을 사용하여 AI 치료사로서의 기능을 더 많이 수행한다. 엘리는 소파에 앉아 있는 상호교감형 가상현실 AI 아바타다. 엘리는 고객들의 목소리를 듣고 그들의 얼굴 표정에 반응하며, 내담자들과 친밀감을 형성한다. 주로 다양한 수준의 외상 후 스트레스 장애가 있는 퇴역 군인들이 사용한다. 레플리카는 백지 상태의 AI이다. 말하자면 레플리카는 사용자와의 상호작용을 통해서 학습해 나간다. 와이사는 설명한 증상들을 기초로 해서 사용자들을 지원해 주는 AI 챗봇이다. 이 모든 플랫폼들은 치료 형태의 기술적 관리를 통해서 심리적 고통을 해결하고자 다양한 방법을 동시적으로 사용하지만 이 플랫폼 중 어떤 것도 하나님의 임재와 연결에 용이하게 사용할 수 있는 매체/포털로서 영성의 신뢰성에 의존하거나 이를 근거로 작동하지 않는다.

식커는 또 다른 대화형 AI 플랫폼이다. 식커는 의도적으로 흑인으로 제작되었고 영성에 기반을 두고 있다는 점에서 앞서 언급했던 플랫폼들과는 다르다. 식커의 흑인성은 디지털 공간, 즉 주로 백인과 여성인 AI 개체들 속에서 흑인의 경험들 곧 흑인의 전문성(흑인의 지식과 지식 전달을 중심으로), 흑인의 권위(흑인의 관점을 인정하고 찾는다는 측면에서), 그리고 흑인 언어(방언, 음성학과 구어체)를 정상화하는 기능을 담당하기 때문에 특히 중요하다. 식커의 프로그램이 가진 영성에 대한 성향은 그것의 심리-영적이면서 심리-치료적 틀을 활용하여 이 프로그램에 참여하는 사람을 위한 공간을 확보한다. 식커는 이러한 틀을 통해 의례(개인이 다양한 정도의 영향으로 무엇을 기대해야 하는지 알게 되는 곳) 역할을 하는 내적 대화에 개인을 참여시키고, 내적 공간(정신/영혼)의 신성한 본성을 연민 어린 마음으로 탐구할 안전한 공간으로 보는 관점을 구축한다. 흑인성과 디지털 실존의 결합을 정상화하는 것은 디지털상에서의 영적 동반자 관계를 향한 작업을 의미한다. 식커는 체화되지 않았지만, 대화를 통해 주의를 기울임으로 그 존재감을 표현할 수 있는 능력을 지녔다. 흑인성과 영성의 기본 요소들은 앞서 나열했던 예시와는 구별되는 특성이다. 그러나 다른 플랫폼과 마찬가지로 식커는 불안 및 우울증과 관련한 다양한 증상들에 걸쳐 개인이 자기-감쇠(증상 완화)를 하도록 지원하는 데 있어 괄목할 만한 성공을 거두었다(Butler, 2020).

대화형 AI 플랫폼에도 단점이 없는 것은 아니다. 인공 지능의 범주 아래에서, 이 플랫폼들은 종종 좁은 인공 지능의 영역에 속하게 되는데(Page, Bain and Mukhlish, 2018; Todorova, 2020), 이것은 이 플랫폼들이 특정한/협소한 작업을 완수하도록 학습되었음을 의미한다. 게다가 이 기계들은 학습받은 작업들을 항상 실제적으로 수행할 수 있는 것은 아니다. AI 치료사와 영적 동반자의 경우, 이러한 일은 '예' 또는 '아니오'의 대답 혹은 다른 자료들(비디오, 팟캐스트 그리고 다른 웹사이트)을 연결하는 링크를 제공하는 것 그 이상의 기능은 할 수 없기도 하다. 더 나아가 대화형 AI는 종종 감정이 없어 보이기도 하는데, 이는 현재 기술적 한계로 인해 이들의 대답이 미리 '저장된' 것이기에, 상황에 따라 달라지는 대화에 참여할 수 있는 능력이 제한되어 있다. 좁은 대화형 AI는 실제적인 한계들로 인해 종종 '작동하지 않는' 혹은 '융통성이 없는' 것으로 인식되기도 한다.

흑인 공동체는 인공 지능이라는 매체를 받아들이는 데 주저할 수 있다. 인공 지능이 감시의 역할을 하기도 했으며(Browne, 2015), 인종적 편견에 사로잡혀 있기도 했고, 그리고 인코딩(Buolamwini and Gebru, 2018; DeCamp and Lindvall, 2020; Simonite, 2020)과도 밀접한 관련이 있기 때문이다. AI는 또한 일종의 영혼 없는 의식 혹은 인간이 가진 복잡성과 양립할 수 없는 기계적인 존재인 것이다. 대면 교회 환경과 마찬가지로 영적 건강과 정신적 건강 모두 신성(혹은 민감)하기에, 이는 세심하게 다룰 뿐 아니라 정확성과 정밀성을 가지고 다루어져야 한다. 영적 동반자들은 영성과 정신 건강의 교차하는 지점에 놓여 있는 결과와 관련된 문제를 헤쳐 나가고 있는 사람을 진정한 마음으로 돕는 동시에 신뢰를 형성해야 하는 어려운 작업을 수행한다(Milner et al., 2020). 종교적 장소와 개인 간 접촉 또는 상호작용은, 팬데믹으로 인해 큰 영향을 받았기 때문에, 영성과 정신 건강이 교차하는 영향에 대한 질문은 과거에는 중요하게 생각하지 않았던 기술과 영역을 포함할 수 있는 새로운 접근 방식을 요청한다.

대화형 AI 동반자들은 현재 인간 수준의 미묘한 차이를 담아내기에는 부족하다. 하지만 워봇, 와이사 혹은 식커와 같은 플랫폼들은 동반자들이 사용하도록 학습된 여러 가지 기술을 통해 영성과 정서적 예민함을 줄일 수 있는 디지털 공간을 지금도 여전히 제공하고 있다. 도전적인 설교가 가진 영적인 기반과 공동체가 가진 갱신의 의식이 약해질 때, 이 플랫폼은 개인과 공동체가 내면에서 힘을 발견할 수 있는 디지털 공간이 될 가능성이 있다. 보다 넓은 차원에서 보면, 대화형 AI는 하루 중 언제든지 개인을 위한 즉각적인 형태의 공동체 역할을 감당할 수 있다. AI는 잠들지 않는다. 심지어 우리가 언급한 디지털 교회 모임의 수준(보다 전통적이거나 보다 세속적인)조차도 개인의 삶에 맞는 깊이와 섬세함 그리고 유동성의 수준에는 도달할 수 없다. 교회가 (현재 그리고 팬데믹 후의 세계에서) 디지털 방식으로 자신들의 회중을 섬기는 방법을 생각하기 시작하면서, 대화형 기술은 교회 공간과 관련된 연결감을 확장하는 영적 기반을 구축하기 위한 새로운 지평을 제시하고 있다.

참고 문헌

Bolu, C., 2012, 'The Church in the Contemporary World: Information and Communication Technology in Church Communication for Growth: A Case Study', *Journal of Media and Communication Studies* 4(4), pp. 80-94.

Browne, S., 2015, *Dark Matters: On the Surveillance of Blackness*, Durham, NC: Duke University Press.

Buie, E., 2018, 'Exploring Techno-spirituality: Design Strategies for Transcendent User Experiences', Doctoral dissertation, Northumbria University.

Buolamwini, J. and T. Gebru, 2018, 'Gender shades: Intersectional accuracy disparities in commercial gender classification', in *Conference on fairness, accountability and transparency*, PMLR, pp. 77-91.

Butler, P., 2020, 'The Seekr Project: An Examination of the Initial Pilot Study Data & Results', *White Paper*.

Campbell, H. A., 2017, 'Surveying Theoretical Approaches Within Digital Religion Studies', *New Media and Society* 19(1), pp. 15-24.

Clardy, B. K., 2011, 'Deconstructing a theology of defiance: Black preaching and the politics of racial identity', *Journal of Church and State* 53(2), pp. 203-221.

Coleman, M., 2016, *Bipolar Faith: A Black Woman's Journey with Depression and Faith*, Minneapolis, MN: Fortress Press.

DeCamp, M. and C. Lindvall, 2020, 'Latent bias and the implementation of artificial intelligence in medicine', *Journal of the American Medical Informatics Association* 27(12), pp. 2020-2023.

DeSouza, F., C. B. Parker, E. V. Spearman-McCarthy, G. N. Duncan and R. M. M. Black, 2021, 'Coping with racism: a perspective of COVID-19 church closures on the mental health of African Americans', *Journal of Racial and Ethnic Health Disparities* 8(1), pp. 7-11.

Droit-Volet, S., M. Chaulet and M. Dambrun, 2018, 'Time and meditation: When does the perception of time change with mindfulness exercise?' *Mindfulness* 9(5), pp. 1557-1570.

Fitzpatrick, K. K., A. Darcy and M. Vierhile, 2017, 'Delivering cognitive behavior therapy to young adults with symptoms of depression and anxiety using a fully automated conversational agent (Woebot): a randomized controlled trial', *JMIR Mental Health* 4(2), e19.

Frick, A., I. Thinnes U. Stangier, 2020, 'Metta-based group meditation and individual cognitive behavioral therapy (MeCBT) for chronic depression: study protocol for a randomized controlled trial', *Trials* 21(1), pp. 1-14.

Gaggioli, A., 2017, 'Artificial intelligence: the future of cybertherapy?' *Cyberpsychology, Behavior, and Social Networking* 20(6), pp. 402-403.

Grech, V., 2020, 'Unknown unknowns -COVID-19 and Potential Global Mortality', *Early Human Development*, 105026.

Hakim, F. Z. M., L. M. Indrayani and R. M. Amalia, 2018, 'Time-Free and Time-Bound Greeting Expressions Found in Replika Chatbot', *Journal of Humanities, Arts and Social Science* 2(2), pp. 20-28.

Hamza Shuja, K., M. Aqeel, A. Jaffar and A. Ahmed, 2020, 'COVID-19 Pandemic and Impending Global Mental Health Implications', *Psychiatria Danubina* 32(1), pp. 32-35.

Healthline, 2020, 'Indoor Church Services Are COVID-19 Hot Spots: Here's Why', December 3, https://bit.ly/31v6NIi.

Hill, M. R., 2019, 'Set Thine House in Order: Black Feminism and the Sermon as Sonic Art in The Amen Corner', *Religions* 10(4), p. 271.

Hmoud, Bilal and Laszlo Varallyai (2019), 'Will Artificial Intelligence Take over Human Resources Recruitment and Selection?' *Network Intelligence Studies*, 13, pp. 21-30.

Inkster, B., S. Sarda and V. Subramanian, 2018, 'An Empathy-driven, Conversational Artificial Intelligence Agent (Wysa) for Digital Mental Well-being: Real-world Data Evaluation Mixed-Methods Study', *JMIR mHealth and uHealth* 6(11), e12106.

Koenig, H., M. McCullough and D. Larson, 2001, *Handbook of Religion and Health*, Oxford: Oxford University Press.

Koenig H., D. King and V. B. Carson, 2012, *Handbook of Religion and Health*, 2nd Edition, Oxford: Oxford University Press.

Lewis, D., 2020, 'Is the Coronavirus Airborne? Experts Can't Agree', *Nature* 580(7802), p. 175.

Michaels, L., 2020, 'Zoom Church', *SNL*, SNL Studios: Universal Television and Broadway Video.

Milner, K., P. Crawford, A. Edgley, L. Hare-Duke and M. Slade, 2020, 'The Experiences of Spirituality Among Adults with Mental Health Difficulties: A Qualitative Systematic Review', *Epidemiology and Psychiatric Sciences*, p. 29.

Nima, N., T. Lee, T. and D. Molloy, 2017, 'Being Friends With Yourself: How Friendship Is Programmed Within The AI-Based Socialbot Replika', *Masters of Media*, accessed 31.01.2021, https://bit.ly/2uOR8GA.

Page, J., M. Bain and F. Mukhlish, 2018, *'The risks of low level narrow artificial intelligence'*, in *2018 IEEE International Conference on Intelligence and Safety for*

Robotics (ISR), August, IEEE, pp. 1-6.

Pataranutaporn, P., B. Ngamarunchot, K. Chaovavanich, S. Chatwiriyachai, P. Ngamkajornwiwat, N. Ninyawee and W. Surareungchai, 2019, 'Buddha Bot: The Exploration of Embodied Spiritual Machine in Chatbot', in *Proceedings of the Future Technologies Conference*, October, Cham: Springer, pp. 589-595.

Pew Research Center, 2019

Sampson, M., 2020, 'He is Not Here', *The Pink Robe Chronicles*, Facebook Live.

Simonite, T., 2020, 'Behind the Paper That Led to a Google Researcher's Firing', *Wired Business*, https://bit.ly/3uaWHsl.

Todorova, M., 2020, '"Narrow AI" in the Context of AI Implementation, Transformation and the End of Some Jobs', *Nauchni trudove* 4, pp. 15-25.

Xiang, Y. T., Y. Yang, W. Li, L. Zhang, Q. Zhang, T. Cheung and C. H. Ng, 2020, 'Timely Mental Health Care for the 2019 Novel Coronavirus Outbreak is Urgently Needed', *The Lancet Psychiatry* 7(3), pp. 228-229.

결론

➜ 디지털 교회의 주제

▶ *Ecclesiology for a*
DIGITAL CHURCH

하이디 A. 캠벨, 존 다이어

이 책은 2020년과 2021년에 많은 사람이 오프라인 예배에서 온라인 예배로 전환하면서 디지털 통합과 적용이 압축적으로 이루어지던 시기에 전 세계 교회가 직면하고 있는 독특한 기회와 도전들을 탐구한다. 이러한 변화는 디지털 시대에 기술 사용과 의사 결정이 교회의 미래에 대한 더욱 심도 있는 신학적 질문을 어떻게 소개하고 관심을 불러일으키는지 성찰하기 위한 특별한 기회를 마련했다. 『디지털 교회를 위한 교회론』은 전 세계적 차원에서 교회에 영향을 준 이 광범위한 변화에 대한 국제적이고 간학문적인 전략적 대화를 대표한다. 우리는 교회에 의한 디지털 기술의 대량 채택이 드러낸 신학적 주제를 논의하고자 디지털 신학 분야에서 활동하는 전 세계의 신진 학자들과 기존 학자들의 주장을 취합하려고 노력했다. 각 저자들은 아프리카 오순절 교단과 미국 가톨릭교회에서부터 유럽 복음주의 교파와 아시아 주류 교단에 이르기까지 매우 상이한 교회 문화와 맥락에서 글을 썼지만, 이들의 글은 추가적인 관심거리와 함께 여러 가지 일반적인 질문을 제기한다. 이 질문들은 다음과 같다.

- (8장에서 스티브 테일러가 쓴 것처럼) 회중은 미디어화된 교회의 '강제된' 경험에서 어떤 개념과 양식을 취할 것인가?
- (4장에서 케서린 슈미트가 제시하고, 9장에서 발라 무사와 보예-넬슨 키아무가 제시한 것처럼) 온라인 교회에 참여할 때 교회의 의미에 대한 우리의 개념은 어떻게 바뀌고, 확장되며, 심화되었는가?
- (1장에서 존이 제시한 것처럼) 미래 교회가 어떤 모습이 될 수 있으며 혹은 어떤 모습이 되어야만 하는지에 관한 개념적 변화들을 해석하고 설명하고자 새로운 언어를 요청할 것인가 혹은 (5장에서 하이디가 제안한 것과 같이) 교회와 관련해서 우리가 가진 신학적 모델들의 재구성을 요청할 것인가?
- (6장에서 토마스 슐락과 사브리나 뮐러가 묘사한 것처럼) 이처럼 압축적인 온라인 기간 동안 디지털 공간에서는 어떤 새로운 종교적 권위를 가진 인물이 등장했는가? 또는 어떤 상황을 마주하게 되었는가? 그리고 (12장에서 필립 버틀러가 제시한 것처럼) 이 디지털 상황은 어떻게 서로 다른 구조적 신앙 혹은 네트워크화된 신앙을 변화시키고 강화시켰는가?
- (10장과 11장에서 컬버그와 오트가 주장한 것처럼) 우리가 한때 알고 있던 교회가 더 이상 존재할 수 없다는 것을 의미하는 팬데믹 후의 현실에서, 교회 사역은 어떤 교회적 관행과 전통적 양식들을 바꾸어야 하는가?

이 질문들은 다른 여러 질문과 함께 이 책의 저자들의 다양한 관점과 경험에서 제기되었다. 그러나 종합해 보면, 또한 저자들은 더 깊은 신학적 성찰을 위해 여러 공통의 주제들을 제안한다. 특별히 가장 눈에 띄는 주제는 디지털 교회를 일시적인 해결책으로 보는 것이 아니라 팬데믹 후 디지털 기반 문화에서 장기적인 전략으로 보아야 한다는 것이다.

저자들은 팬데믹이 몰고 온 온라인 전환 기간에 이루어진 디지털 혁신이 어떤 형태로 지속되어야 하는지를 뒷받침할 다양한 예시를 제공한다. 대부분의 저자들은 온라인 교회를 교회의 보완적인 형태 내지 표현으로 규정했다. 따라서 디지털 교회란 디지털 테크놀로지를 신중하게 활용하여 디지털 예배를 활성화함과 동시에 대면 모임과 전도 활동에 집중하는 교회이다. 이 글들은 또한 가장 넓은 의미에서 공동체를 만들어 내고 유지하는 데 도움이 되는 디지털 미디어의 활용이 지닌 이점을 강조한다. 저자들은 디지털 미디어의 통합이 신중하게 반영되고 해결되어야 할 많은 격차와 주목할 만한 한계들을 수반한다는 것을 인식하지만 이러한 인식이 온라인 참여가 교회에 가져다주는 고유한 잠재력까지 부정하지는 않는다.

아래에서는 이 책에 제시된 개념들로부터 나오는 다섯 가지 공통 주제들을 강조하는데, 이 주제는 추가적인 신학적 성찰과 탐구로 이어질 가치가 있다.

디지털은 교회의 일부이지 대립적인 것은 아니다

이 책의 저자들 다수는 교회 지도자들과 구성원들이 초기에 온라인 예배를 주저했다는 사실을 확인하고 공감했다. 그러나 몇몇 학자들은 또한 기술적으로 미디어화된 교회를 ('실제'와 대조되는) '가상' 예배로 언급함으로, 혹은 온라인 공간을 불충분하거나 타당하지 않은 것으로 간주함으로, 회중과 교회 지도자들이 기술의 힘을 제대로 파악하지 못하고 있으며, 충분한 잠재력을 폄하한다고 주장했다.

만약 디지털 교회론을 다양한 관점으로 이루어진 하나의 스펙트럼으로 생각한다면, 한쪽 끝에는 온라인 교회를 의미와 가치가 전혀 없다고 보는 입장이 있고, 다른 한쪽 끝에는 디지털 예배가 오프라인 대면 예배를 완전히 대체하기에 충분하다고 옹호하는 입장이 있을 것이다. 팬데믹 이전에 많은 교회의 지도자들과 회중은 전자의 관점으로 기울어져 있어서, 온라인 사역을 회의적인 눈으로 바라보고 이를 내키지 않는 마음으로 대했다. 이 책의 저자들은 교회가 온라인 실험을 강요당하는 것이 처음에는 어색하고 어려웠지만, 디지털 교회의 잠재적인 몇몇 이점을 또한 경험하도록 만들었다는 점에 있어 동의했다. 이러한 사실은 그 스펙트럼에는 온라인 예배를 오프라인 대면 예배와 동일시하지 않고도 온라인 예배와 이에 대한 참여의 타당함과 이점을 인정할 수 있는 다양한 입장이 있음을 보여 주었다.

그러므로 디지털 교회론은 우리가 새로운 기술을 '부족'하거나 '더한' 것으로서 교회를 위협하거나 대체하는 것으로 해석하는 것을 지양하고, 대신에 교회가 그 구성원들과 세상에 제공할 수 있고 또 교회로 존재할 수 있는 것의 '일부분'으로 해석할 수 있게 한다. 예를 들면 앤서니 뤼 듀크는 2장에서 디지털 미디어가 성사와 현존에 대한 로마 가톨릭의 신학을 어떻게 확장시킬 수 있는지 보여 주었다. 마찬가지로 토마스 슐락과 사브리나 뮐러는 '진 플루언서'가 어떻게 소셜 미디어를 사용하여 전통적인 대면 환경에서는 불가능했을, 신앙과 일상생활을 연결했는지 상기시켜 주었다. 이러한 사례들 중 어느 것도 본질적인 교회와 상반되지 않았고, 오히려 하나님의 백성들이 이미 하고 있는 일들을 강화하고 확장해 주었다.

미디어 적응은 교회의 지속적인 과제다

또한 몇 개의 장들은 의사소통과 매개 개념들을 탐구하여, 이러한 논의들이 모세의 십계명 돌판과 신약성경의 기록에서부터 인쇄기의 발명과 디지털 시대에 이르기까지 길고 풍부한 역사가 있음을 보여 주었다. 몇몇 저자들은 모든 의사소통이 신체, 음성 언어 혹은 기록된 문자를 통해서 어떤 방식으로든 매개된다고 주장했다.

폴 수쿱은 커뮤니케이션 이론을 바탕으로 '하나님과 인류 사이의 매개자'

인 그리스도가 우리의 '완벽한 의사소통자'의 본보기라고 주장한다. 하지만 그는 디지털 미디어의 어포던스가 대면 만남과 어떻게 다른지 연구할 것을 촉구한다. 그는 장소 감각의 상실이 신앙인들에게 극적인 결과를 가져온다는 점을 알려 주었고, 또한 신앙인들이 대체 기술을 사용하여 어떻게 적응해 왔는지에 관한 성경의 예시도 소개했다. 무사와 키아무는 오순절의 성령 강림과 새로운 디지털 시대의 유사점을 도출하여, 이 두 세계가 서로 상호작용하고, 정보도 주고받도록 해야 할 것을 촉구했다. 그리고 조나스 컬버그는 고대의 종교 예전과 현대의 설득 테크놀로지 사이를 연관지어, 온라인 실천과 오프라인 실천 모두를 이해할 수 있는 새로운 방식들을 보여 주고, 이러한 도구들을 의도적으로 사용하여 예수의 방식으로 사람들을 양성하는 새로운 방법을 충분히 생각하도록 도와주었다.

체화는 온라인과 오프라인 모두에 있어 중요하다

체화와 육화의 본질을 규명하는 것 역시 여러 저자가 제안해 왔다. 앞서 두 가지 점에 비추어 볼 때, 기술적 매개는 의사소통 행위의 양쪽 측면에 존재하는 몸을 부정하지 않는다. 야외에서 두 손을 들고 예배를 드리든, 집에서 가상현실 헤드셋을 끼고 앉아서 예배를 드리든, 그 사람의 몸은 특정한 자세를 취하며 현존한다. 디지털 종교에서 몸을 부정하는 것은 디지털 종교를 폄하하는 자들이 종종 온라인에서 발생한다고 주장하는 바로 그 영지주의에 동참하는 것이다. 대신에, 교회 지도자들은 대면 모임과 미디어화된 환경에서 몸의 자세에 주의를 기울이고, 라이브 스트리밍이 화상 회의와 어떻게 다른지에 주목해야 한다.

폴 수쿱이 지적했듯이, 글쓰기 행위는 체화의 한 형태로 이해할 수 있는데, 언어적 의사소통을 취하여 그것을 유형화하고 반복가능한 것으로 만든다. 마찬가지로 디지털 미디어는 육화의 새롭고 다양한 형태들을 가능하게 한다. 디지털 미디어는 직접 만나는 것과는 다르지만, 기술과 신학 모두에 있어 그 어포던스를 면밀하게 조사하여 사람들에게 새로운 형태의 참여를 제안한다. 예배자들은 서로 예전을 행하고, 찬송을 부르고, 의미 있는 수준에서 연결되어야 하는데, 이 모든 것은 기술과 체화의 관계를 적절히 이해함으로써 온라인상에서 풍성히 행할 수 있다.

디지털은 소외된 집단을 위한 새로운 기회를 창출한다

체화에 관한 논의에 이어, 디지털 교회론을 수용하는 것은 교회와 사역이 대면 예배에서 소외되던 집단과 만날 수 있음이 역시 부각되었다. 예를 들어 케이트 오트는 디지털 미디어가 어린이들이 좀 더 온전하게 예배에 참여할 새로운 기회를 제공해 준다는 점을 보여 주었다. 그녀는 팬데믹 시대의 실험들의 예시를 보여 주고, 그에 따른 학습 경험을 디지털 전용 경험과 대면 경험 모두로 확장시켜 어린이들을 소외되게 하지 않고 오히려 이들을 중심으로 삼을 수 있는 방법을 모색한다.

    게다가 개인이 친구들에게 연락을 하고 상호소통 하고자 사용하는 것과 동일한 기술을 교회에 사용하고 있기 때문에, 교회 모임은 건물 안에서 이루어지지 않더라도 더욱 개인적이고 친밀해질 수 있다. 필립 버틀러는 흑인 교회의 설교가 그가 '줌미버스'라 부르는 것으로 전환될 때 어떻게 변형되고 재구성되는지 연구했다. 그는 줌 기반 설교가 건물에서 이루어지는 설교와 크게 다르지만 여전히 설교자와 청취자의 몸을 깊은 관계로 끌어들일 수 있다고 주장한다. 또한 대면 대화와 온라인 대화 사이를 이어 주는 대화형 플랫폼을 생성할 수 있는 인공 지능과 같은 새로운 기술을 언급한다.

신학적이고 교회론적인 적응의 필요성

교회 지도자들이 자신들의 교회론적 범주와 신학에 있어 디지털 세계에 적극적으로 적응하지 않는 한, 디지털 교회의 이점과 가능성은 실현되기 어렵다. 이를 위해서는 교회의 물리적 모임 장소의 중요성뿐 아니라 교회의 보편적 특성에 대한 성경의 다양한 은유의 중요성 역시 인식하는 새로운 헌신이 요구된다. 하이디 캠벨은 이러한 은유들 중 일부를 탐구하면서, 디지털 세계에서 '그리스도의 몸'으로서 교회에 대한 위계적 이해가, 우리가 처해있는 네트워크화된 관계에 좀 더 쉽게 연결시켜 주는 '하나님의 백성'이라는 더욱 유연한 은유로 대체될 필요가 있다고 주장한다. 마찬가지로 존 다이어는 우리가 사용하는 가상 교회와 방송 교회와 같은 개념과 함께 지역 교회와 보편 교회라는 고전적인 범주를 재고찰하고, 교회가 어떤 종류의 공동체를 만들고 육성하길 원하는지 명확히 하도록 이 용어를 보다 신학적이고 기술적이며 엄밀하게 사용할 것을 촉구한다.

케서린 슈미트는 로마 가톨릭교회가 어떻게 과거와 연속성을 유지할 수 있으면서 동시에 디지털 세계에서 스스로를 재인식할 수 있는지 대표적인 예시를 제공한다. 그녀는 20세기의 거대한 사회적 변화와 제2차 바티칸 공의회에서 가톨릭교회의 대응이 어떻게 신학적으로 정립되었는지, 그리고 주변 세계와의 대화에 어떻게 기반을 두었는지 비교하면서 설명한다. 그녀는 오늘날 교회가 디지털 문화를 반영하도록 교회론을 발전시키는 동시에 성사성과 매개에 대한 풍부한 이해를 계속해서 활용할 수 있다고 주장한다. 아프리카 오순절 교파의 맥락에서 콰베나 아사모아-기야두는 교회 지도자들이 자신의 메시지와 자기 이해를 팬데믹의 현실에 적용하면서 이루어진 다른 측면의 신학적 조정을 탐구했다. 이 경우, 설교자들은 전통적인 은사주의의 주제들로 되돌아가 교회가 어떻게 모여야 하는지 그리고 교회가 가리키는 희망의 주요한 원천들도 다시 성찰할 수 있다.

다가오는 디지털 교회

우리는 온라인과 오프라인 모두에 존재하는 교회의 잠재력을 온전하게 인식하고 파악하기 위해서는 디지털 교회 혹은 하이브리드 교회를 '교회' 됨의 개념에 대립하는 것으로 이해하는 것을 중단해야 한다. 또한 우리가 기술에 의해 뒷받침되거나 촉진되는 교회의 새로운 표현들을 위한 공간을 만들어야 하는 것처럼, 모든 교회가 동일한 방식으로 디지털 미디어 혹은 디지털 사역을 수용하고 통합시켜야 할 필요가 없다는 것 역시 알고 있어야 한다. 우리에게 필요한 것은 교회 공동체와 사역의 온라인 표현과 오프라인 표현 사이에는 상호연결된 관계가 있고 또 그래야만 한다는 사실을 받아들이는 것이다. 하이디는 *Digital Creatives and the Rethinking of Religious Authority*(『디지털 크리에이티브와 종교 권위의 재고찰』, 2021)에서 교회와 종교 기관들은 교회와 기술 혹은 교회와 디지털 문화 사이의 관계를 세 가지 방법 중 하나로 볼 수 있다고 주장한다.

일부 집단은 디지털 교회와 체화된 교회가 서로 연결되어 있거나 이어져 있는 것으로 이해할 수 있다. 이것은 온라인 맥락과 오프라인 맥락이 서로 다른 문화 혹은 상호작용의 영역으로 간주되고 여기에 참여하도록 요청된다는 것을 의미한다. 교회는 열린 교류를 가능하게 하고, 사회적 통합을 장려하며, 새롭게 결합된 실천들과 교류를 구축하도록 이러한 영역들을 서로 연결시키기 위해서 노력할 수 있으며 그렇게 해야 한다. 즉 교회가 팬데믹 기간에 시작한 디지털 예배를 지속적으로 유지하고, 이 예배들을 교회 공동체를 더욱 널리 구축할 수 있는 또 다른 기회로 삼아야 한다.

또 다른 집단은 온라인 활동과 오프라인 활동을 의식적으로 혼합함으로 교회의 '참신한 표현'을 창출하고 관계를 형성하는 기회를 기꺼이 받아들일 것이다. 여기에는 줌 회의로 소그룹을 만들어 온라인 커뮤니티를 형성하거나 확장하는 것, 혹은 여러 가지 모바일 앱이나 소셜 네트워크 플랫폼으로 주일 예배 외에 제자 훈련과 영성 형성을 위한 새로운 기회를 만드는 것이 포함될 수 있다. 이것은 다양한 온라인, 오프라인 그리고 이 둘을 혼합한 교제와 전도 활동을 제공하는 진정한 하이브리드 교회의 경험을 만들어 낸다. 이처럼 교회와 기술의 혼합은 디지털 미디어의 긍정적인 사회적 어포던스에 대한 신중한 평가와 이를 활용하여 교회 구성원들이 온라인과 오프라인이 혼합된 영적 생활의 리듬을 연결하고 생성하도록 돕는 것을 의미한다.

소수의 과감한 사람들은 온라인 표현과 오프라인 표현을 완전히 통합된 경험으로 결합하는, 진정으로 새롭게 미디어화된 교회 버전을 구상하는 요청을 기꺼이 받아들일 것이다. 전통적인 교회 형태에 실망하고 디지털 방식으로 미디어화되는 사회적 실천과 상호작용에 이미 익숙하다면 매력적인 버전이 아닐 수 없다. 온라인과 오프라인 사이의 경계에 대한 모호함은 소셜 네트워크 관계를 기반으로 한 교회의 창조, 즉 디지털 공간과 도구를 사용하여 디지털 연결로 사람이 여정을 함께하도록 만들어 주는 새로운 영적인 삶의 패턴을 만드는 그런 교회를 창조하도록 한다. 이런 종류의 실험은 공간이나 행사 중심의 교회 모델을 뛰어넘어, 지금 이 순간 함께 하나님의 백성이 된다는 새로운 관계적 이해를 상상함으로 새로운 교회가 된다는 것이 무엇을 의미하는지 우리가 지닌 정의를 더욱 밀고 나가게 한다.

결국 어떤 형태를 선택하든지 – 교회의 온라인 표현과 오프라인 표현의 연결, 혼합 혹은 모호함 – 이처럼 새로운 상상 속의 회중과 공동체들은 디지털 교회의 모습이 되어 갈 것이다. 우리가 주장하는 디지털 교회는 단순히 온라인상에서만 만나는 교회가 아니다. 우리가 오프라인 방식만을 고집한다면 디지털 시대의 현실에서 교회는 고립될 수밖에 없다. 디지털 교회란 기술의 긍정적인 특성과 문제적 특성, 미디어화된 의사소통이 지닌 신학적 함의와 도전들까지 그 모두를 인식하는 교회다. 우리는 이 책이 여러 가지 형태의 교회론에 관한 성찰의 공간을 열어 주고, 팬데믹 후 디지털 교회의 활기찬 미래를 보장하고자 이루어져야 할 신학적 작업을 위한 의제들을 설정하는 데 도움이 되기를 바란다.

▶ *Ecclesiology for a*
DIGITAL CHURCH

▶ *Ecclesiology for a*
DIGITAL CHURCH